U0742244

吳鎮烽　編著

商周青銅器
銘文暨圖像集成

第三卷

三編

高明題

上海古籍出版社

第三卷　目　　錄

商周青銅器銘文暨圖像集成三編

17．尊

（0942–1021）

0942. 聿尊

【時　　代】商代晚期。

【收 藏 者】日本奈良國立博物館。

【尺度重量】通高 38.5、口徑 30.6 釐米。

【形制紋飾】喇叭口,長頸折肩,斂腹,高圈足。頸部飾兩道弦紋,肩部有三個浮雕牛角獸頭,腹部飾曲折角獸面紋,圈足有三個小方孔。

【著　　錄】奈良銅 23 頁 51。

【銘文字數】內底鑄銘文 1 字。

【銘文釋文】聿。

【備　　注】館藏號：尊 02。

0943. 寡尊

【時　　代】商代晚期。

【收　藏　者】原藏陳朗亭，後歸烏城顧氏，現藏海外某收藏家。

【尺度重量】通高 33、口橫 20.2、口縱 19、腹深 14.4 釐米。

【形制紋飾】方體，侈口長頸，折肩斂腹，底部下弧，高圈足，通體四角鑄有透雕扉棱，肩部四角鑄有圓雕龍頭，龍身彎曲布於肩上。頸部飾蛇紋，其上爲蕉葉紋，葉內填以倒置的獸面，腹壁飾闊口大獸面，圈足飾兩條夔龍組成的獸面紋，通體以雲雷紋填地。

【著　　錄】未著錄。

【銘文字數】內底鑄銘文 1 字。

【銘文釋文】寡。

0944. 冉尊（𠕂尊）

【時　　代】商代晚期前段。

【出土時地】2017 年 10 月出現在香港大唐西市拍賣會。

【收 藏 者】某收藏家。

【尺度重量】通高 21、口徑 16.7 釐米。

【形制紋飾】喇叭口，粗長頸，折肩斂腹，高圈足，肩部、腹部和圈足各有六道扉棱，肩部有三個高浮雕羊首，羊首兩側飾獸面紋，頸部飾雲雷紋和蕉葉紋，腹部飾雲雷紋組成的上卷角獸面紋，圈足飾曲折角獸面紋。

【著　　録】未著録。

【銘文字數】內底鑄銘文 1 字。

【銘文釋文】𠕂（冉）。

0945. 串尊

【時　　代】商代晚期。

【出土時地】見於美國普林斯頓大學美術博物館網。

【收　藏　者】普林斯頓大學美術博物館。

【尺度重量】通高 22.7、口徑 17.7 釐米。

【形制紋飾】筒狀三段式，喇叭口，長頸鼓腹，高圈足。頸下部和圈足上部各有兩周弦
　　　　　　紋，腹部飾獸面紋，不施地紋。

【著　　錄】銘照 205 頁 435。

【銘文字數】圈足內壁鑄陽文 1 字。

【銘文釋文】串。

銘文拓本　　　　　　　銘文照片

0946. 史尊

【時　　代】商代晚期。

【出土時地】日本京都大學人文研究所考古資料。

【收　藏　者】下落不明。

【尺度重量】通高 27.1 釐米。

【形制紋飾】大口筒狀三段式,喇叭口,長頸鼓腹,高圈足。頸部和圈足均飾上卷角獸
　　　　　　面紋。

【著　　錄】綜覽·瓻形尊 10。

【銘文字數】圈足內壁鑄銘文 1 字。

【銘文釋文】史。

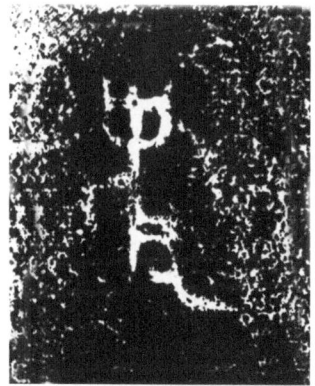

0947. 爻尊

【時　　代】商代晚期。

【出土時地】1958 年山東滕縣（今滕州市）柴胡店鎮井亭煤礦。

【收　藏　者】山東省博物館。

【形制紋飾】三段式，喇叭口，長頸鼓腹，高圈足沿下折，頸部、腹部及圈足有四道扉棱。腹部和圈足均飾獸面紋。

【著　　錄】未著錄。

【銘文字數】內底鑄銘文 1 字。

【銘文釋文】爻。

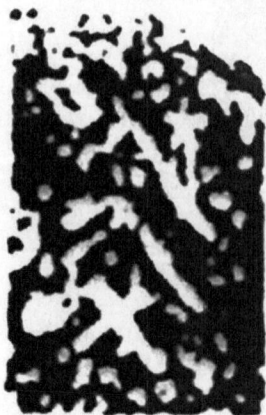

0948. 內尊

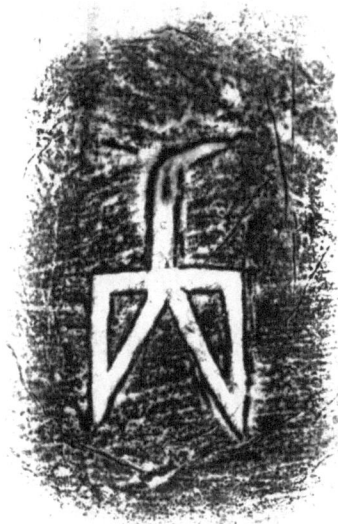

【時　　代】商代晚期。

【收 藏 者】某收藏家。

【尺度重量】通高33.6、口徑23、足徑14、腹深25.3釐米。

【形制紋飾】觚形尊，體細高，喇叭口，長頸鼓腹，高圈足
　　　　　　沿下折，圈足上有一對"十"字孔。頸下部
　　　　　　和圈足上部各有一道細弦紋，腹部飾下卷角
　　　　　　獸面紋，圈足飾上卷角展體獸面紋，均不施
　　　　　　地紋。

【著　　錄】未著錄。

【銘文字數】圈足內鑄銘文1字。

【銘文釋文】內。

0949. 戈尊

【時　　代】西周早期。

【出土時地】2017 年 1 月 6 日見於盛世收藏網。

【收 藏 者】某收藏家。

【尺度重量】通高 22.7、口徑 24.2 釐米。

【形制紋飾】喇叭口，長頸，腹壁較直，高圈足沿外撇。腹部有低矮的扉棱，紋飾簡樸，
　　　　　　僅在腹部飾目紋，以扉棱爲中心組合成簡化的獸面。

【著　　錄】未著錄。

【銘文字數】圈足內壁鑄銘文 1 字。

【銘文釋文】戈。

銘文拓本

銘文照片

0950. 戈尊

【時　　代】西周早期。

【收 藏 者】日本奈良國立博物館。

【尺度重量】通高 20.4、口徑 18.1 釐米。

【形制紋飾】三段式，喇叭口，長頸鼓腹，高圈足沿外撇。通體光素。

【著　　録】坂本清賞 70，奈良銅 29 頁 63。

【銘文字數】內底鑄銘文 1 字。

【銘文釋文】戈。

【備　　注】館藏號：觚形尊 12。

尊

0951. 異尊

【時　　代】西周早期。

【出土時地】日本京都大學人文研究所考古資料。

【收 藏 者】下落不明。

【尺度重量】通高 20 釐米。

【形制紋飾】大口筒狀三段式,喇叭口,長頸鼓腹,高圈足。頸下部有兩道弦紋,腹部和圈足飾形象不同的獸面紋。

【著　　録】綜覽・瓠形尊 71。

【銘文字數】圈足内壁鑄陽文 1 字。

【銘文釋文】異。

0952. 亞醜尊（亞醜尊）

【時　　　代】商代晚期。

【收　藏　者】原藏曹秋舫，現下落不明。

【著　　　録】湖湘 90 頁 125。

【銘文字數】內底鑄銘文 2 字。

【銘文釋文】亞醜。

【備　　　注】拓本有清人"秋舫藏器"印章。"醜"字，董珊先生釋爲"酌"。

0953. 亞醜尊（亞醜尊）

【時　　　代】商代晚期。

【收　藏　者】原藏曹秋舫，現下落不明。

【著　　　録】湖湘 91 頁 126。

【銘文字數】內底鑄銘文 2 字。

【銘文釋文】亞醜。

【備　　　注】拓本有清人"秋舫藏器""黃樹人章"及
"夙明"印章。"醜"字，董珊先生釋爲"酌"。

0954. 祼丼尊

【時　　代】商代晚期。

【收　藏　者】某收藏家。

【形制紋飾】大口筒狀三段式,喇叭口,長頸,腹部直,高圈足沿下折形成一道較高的邊圈,腹部和圈足各有四道扉棱。頸部飾夔龍紋,其上飾蕉葉紋,葉內填以相對的倒置夔龍,腹部飾下卷角獸面紋,圈足飾曲折角獸面紋。

【著　　錄】未著錄。

【銘文字數】圈足內鑄銘文2字。

【銘文釋文】𤔲(祼)丼。

0955. 丫龜尊

【時　　代】商代晚期。

【收 藏 者】日本奈良國立博物館。

【尺度重量】通高 33.7、口徑 22 釐米。

【形制紋飾】喇叭口，長頸，腹部微鼓，高圈足沿下折形成一道邊圈，圈足和腹部各有四道扉棱。頸部飾夔龍紋，其上爲蕉葉紋，葉内填以倒置的獸面，腹部飾下卷角獸面紋，圈足飾曲折角獸面紋，均以雲雷紋填地。

【著　　録】坂本清賞 59，奈良銅 23 頁 52。

【銘文字數】内底鑄銘文 2 字。

【銘文釋文】丫龜。

【備　　注】館藏號：觚形尊 01。

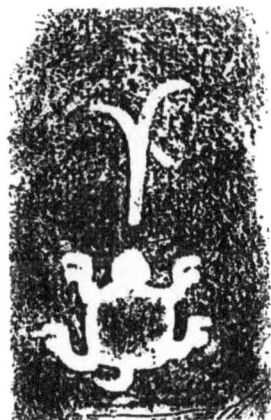

0956. 冉癸尊（𠂤癸尊）

【時　　代】商代晚期。

【收 藏 者】某收藏家。

【形制紋飾】三段式，喇叭口，長頸鼓腹，高圈足沿外撇。頸下部和圈足上部各有兩道弦紋，腹部和圈足均飾獸面紋。

【著　　錄】未著錄。

【銘文字數】圈足內鑄銘文 2 字。

【銘文釋文】𠂤（冉）癸。

【備　　注】器形照片未拍尊的上部。

0957. 子刀尊

【時　　代】西周早期。

【出土時地】2017 年 7 月出現在杭州西泠印社拍賣會。

【收 藏 者】某收藏家。

【尺度重量】通高 26.2 釐米。

【形制紋飾】大口筒狀三段式,喇叭口,長頸鼓腹,高圈足。頸下部有兩道弦紋,圈足
　　　　　　上部有一道弦紋。腹部飾獸面紋,圈足飾雲雷紋組成的獸面紋。

【著　　錄】未著錄。

【銘文字數】圈足內鑄陽文 2 字。

【銘文釋文】子刀。

0958. 〈⧍尊

【時　　代】商代晚期。

【收 藏 者】海外某收藏家。

【尺度重量】通高 34.8、口徑 24.8、腹深 24.9 釐米。

【形制紋飾】大口筒狀三段式。通體較細高，喇叭口，長頸鼓腹，高圈足，下有一道較高的邊圈，圈足、腹部和頸部鑄有四道扉棱。頸部飾夔龍紋，其上爲蕉葉紋，葉内填以倒置的獸面，腹壁飾下卷角獸面紋，圈足飾曲折角獸面紋，通體以雲雷紋填地。

【著　　録】未著録。

【銘文字數】圈足内鑄銘文 2 字。

【銘文釋文】〈⧍。

0959. 作彝尊

【時　　代】西周早期後段。

【出土時地】2016年2月1日見於盛世收藏網。

【收　藏　者】某收藏家。

【形制紋飾】喇叭口,長頸鼓腹,高圈足。頸下部和圈足上部各有兩道弦紋,腹部有三
　　　　　　周弧形凸起,上腹前後增飾浮雕獏頭。

【著　　錄】未著錄。

【銘文字數】內底鑄銘文2字。

【銘文釋文】乍(作)彝。

0960. ◇單行尊

【時　　代】商代晚期。

【出土時地】2016 年 7 月河南安陽市龍安區劉家莊北地（M44.16）。

【收 藏 者】中國社會科學院考古研究所安陽工作隊。

【尺度重量】通高 24.2、口徑 28.3、足徑 16.5、壁厚 0.8 釐米，重 5.83 公斤。

【形制紋飾】喇叭口，長頸折肩，斂腹圜底，高圈足外侈。頸部飾兩道弦紋，肩部有三
　　　　　個高浮雕牛首，其間飾三組六條雲雷紋組成的夔龍紋，腹上部飾雲雷紋，
　　　　　腹下部及圈足均飾三組曲折角獸面紋。

【著　　錄】考古 2018 年 10 期 25 頁圖 5.1、26 頁圖 6.3。

【銘文字數】內底鑄銘文 3 字。

【銘文釋文】◇單行。

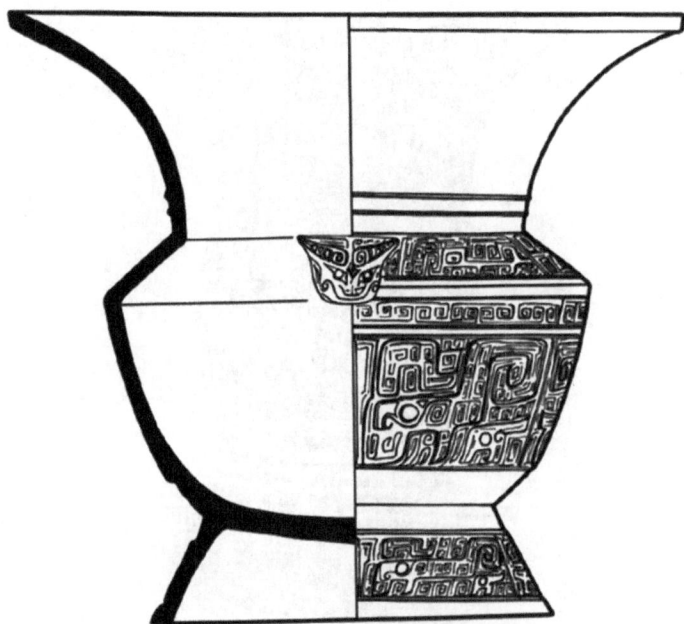

0961. 🐾父己尊(原稱🐾父己罍)

【時　　代】商代中期。

【出土時地】2018 年 10 月出現在香港大唐國際秋季拍賣會。

【收 藏 者】原藏日本大阪某收藏家。

【尺度重量】通高 28、肩徑 21 釐米。

【形制紋飾】侈口束頸,折肩斂腹,圜底,高圈足,足上有三個大"十"字形孔。頸部及
　　　　　　圈足各飾三道弦紋,肩上飾夔龍紋,腹部飾粗綫獸面紋,均不施地紋。

【著　　錄】未著錄。

【銘文字數】口內壁鑄銘文 3 字。

【銘文釋文】🐾父己。

0962. 兔交母尊

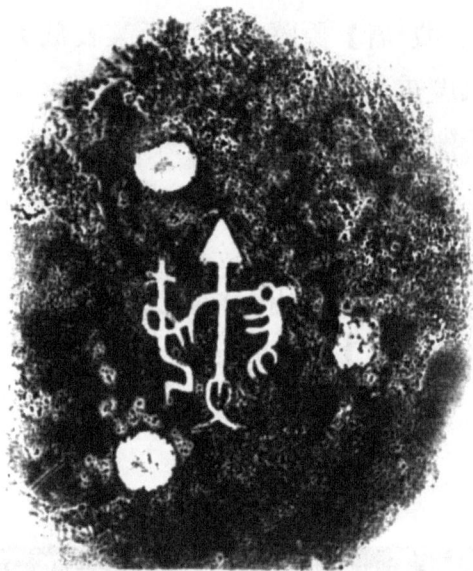

【時　　代】商代晚期。

【出土時地】20 世紀 20 年代日本天琴坊收藏,2017 年 4 月出現在香港大唐國際春季拍賣會。

【收　藏　者】原藏日本天琴坊,現藏不明。

【尺度重量】通高 31、口徑 29 釐米。

【形制紋飾】喇叭口,長頸折肩,斂腹,高圈足。頸部飾一周雲雷紋組成的獸面紋,其上飾蕉葉紋,肩部有三個高浮雕羊首把肩部區隔成三等分,羊角向內彎卷,羊眼突出,其間飾夔龍紋。腹部主體花紋爲三組下卷角獸面紋,上部配飾夔龍紋;圈足飾三組曲折角獸面紋,下部配飾鳥紋。

【著　　録】未著録。

【銘文字數】内底鑄銘文 3 字。

【銘文釋文】兔交母。

0963. 文父卯尊

【時　　代】商代晚期。

【出土時地】2016 年 12 月出現在杭州西泠秋季拍賣會。

【收 藏 者】原藏美國紐約戴福保,後歸英國克里斯蒂安·戴迪安、比利時弗蘭克·阿茲,現藏不明。

【尺度重量】通高 31 釐米。

【形制紋飾】大口筒狀三段式,敞口長頸,鼓腹,高圈足沿下折形成一道邊圈。腹部飾下卷角獸面紋,圈足飾曲折角獸面紋,均以雲雷紋填地。

【著　　錄】未著錄。

【銘文字數】內底鑄銘文 3 字。

【銘文釋文】文父卯。

0964. 茜祖甲尊（祖甲茜尊）

【時　　代】商代晚期。

【收 藏 者】某收藏家。

【形制紋飾】大口筒狀三段式。喇叭口，長頸鼓腹，高圈足。腹部飾曲折角獸面紋，圈
足飾下卷角展體獸面紋。

【著　　録】未著録。

【銘文字數】內底鑄銘文 3 字。

【銘文釋文】且（祖）甲，茜。

【備　　注】銘文應讀爲"茜祖甲"。

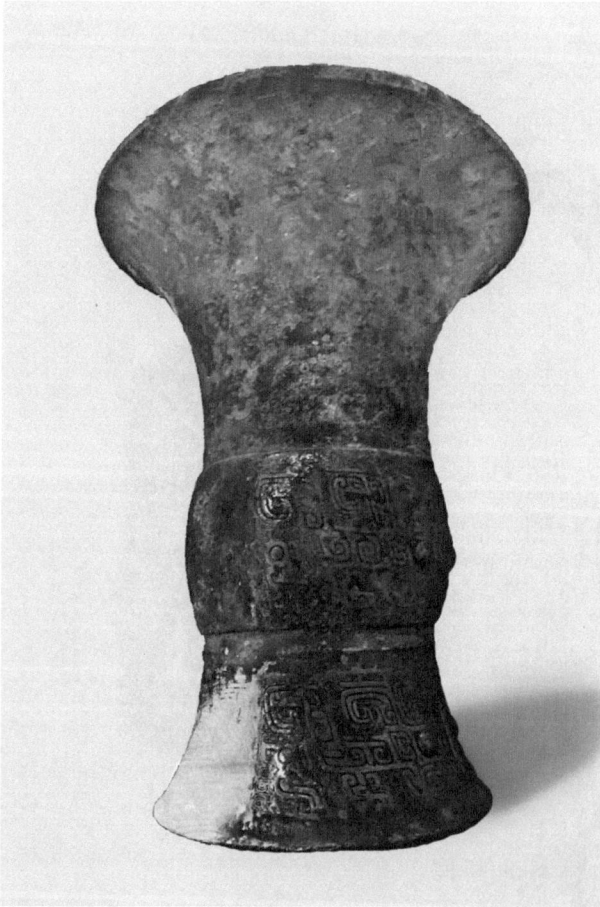

0965. ⿰父乙尊

【時　　代】商代晚期。

【收　藏　者】某收藏家。

【形制紋飾】三段式,喇叭口,長頸鼓腹,高圈足沿外侈,通體有四道矮扉棱。頸部飾蛇紋,其上爲蕉葉紋,葉内填以倒置的獸面,腹部飾下卷角獸面紋,兩側增飾高冠鳥紋,圈足飾曲折角獸面紋,通體以雲雷紋填地。

【著　　録】未著録。

【銘文字數】圈足内鑄銘文3字。

【銘文釋文】⿰父乙。

0966. 戈父癸尊

【時　　代】商代晚期。

【收　藏　者】日本奈良國立博物館。

【尺度重量】通高 29.1、口徑 23.3 釐米。

【形制紋飾】喇叭口，長頸鼓腹，高圈足，通體有四道扉棱。頸部飾蕉葉紋，葉內填以
　　　　　　倒置的獸面，腹部飾下卷角獸面紋，圈足飾曲折角獸面紋。

【著　　錄】坂本清賞 64，奈良銅 26 頁 58。

【銘文字數】內底鑄銘文 3 字。

【銘文釋文】戈父癸。

【備　　注】館藏號：觚形尊 07。

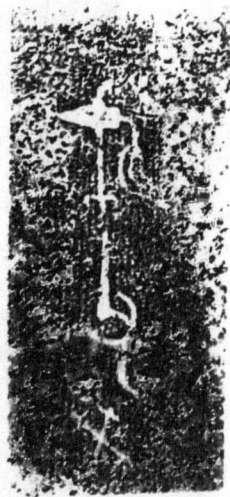

0967. 冀父癸尊

【時　　代】商代晚期。

【收 藏 者】日本奈良國立博物館。

【尺度重量】通高 27.5、口徑 21.5 釐米。

【形制紋飾】大口筒狀三段式,喇叭口,長頸鼓腹,高圈足。頸下部和圈足上部各有兩
　　　　　道弦紋,腹部飾獸面紋。

【著　　錄】綜覽·觚形尊 57,坂本清賞 67,奈良銅 28 頁 61。

【銘文字數】圈足內壁鑄銘文 3 字。

【銘文釋文】𡿧(冀)父癸。

【備　　注】館藏號:觚形尊 10。

0968. 魚母辛尊

【時　　代】商代晚期。

【收　藏　者】某收藏家。

【形制紋飾】大口筒狀三段式。喇叭口,長頸鼓腹,高圈足沿外撇。頸下部和圈足上部各有兩道弦紋,腹部飾下卷角獸面紋,上邊有一周連珠紋。

【著　　錄】未著錄。

【銘文字數】內底鑄銘文 3 字。

【銘文釋文】魚母辛。

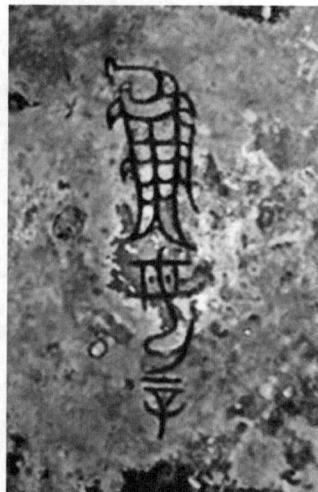

0969. 戈父乙尊

【時　　代】西周早期。

【出土時地】2013 年湖北隨州市曾都區淅河鎮蔣寨村葉家山（M107.8）。

【收 藏 者】隨州博物館。

【尺度重量】通高 23.6、口徑 21、腹深 18.6、腹徑 14.6 釐米，重 2.25 公斤。

【形制紋飾】喇叭口，長頸，扁圓腹，高圈足沿外侈，然後下折。通體光素。

【著　　錄】江漢考古 2016 年 3 期 18 頁拓片 4.4、28 頁圖版三十一。

【銘文字數】內底鑄銘文 3 字。

【銘文釋文】戈父乙。

0970. 戈父辛尊

【時　　代】西周早期前段。

【出土時地】2017 年 5 月出現在香港大唐國際春季拍賣會。

【收 藏 者】某收藏家。

【尺度重量】通高 25、口徑 19.5 釐米。

【形制紋飾】三段式,喇叭口,長頸鼓腹,高圈足。頸下部和圈足上部各有兩道弦紋,
　　　　　　腹部飾下卷角獸面紋。

【著　　錄】大唐 101 頁 886 左。

【銘文字數】內底鑄銘文 3 字。

【銘文釋文】戈父辛。

0971. 囧父丁尊（丙父丁尊、父丁囧尊）

【時　　代】西周早期。

【出土時地】西安市徵集。

【收 藏 者】西安博物院。

【形制紋飾】喇叭口，長頸鼓腹，高圈足沿下折形成一道邊圈。頸下部和圈足上部各
　　　　　　有兩道弦紋，腹部和圈足均飾上卷角獸面紋。

【著　　錄】陝集成 14 册 130 頁 1613。

【銘文字數】内底鑄銘文 3 字。

【銘文釋文】父丁，囧（丙）。

【備　　注】館藏號：3gtA264。銘文應讀爲“囧（丙）父丁”。

尊

0972. 伯尊

【時　　代】西周早期。

【出土時地】20 世紀 50 年代故宮博物院調撥給陝西省博物館。

【收　藏　者】原藏陝西省博物館,現藏陝西歷史博物館。

【尺度重量】殘徑 13.3 釐米,殘重 0.691 公斤。

【形制紋飾】殘存圈足大部分。光素無飾。

【著　　錄】陝集成 16 冊 50 頁 1837。

【銘文字數】內底鑄銘文 3 字。

【銘文釋文】白(伯)乍(作)彝。

【備　　注】館藏號：7094。

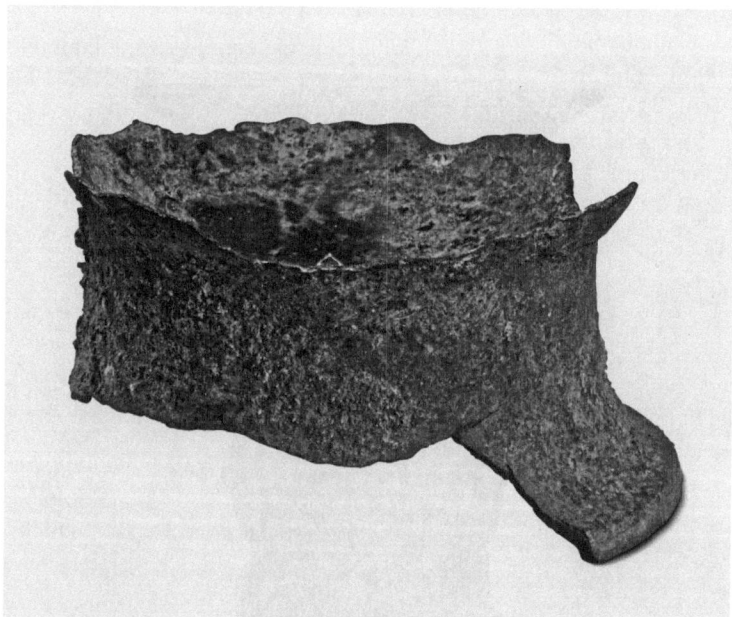

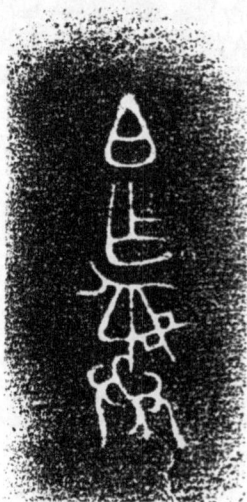

0973. 𠂤祖乙尊（祖乙𠂤尊）

【時　　代】西周早期後段。

【出土時地】日本京都大學人文研究所考古資料。

【收 藏 者】下落不明。

【尺度重量】通高 20 釐米。

【形制紋飾】喇叭口，長頸，腹部向下傾垂，矮圈足沿外撇。頸部飾雲雷紋組成的夔龍紋，前後增飾浮雕獸頭，圈足飾兩道弦紋。

【著　　錄】綜覽·觶形尊 20。

【銘文字數】內底鑄銘文 3 字。

【銘文釋文】且（祖）乙，𠂤。

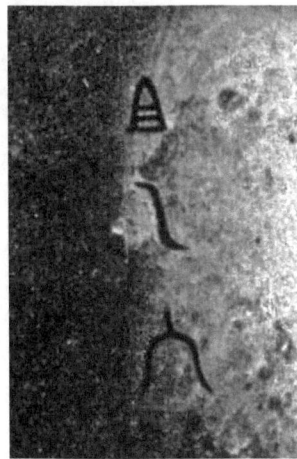

0974. 作寶彝尊

【時　　代】西周早期。

【出土時地】2017 年 5 月出現在香港大唐國際春季拍賣會。

【收 藏 者】原藏香港某收藏家,現藏不明。

【尺度重量】通高 27 釐米。

【形制紋飾】三段式,喇叭口,長頸,腹部微鼓,高圈足沿下折形成一道邊圈,通體有四
　　　　　　道扉棱。頸部飾鳥紋,其上爲蕉葉紋,葉內填以倒置的獸面,腹部飾下卷
　　　　　　角獸面紋,圈足飾曲折角獸面紋,不施地紋。

【著　　錄】大唐 44 頁。

【銘文字數】內底鑄銘文 3 字。

【銘文釋文】乍(作)寶彝。

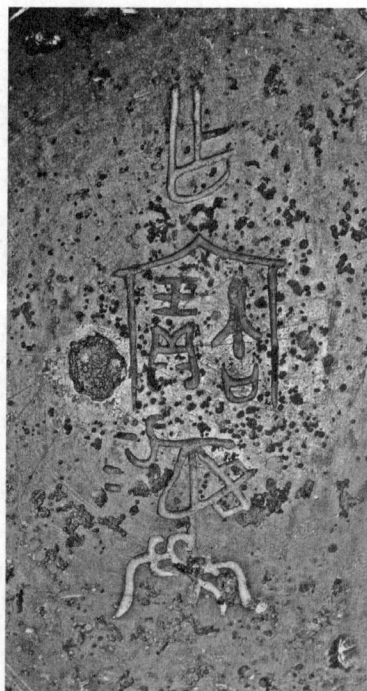

0975. 作寶彝尊

【時　　代】西周早期。

【出土時地】見於美國普林斯頓大學美術博物館網。

【收 藏 者】普林斯頓大學美術博物館。

【尺度重量】通高 16、口徑 15.8 釐米。

【形制紋飾】喇叭口，長頸，腹部向下傾垂，圈足沿外侈然後下折。頸部飾分尾鳥紋，以雲雷紋填地，前後增飾浮雕犧首。

【著　　録】銘照 205 頁 440。

【銘文字數】內底鑄銘文 3 字。

【銘文釋文】乍（作）寶彝。

0976. 作從彝尊

【時　　代】西周早期。

【收 藏 者】天津博物館。

【尺度重量】通高 20.2、口徑 18.4 釐米。

【形制紋飾】喇叭口,長頸,扁圓腹,高圈足沿外侈然後下折。頸部及圈足各飾兩周弦
紋,上腹前後各有一個浮雕獸頭。

【著　　録】津銅 059。

【銘文字數】內底鑄銘文 3 字。

【銘文釋文】乍(作) 丛(從) 彝。

0977. 子父乙尊

【時　　代】西周早期。

【出土時地】2018 年 7 月出現在杭州西泠印社春季拍賣會。

【收 藏 者】原藏日本某私家,現藏不明。

【尺度重量】通長 25.1 釐米。

【形制紋飾】侈口長頸,腹部微粗,高圈足沿外撇。頸下部和圈足上部各有兩周弦紋, 腹部飾獸面紋。

【著　　錄】未著錄。

【銘文字數】圈足內壁鑄銘文 3 字。

【銘文釋文】子父乙。

銘文拓本

銘文照片

0978. 伯尊

【時　　代】西周早期後段。

【收 藏 者】某收藏家。

【形制紋飾】侈口長頸，下腹向外傾垂，圜底，圈足沿外侈然後下折。頸部飾鳥紋，以
　　　　　　雲雷紋填地，前後增飾浮雕獸頭。

【著　　錄】未著錄。

【銘文字數】內底鑄銘文 3 字。

【銘文釋文】白（伯）寶彝。

0979. 伯尊

【時　　代】西周早期後段。

【出土時地】2009-2010 年山西翼城縣隆化鎮大河口西周墓葬（M1017.81-1）。

【收 藏 者】山西省大河口墓地聯合考古隊。

【尺度重量】通高 19.9、口徑 18.9、足徑 12.6、腹深 6.5 釐米，重 1.465 公斤。

【形制紋飾】侈口長頸，鼓腹圜底，圈足沿外侈然後下折。頸部和圈足各飾兩周弦紋，
　　　　　　腹部上下各飾回首夔龍紋帶，上部前後增飾浮雕獸頭，以雲雷紋填地。

【著　　録】考古學報 2018 年 1 期 118 頁圖 33.5。

【銘文字數】內底鑄銘文 3 字。

【銘文釋文】白（伯）乍（作）彝。

0980. 作寶彝尊

【時　　代】西周中期前段。

【出土時地】2009-2010年山西翼城縣隆化鎮大河口西周墓葬（M1017.4）。

【收　藏　者】山西省大河口墓地聯合考古隊。

【尺度重量】通高17.7、口徑17.4、足徑12.8、腹深15.7釐米，重1.995公斤。

【形制紋飾】侈口長頸，腹部向下傾垂，圈足沿外撇。頸部飾長鳥紋帶，前後增飾浮雕
　　　　　　獸頭，以雲雷紋填地，圈足飾兩周弦紋。

【著　　錄】考古學報2018年1期118頁圖33.8。

【銘文字數】內底鑄銘文3字。

【銘文釋文】乍（作）寶彝。

0981. 母竅日辛尊

【時　　代】商代晚期。

【出土時地】2018 年 3 月出現在美
國紐約佳士得春季拍
賣會。

【收 藏 者】原藏香港夢蝶軒,現藏
不明。

【尺度重量】通高 20 釐米。

【形制紋飾】大口筒狀三段式,喇叭
口,長頸鼓腹,高圈足沿
外侈然後下折,形成一
道邊圈。頸下部和圈足
上部各有一道弦紋,腹
部及圈足各飾兩組"T"
字形角的獸面紋。

【著　　錄】未著錄。

【銘文字數】圈足內壁鑄銘文 4 字。

【銘文釋文】母竅日辛。

銘文拓本

銘文照片

尊

0982. 冀斤見交尊(斤見交斝尊)

【時　　代】商代晚期。

【出土時地】2016 年 10 月首都機場海關繳獲。

【收 藏 者】暫存魯迅博物館。

【尺度重量】通高 25.2、口徑 18.6 釐米。

【形制紋飾】喇叭口,長頸,腹部微鼓,高圈足,其下有一道邊圈。腹部和圈足均飾"T"
　　　　　　字形角單綫獸面紋,無地紋。

【著　　錄】未著錄。

【銘文字數】足內壁鑄銘文 4 字。

【銘文釋文】斤見交,斝(冀)。

【備　　注】銘文應讀爲"冀斤見交"。

0983. 征中祖己尊

【時　　代】商代晚期。

【出土時地】2016 年 11 月出現在英國倫敦蘇富比拍賣會。

【收 藏 者】某收藏家。

【尺度重量】通高 27.8 釐米。

【形制紋飾】大口筒狀三段式,喇叭口,長頸鼓腹,高圈足沿下折,形成一道邊圈,腹部
　　　　　　和圈足各有四道扉棱。腹部飾兩組上卷角獸面紋,圈足飾兩組曲折角獸
　　　　　　面紋,均以雲雷紋填地。

【著　　錄】未著錄。

【銘文字數】圈足內壁鑄銘文 4 字。

【銘文釋文】征串(中)且(祖)己。

0984. 盞册祖戊尊

【時　　代】商代晚期。

【收 藏 者】某收藏家。

【尺度重量】通高 31.5、口徑 23.8 釐米。

【形制紋飾】喇叭口，長頸鼓腹，高圈足沿下折，頸部、腹部和圈足各有四道扉棱。頸部飾夔龍紋，其上爲蕉葉紋，葉内填以倒置的一對夔龍，腹部飾下卷角獸面紋，圈足飾曲折角獸面紋，均以雲雷紋填地。

【著　　錄】未著錄。

【銘文字數】圈足内鑄銘文 4 字。

【銘文釋文】盞册且（祖）戊。

0985. 作寶尊彝尊

【時　　代】西周早期。

【收 藏 者】某收藏家。

【尺度重量】通高 29.5、口徑 22 釐米。

【形制紋飾】三段式，喇叭口，長頸鼓腹，高圈足，足
　　　　　　下有一道較高的邊圈，通體有四道扉
　　　　　　棱。頸部飾小鳥紋，其上爲蕉葉紋，葉
　　　　　　內填以倒置的獸面，腹部飾下卷角獸
　　　　　　面紋，圈足飾曲折角獸面紋，均以雲雷
　　　　　　紋填地。

【著　　錄】未著錄。

【銘文字數】內底鑄銘文 4 字。

【銘文釋文】乍（作）寶隣（尊）彝。

【備　　注】"寶"字分書。

0986. 㰒爰父乙尊

【時　　代】西周早期。

【出土時地】2018年12月出現在杭州西泠印社秋季拍賣會。

【收 藏 者】原藏日本出光美術館館長杉村勇造。

【尺度重量】通高26.4釐米。

【形制紋飾】喇叭口,方唇長頸,腹部微鼓,高圈足外侈。頸下部和圈足上部各有兩道弦紋,腹部飾曲折角獸面紋,以雲雷紋填地。

【著　　録】未著録。

【銘文字數】内底鑄銘文4字。

【銘文釋文】㰒爰父乙。

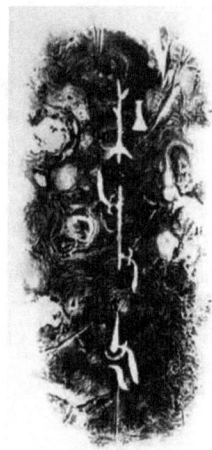

0987. 伯尊

【時　　代】西周早期。

【收 藏 者】某收藏家。

【尺度重量】通高 24、口徑 22 釐米。

【形制紋飾】天圓地方式，口部和頸部橫截面呈圓形，腹部和圈足呈橢方形，侈口方唇，長頸，高圈足沿下折形成一道高邊圈。頸下部和圈足上部飾連珠紋鑲邊的盾牌形紋，間以雷紋，腹部飾夔龍紋，兩兩相對，以雲雷紋填地。

【著　　錄】未著錄。

【銘文字數】內底鑄銘文 4 字。

【銘文釋文】白（伯）乍（作）寶彝。

0988. 伯尊

【時　　代】西周早期後段。

【出土時地】2004-2007年山西絳縣橫水鎮橫北村西周墓地（M2158.115）。

【收　藏　者】山西省考古研究所。

【尺度重量】通高16.8、口徑17、圈足徑11.8釐米，重1.555公斤。

【形制紋飾】喇叭口，方唇長頸，腹部下垂，圜底，矮圈足沿外侈，然後下折形成一道邊
　　　　　圈。頸部飾垂冠回首鳥紋，以雲雷紋填地，中隔浮雕小獸頭，其上爲蕉葉
　　　　　紋，葉內填以鳥紋，呈如意形，上腹飾直棱紋，下腹飾雲雷紋填地的垂冠
　　　　　回首鳥紋。

【著　　　錄】考古2019年1期44頁圖70.2、72。

【銘文字數】內底鑄銘文4字。

【銘文釋文】白（伯）乍（作）寶彝。

0989. 告田父乙尊

【時　　代】西周早期。

【收　藏　者】香港朱氏（朱昌言）九如園。

【尺度重量】通高 25.5、口徑 20.6、足徑 14.3 釐米。

【形制紋飾】大口筒狀三段式，喇叭口，長頸鼓腹，高圈足沿外侈。頸下部和圈足上部
　　　　　　各有兩周弦紋，腹部飾獸面紋。

【著　　錄】九如園 30 頁 14。

【銘文字數】圈足内鑄銘文 4 字。

【銘文釋文】告田父乙。

0990. 作寶尊彝尊

【時　　代】西周中期前段。

【出土時地】2009-2010 年山西翼城縣隆化鎮大河口西周墓葬（M1017.21）。

【收　藏　者】山西省大河口墓地聯合考古隊。

【尺度重量】通高 24.5、口徑 21、足徑 17.2 釐米。

【形制紋飾】侈口長頸，下腹向外傾垂，圈足沿下折形成一道邊圈，腹部以扉棱爲中
　　　　　　心，裝飾兩組勾喙大鳥紋，從尾部向鳥頭呈浮雕逐漸高起，鳥頭最高，兩
　　　　　　鳥喙在扉棱合一；鳥爪伸到圈足，鳥爪之後飾分尾鳥紋，均以雲雷紋填地。

【著　　錄】考古學報 2018 年 1 期 125 頁圖 38.1。

【銘文字數】內底鑄銘文 4 字。

【銘文釋文】乍（作）寶隩（尊）彝。

0991. 作寶尊彝尊

【時　　代】西周中期前段。

【出土時地】2018 年 10 月出現在香港大唐國際秋季拍賣會。

【收　藏　者】原藏澳門張先生。

【尺度重量】通高 19.5、口徑 19 釐米。

【形制紋飾】侈口束頸，腹部向外傾垂，圜底，矮圈足沿外撇。頸部飾小鳥紋，前後增
　　　　　飾浮雕獸頭，其上飾兩兩相對的勾喙鳥，鳥尾從後部繞到胸前垂下，腹部
　　　　　飾兩組相對的勾喙大鳥紋，亦是鳥尾從後部繞到胸前，均以雲雷紋填地，
　　　　　外底飾陰綫團龍紋。

【著　　　錄】未著錄。

【銘文字數】內底鑄銘文 4 字。

【銘文釋文】乍（作）寶隩（尊）彝。

0992. 天黽父辛尊

【時　　代】商代晚期。

【出土時地】2017 年 10 月出現在香港大唐國際
　　　　　　拍賣會。

【收 藏 者】某收藏家。

【尺度重量】通高 27 釐米。

【形制紋飾】大口筒狀三段式。喇叭口，長頸鼓
　　　　　　腹，高圈足沿外撇。頸下部和圈足
　　　　　　上部各有兩道弦紋，腹部和圈足均
　　　　　　飾雲雷紋組成的上卷角獸面紋。

【著　　錄】未著錄。

【銘文字數】圈足內壁鑄銘文 5 字。

【銘文釋文】天黽父辛𢀜（冉）。

0993. 伯尊

【時　　代】西周早期。

【出土時地】2019 年 6 月出現在杭州西泠印社拍賣會。

【收 藏 者】某收藏家。

【尺度重量】通高 25.5 釐米。

【形制紋飾】大口筒狀三段式,喇叭口,長頸鼓腹,高圈足。頸部飾一周弦紋,前後增飾浮雕獸頭,腹部飾上卷角獸面紋,圈足飾曲折角獸面紋。

【著　　録】未著録。

【銘文字數】内底鑄銘文 5 字。

【銘文釋文】白(伯)乍(作)乙公尊。

0994. 伯尊

【時　　代】西周早期後段。

【出土時地】2017 年 7 月出現在北京。

【收　藏　者】某收藏家。

【形制紋飾】喇叭口，長頸，腹部向下傾垂，圈足沿外侈然後下折，通體有四道扉棱。頸部飾小鳥紋，其上爲蕉葉紋，葉內填以相對的卷鼻象紋，腹部飾下卷角獸面紋，圈足飾小鳥紋，通體以雲雷紋填地。

【著　　錄】未著錄。

【銘文字數】內底鑄銘文 5 字。

【銘文釋文】白（伯）乍（作）寶隮（尊）彝。

0995. 作父乙尊

【時　　代】西周早期。

【出土時地】1986 年 8 月河南信陽縣溮河港鄉溮河港村（今屬信陽市溮河區溮河港鎮）西周墓葬。

【收　藏　者】原藏信陽地區文物管理委員會，現藏信陽博物館。

【形制紋飾】殘破，未修復。

【著　　録】中原文物 1991 年 2 期 97 頁圖 1.34。

【銘文字數】內底鑄銘文，現存 5 字。

【銘文釋文】……乍（作）父乙……，𩑸（即）册。

【備　　注】因與鬣角同墓出土，是一套酒器，尊的全銘極有可能也是"鬣攽（肇）貯（賈），用乍（作）父乙寶隩（尊）彝，𩑸（即）册"。

0996. 册尊

【時　　代】商代晚期。

【收 藏 者】原藏意大利佛朗西斯科·瑪利亞、塔里安利·得·馬基奧侯爵,奧地利馬加烈特·托斯卡納女大公,現藏塔里安利·得·馬基奧女侯爵。

【尺度重量】通高 25.5、寬 23.5 釐米。

【形制紋飾】三段式,侈口粗頸,腹部微鼓,高圈足,通體有四道扉棱。頸部飾蛇紋和蕉葉紋,腹部飾兩組下卷角獸面紋,獸面兩側增飾小鳥紋,鳥首向後,圈足飾變體夔龍,通體以雲雷紋填地。

【著　　録】未著録。

【銘文字數】內底鑄銘文 6 字。

【銘文釋文】册乍(作) 父癸隊(尊) 彝。

0997. 同伯尊

【時　　代】西周早期。

【收 藏 者】某收藏家。

【形制紋飾】喇叭口，長頸，腹微鼓，高圈足沿外撇。頸下部和圈足上部各有兩道弦紋，
腹部飾雲雷紋組成的獸面紋。

【著　　錄】未著錄。

【銘文字數】內底鑄銘文 6 字。

【銘文釋文】同（？）白（伯）乍（作）寶阝（尊）殷（簋）。

0998. 晉侯尊

【時　　代】西周早期後段。

【出土時地】2016 年 10 月出現在北京。

【收 藏 者】某收藏家。

【尺度重量】通高 16、口徑 15 釐米。

【形制紋飾】喇叭口，長頸，腹部向外傾垂，圈足沿有一道邊圈。腹部飾單綫夔龍紋，
　　　　　　圈足飾一道弦紋，均無地紋。

【著　　録】未著録。

【銘文字數】內底鑄銘文 6 字。

【銘文釋文】晉（晉）厌（侯）乍（作）寶隍（尊）彝。

0999. 同父尊

【時　　代】西周中期。

【出土時地】陝西永壽縣出土。

【收 藏 者】永壽縣文化館。

【形制紋飾】喇叭口，長頸，腹部向下傾垂，圈足沿外撇。頸部飾兩道弦紋。

【著　　錄】陝集成 9 册 187 頁 1074。

【銘文字數】內底鑄銘文 6 字。

【銘文釋文】同父乍（作）旅彝，大。

【備　　注】館藏號：061。

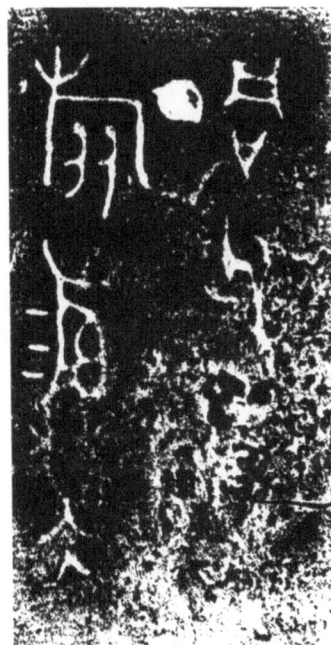

1000. 虘伯尊

【時　　代】西周晚期。

【出土時地】宋代出自陝西。

【收 藏 者】下落不明。

【著　　録】陝金石 3.8,陝金 2.246,陝集成 16 卷 224 頁 1936。

【銘文字數】内底鑄銘文 6 字。

【銘文釋文】虘白(伯)口乍(作)隣(尊)彝。

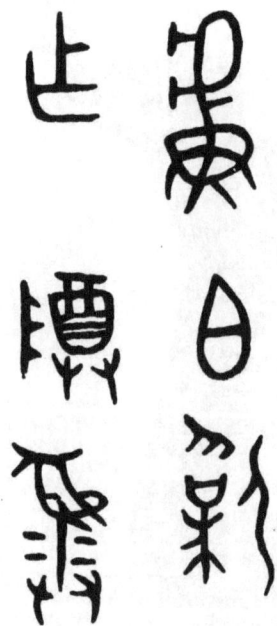

1001. 疑尊

【時　　代】西周早期。

【收 藏 者】某收藏家。

【形制紋飾】喇叭口,長頸鼓腹,高圈足沿下折,圈足和腹部各有四道扉棱。頸部飾夔
龍紋,其上爲蕉葉紋,葉内填以倒置的獸面,腹部飾下卷角獸面紋,圈足
飾曲折角獸面紋,均以雲雷紋填地。

【著　　錄】未著錄。

【銘文字數】内底鑄銘文 7 字。

【銘文釋文】遾(疑)乍(作)父癸寶隥(尊)彝。

1002. 子刀尊

【時　　代】西周早期。

【出土時地】1972年7月出現在美國紐約蘇富比拍賣行,2018年12月又出現在杭州西泠印社秋季拍賣會。

【收　藏　者】原藏切斯特·戴爾和多利·卡特。

【尺度重量】通高26.4釐米。

【形制紋飾】喇叭口,方唇,長頸鼓腹,高圈足外侈。頸下部有兩道弦紋,圈足上部有一道弦紋,腹部飾下卷角獸面紋。

【著　　錄】未著錄。

【銘文字數】內底鑄銘文7字。

【銘文釋文】子刀乍(作)父丁陴(尊)彝。

銘文拓本

銘文照片

1003. 东尊

【時　　代】西周早期。

【出土時地】山西曲沃縣盜墓出土,山西省打擊文
　　　　　　物犯罪繳獲。

【收 藏 者】山西青銅器博物館。

【形制紋飾】喇叭口,長頸鼓腹,高圈足沿外撇。頸
　　　　　　下部有一周弦紋,圈足上部有兩周弦
　　　　　　紋,上腹和和下腹均飾高浮雕一首雙
　　　　　　身龍,以雲雷紋填地。

【著　　錄】未著錄。

【銘文字數】內底鑄銘文7字。

【銘文釋文】象,东乍(作)父辛隩(尊)彝。

1004. 閔尊(繭尊)

【時　　代】西周早期。

【收 藏 者】某收藏家。

【形制紋飾】大口筒狀三段式。喇叭口,方唇,長頸鼓腹,高圈足沿外撇,下部有一道
邊圈。頸下部和圈足上部各有兩道弦紋,腹部飾下卷角獸面紋,以雲雷
紋填地。

【著　　録】未著録。

【銘文字數】內底鑄銘文 7 字。

【銘文釋文】閔(繭)乍(作)父丁寶彝障(尊)。

1005. 需尊

【時　　代】西周早期後段。
【收　藏　者】原藏法國亨利・賀柏諾（1891-1977），現藏海外某收藏家。
【尺度重量】通高 16.8、口徑 17.1、腹深 14.9 釐米。
【形制紋飾】喇叭口，長頸，腹部向下傾垂，矮圈足沿外侈然後下折。頸部前後有一對浮雕獸頭，兩側飾分尾長鳥紋，以雲雷紋填地。
【著　　録】未著録。
【銘文字數】內底鑄銘文 7 字。
【銘文釋文】需乍（作）父庚寶隣（尊）彝。

1006. 應黿尊

【時　　代】西周中期前段。

【出土時地】2016 年 10 月出現在香港翰海秋季拍賣會。

【收　藏　者】某收藏家。

【尺度重量】通高 21、橫 25、縱 25 釐米。

【形制紋飾】天圓地方式，喇叭口，方唇長頸，腹部呈橢方形外鼓，正方形圈足沿外撇，
　　　　　　通體有四道扉棱。扉棱飾雲紋，頸部和圈足飾夔龍紋，腹部飾獸面紋，獸
　　　　　　角上卷，鼓睛咧嘴，獠牙外露，均以雲雷紋填地。

【著　　錄】未著錄。

【銘文字數】內底鑄銘文 7 字。

【銘文釋文】雁（應）黿乍（作）宗寶障（尊）彝。

1007. 衔尊

【時　　代】西周中期。

【出土時地】2016 年 12 月出現在杭州西泠秋季拍賣會。

【收　藏　者】原藏美國紐約戴福保,後歸英國克里斯蒂安·戴迪安、比利時弗蘭克·阿
　　　　　　茲,現藏不明。

【尺度重量】通高 31 釐米。

【形制紋飾】侈口長頸,腹部向下傾垂,高圈足有一道窄邊圈。頸下部飾垂冠回首夔
　　　　　　龍紋,以雲雷紋填地,前後增飾浮雕獏頭,圈足飾兩道弦紋。

【著　　録】未著録。

【銘文字數】内底鑄銘文 7 字。

【銘文釋文】衔乍(作) 父丁寶隣(尊)彝。

尊

67

1008. 亞覃乙尊

【時　　代】商代晚期。

【收 藏 者】某收藏家。

【形制紋飾】大口筒狀三段式。侈口長頸，腹微鼓，
　　　　　　圈足外侈。頸和圈足近腹處各飾兩道
　　　　　　弦紋，腹部飾四瓣目紋。

【著　　錄】未著錄。

【銘文字數】圈足內壁鑄銘文8字。

【銘文釋文】亞，覃乙、日辛受、甲冎。

【備　　注】"日辛受、甲冎"應讀爲"受日辛、甲
　　　　　　冎"。

1009. ◆⌣尊(作日癸尊)

【時　　代】西周早期。

【出土時地】2018年6月出現在臺灣宏偉藝術春季拍賣會。

【收 藏 者】某收藏家。

【形制紋飾】喇叭口,長頸,弧形鼓腹,高圈足沿外撇。頸下部和圈足上部各有兩周弦
　　　　　紋,上腹前後各飾一個浮雕貘頭。

【著　　錄】未著錄。

【銘文字數】內底鑄銘文8字。

【銘文釋文】乍(作)日癸寶隣(尊)彝,◆⌣。

1010. 宣尊

【時　　代】西周早期。

【收 藏 者】某收藏家。

【著　　錄】未著錄。

【銘文字數】內底鑄銘文 8 字。

【銘文釋文】亞束，宣乍（作）父乙隣（尊）彝。

【備　　注】藏家未提供器形照片。

1011. 仗隹尊

【時　　代】西周早期。

【收 藏 者】某收藏家。

【著　　錄】未著錄。

【銘文字數】內底鑄銘文 9 字。

【銘文釋文】仗隹乍（作）乒（厥）姑犨（召）姬隣（尊）彝。

【備　　注】藏家未提供器形照片。

1012. 剞尊

【時　　代】西周早期。

【收 藏 者】海外某收藏家。

【尺度重量】通高 25.6、口徑 19.4、腹深 20.6 釐米。

【形制紋飾】大口筒狀三段式。喇叭口,長頸鼓腹,高圈足沿外撇。腹部飾曲折角獸
面紋,不施地紋。

【著　　録】未著録。

【銘文字數】內底鑄銘文 9 字。

【銘文釋文】剞乍(作) 父丁寶隮(尊) 彝,眔册。

【備　　注】有同銘提梁卣。

1013. 西夫尊

【時　　代】西周早期。

【收 藏 者】海外某收藏家。

【尺度重量】通高 20.5、口徑 19.7、腹深 16.5 釐米。

【形制紋飾】大口筒狀三段式。喇叭口,長頸鼓腹,高圈足沿外撇。頸腹、腹足之間各
　　　　　　有一道弦紋,腹部飾簡化獸面紋,不施地紋。

【著　　　錄】未著録。

【銘文字數】內底鑄銘文 14 字。

【銘文釋文】西夫乍(作)乓(厥)父癸寶隓(尊)彝。甘(其)永寶。鄉宁。

【備　　　注】"宁"字李學勤先生改釋爲"亞",讀爲"賈"。

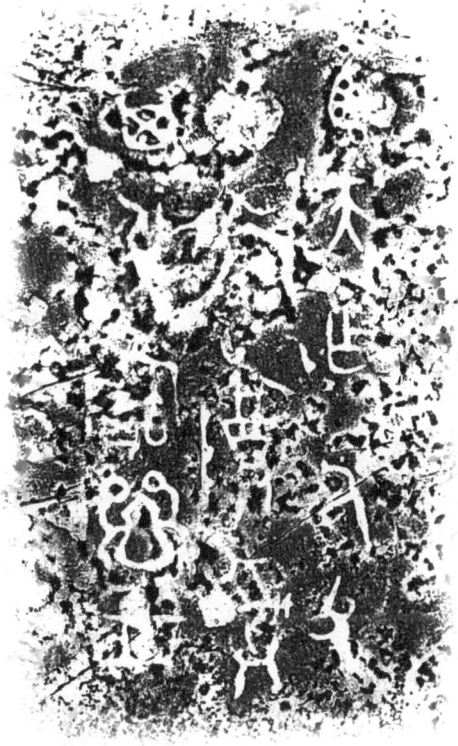

銘文拓本

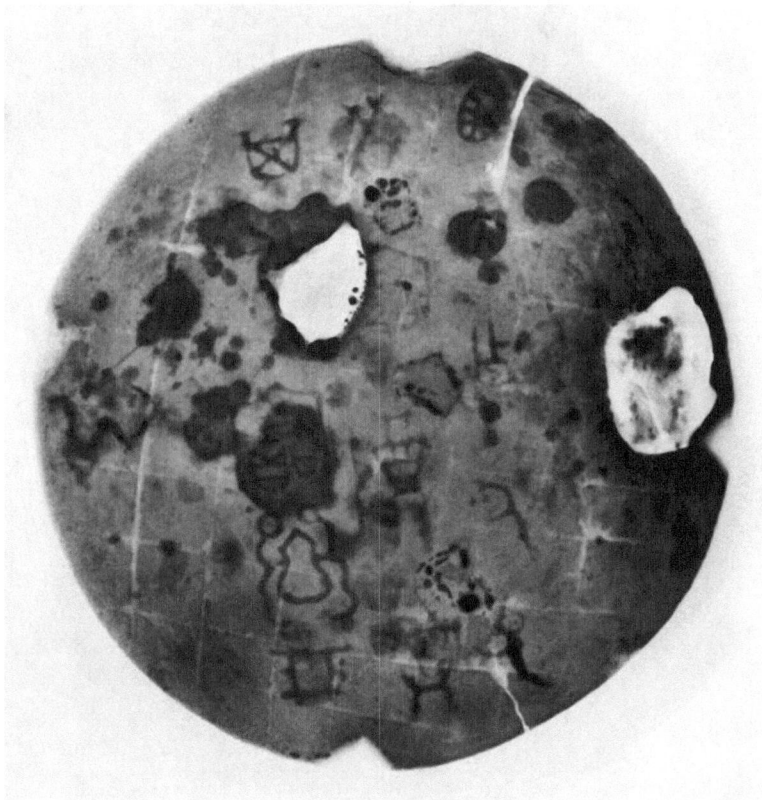

銘文 X 光片

1014. 尹尊

【時　　代】西周早期。

【收　藏　者】某收藏家。

【尺度重量】通高 18.5 釐米。

【形制紋飾】喇叭口,長頸,腹部向外傾垂,圜底,矮圈足沿外撇。頸部飾分尾長鳥紋,
以雲雷紋填地。

【著　　錄】未著錄。

【銘文字數】內底鑄銘文 17 字(其中重文 1)。

【銘文釋文】尹乍(作)父癸寶隣(尊)彝,벘(其)孫子=(子子)벘(其)永寶用,亞壺。

1015. 義尊

【時　　代】西周早期前段（成王時期）。

【出土時地】2019 年山西省公安機關打擊文物犯罪繳獲。

【收　藏　者】山西青銅器博物館。

【著　　錄】江漢考古 2019 年 4 期 79 頁圖 1、80 頁拓片二左，國寶（2019 一）4 頁。

【尺度重量】通高 34.2、口徑 25.3、足徑 18、腹深 25.4 釐米，重 7.2 公斤。

【形制紋飾】三段式。喇叭口，長頸鼓腹，高圈足沿下折，通體有四道扉棱。頸部飾勾喙鳥紋，其上爲蕉葉紋，葉內填以倒置的上卷角獸面，腹部飾下卷角獸面紋，圈足飾曲折角獸面紋。

【著　　錄】未著錄。

【銘文字數】內底鑄銘文 22 字（其中合文 1）。

【銘文釋文】隹（唯）十又三月丁亥，斌（武）王易（錫）義貝卅朋，用乍（作）父乙寶隣（尊）彝，🀆。

【備　　注】"卅朋"爲合文。

銘文拓本

銘文照片

1016. 昔雞尊

【時　　代】西周早期後段。

【出土時地】2014 年冬陝西岐山縣京當鎮賀家村北墓地（M11.42）。

【收　藏　者】周原考古隊。

【尺度重量】通高 22.7、口徑 21.2、腹徑 15.7、足徑 14.5 釐米，重 3.6 公斤。

【形制紋飾】喇叭口，長頸，腹部向下傾垂，矮圈足沿外撇。頸部飾鳥紋，前後增飾浮雕獸頭，圈足飾一道粗弦紋。

【著　　錄】陝集成 1 册 52 頁 0030。

【銘文字數】內底鑄銘文 22 字。

【銘文釋文】隹（唯）三月乙酉，異白（伯）易（錫）昔雞貝，用對異白（伯）休，用乍（作）父丁隣（尊）彝。

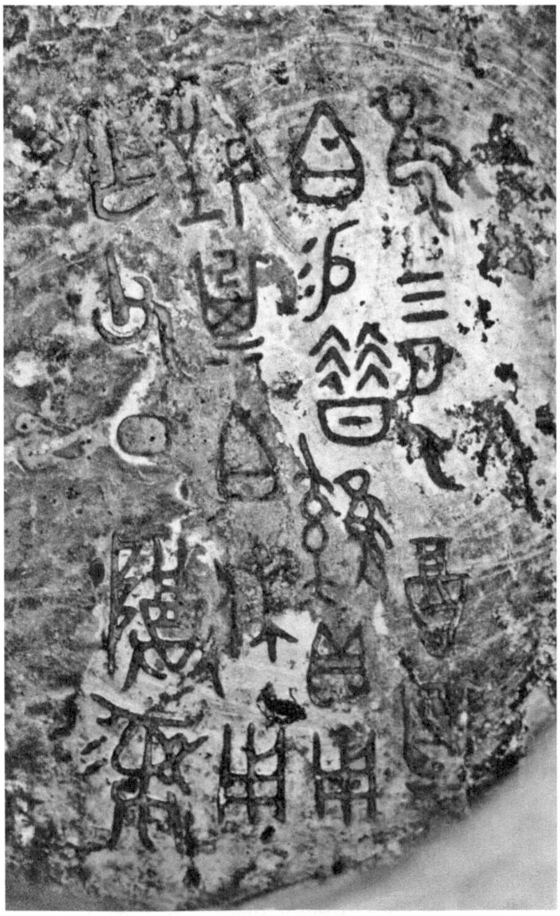

1017. 兒尊

【時　　代】西周中期。

【收 藏 者】某收藏家。

【形制紋飾】天圓地方式。上段呈圓形，喇叭口，粗長頸；中段爲腹部，呈橢方形，微
　　　　　向外鼓；下段是高圈足，呈方形，足沿外撇。通體有四條寬綽的扉棱，腹
　　　　　部扉棱出牙，上部扉棱伸出口沿。頸部以扉棱爲中綫飾蕉葉紋，葉内填
　　　　　以倒置的一對夔龍，腹部飾獸面紋，獸角向上相對内卷，圈足亦飾變形象
　　　　　鼻夔龍紋。紋飾高凸，不施地紋。

【著　　錄】未著録。

【銘文字數】内底鑄銘文 26 字（其中重文 1）。

【銘文釋文】隹（唯）王八月，戎伐㵸，膚叐。酓，蜀（獨）追，工（功）于嵩，兒用郛（俘）
　　　　　器盨（鑄）旅彝，子＝（子子）孫迖（永）。

1018. 愕姼兄巫尊

【時　　代】商代晚期。

【收　藏　者】比利時吉賽爾。

【尺度重量】通高 31.2、寬 29.5 釐米。

【形制紋飾】喇叭口,長頸鼓腹,高圈足沿下折形成一道邊圈,通體有四道扉棱。頸部飾小鳥紋,其上爲蕉葉紋,葉內填以倒置的獸面,腹部和圈足飾曲折角獸面紋,形象各不相同,均以雲雷紋填地。

【著　　錄】未著錄。

【銘文字數】內底鑄銘文 35 字。

【銘文釋文】乙丑,中(仲)敄(奴)易(錫)器、貝,才(在)㝷(管)偁,愕姼兄巫乍(作)父己障(尊)彝,才(在)七月。隹(唯)王廿祀冊(翌)日又二,遣㝷(于)且(祖)日,彡(肜)。

【備　　注】摹本係藏家所作,有的未必準確。

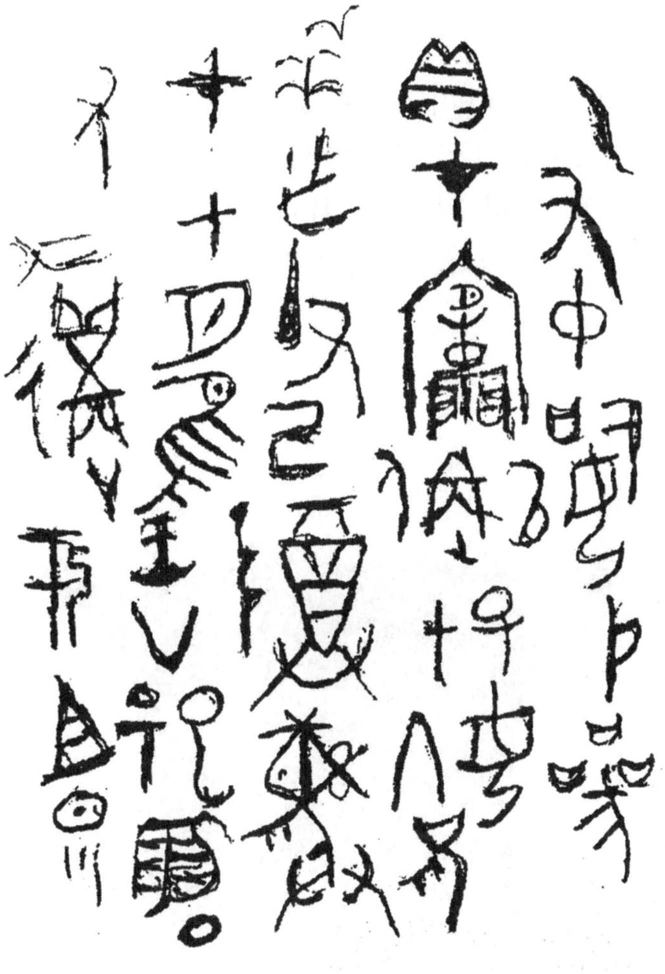

1019. 壽罍尊

【時　　代】商代晚期。

【出土時地】2017 年 9 月出現在香港瀚海拍賣會。

【收　藏　者】原藏香港某私家,現藏不明。

【尺度重量】通高 19.3、口徑 18.3 釐米。

【形制紋飾】喇叭口,長頸,腹部向下傾垂,矮圈足沿外撇。頸上部飾蕉葉紋,葉內填以倒置的下卷角獸面,下部飾分尾鳥紋,前後增飾浮雕小獸頭,腹部飾下卷角大獸面,均以雲雷紋填地。

【著　　錄】未著錄。

【銘文字數】內底鑄銘文 41 字(其中重文 2)。

【銘文釋文】隹(唯)九月初吉己亥,戝(壽)罍穖(蔑)曆于厌(侯)氏,睗(錫)馬馬卅匹,戝(壽)罍乳(揚)對厌(侯)休,用乍(作)乙厌(侯)寶宗彝,子=(子子)孫=(孫孫)丈(其)邁(萬)年寶用。

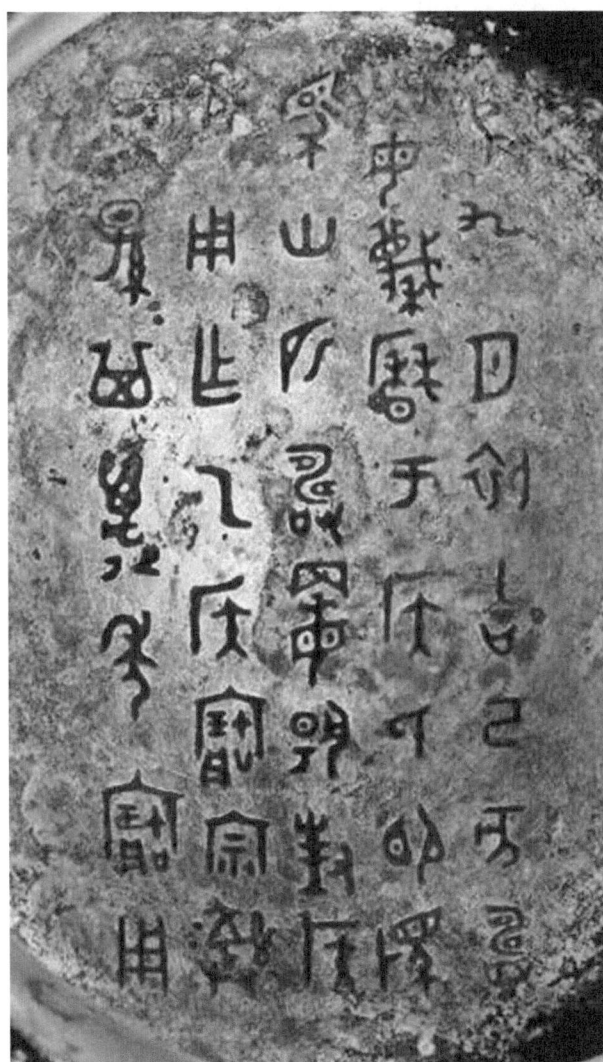

1020. 貝黽尊

【時　　代】西周早期後段。

【收 藏 者】某收藏家。

【形制紋飾】喇叭口,長頸,腹部向下傾垂,圈足沿外撇。頸部飾垂冠回首夔龍紋,前後增飾浮雕貘頭,圈足飾兩周弦紋。

【著　　錄】未著錄。

【銘文字數】內底鑄銘文 42 字（其中合文 1）。

【銘文釋文】隹（唯）三（四）月,王初征襝（祼）于成𡆥（周）。丙戌,王各（格）于京宗,王易（錫）宗小子貝黽罘麗,易（錫）黽,對王休,用乍（作）胻（薛）公寶隙（尊）彝,隹（唯）王五祀。

【備　　注】"小子"爲合文。

1021. 肇尊

【時　　代】西周中期前段。

【收 藏 者】某收藏家。

【形制紋飾】喇叭口,長頸,腹部向下傾垂,矮圈足沿外撇。頸部飾三道弦紋,上兩弦
紋間飾回首夔龍紋,前後增飾浮雕獏頭,圈足飾一道弦紋。

【著　　録】華學 12 輯 115 頁圖 1、2、3。

【銘文字數】內底鑄銘文 45 字(其中合文 2)。

【銘文釋文】隹(唯)六月丁亥,厌(侯)氏(氏—抵)大室,肇御,易(錫)肇瓚一、貝五朋。
厌(侯)曰:"肇,妖(夙)夕明乃事。"余庫(肇)叡(敢)易(揚)厌(侯)休,
用乍(作)寶陪(尊)彝,㠯(其)萬年用永宫(享)日庚。

【備　　注】"六月""五朋"爲合文。

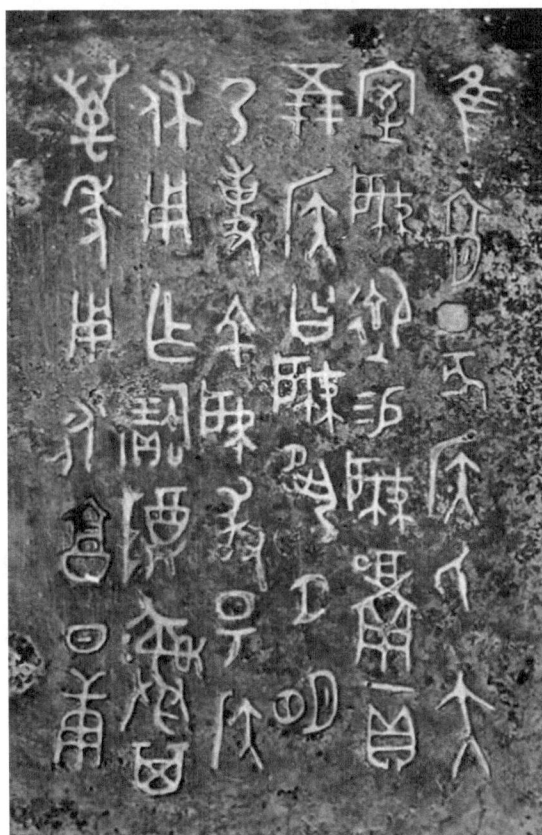

銘文照片

尊

89

銘文摹本

18．壺、鍾

（1022-1069）

1022. 史壺

【時　　代】商代晚期。

【出土時地】2017 年 10 月出現在香港大唐西市拍賣會。

【收 藏 者】某收藏家。

【尺度重量】通高 29.8 釐米。

【形制紋飾】侈口，細長頸向內收束，圓腹，矮圈足外侈，肩部有一對小鈕，套接倒"U"
　　　　　字形提梁，提梁兩端有圓雕青蛙，弧面形蓋，下部有子口，頂部有鳥形鈕，
　　　　　以鏈條與提梁上的環鈕相連，鏈條已失。蓋面飾蟬紋，頸部飾雲雷紋組
　　　　　成的獸面紋，腹部飾兩隻大鴞鳥，圓目勾喙，雙爪立於圈足，體飾羽鱗紋。

【著　　錄】未著錄。

【銘文字數】蓋內鑄銘文 1 字。

【銘文釋文】史。

1023. 〤壺

【時　　代】商代晚期。

【收　藏　者】日本奈良國立博物館。

【尺度重量】通高 23.4、口徑 6.6 釐米。

【形制紋飾】細長頸, 扁圓垂腹, 矮圈足, 提梁兩端作龍首形, 内插式蓋, 蓋面鼓起, 下
　　　　　　有子口, 蓋鈕呈鉚釘形, 有鏈條與提梁相連。 蓋上飾斜角雷紋, 頸部飾三
　　　　　　道弦紋, 腹部飾雲雷紋組成的獸面紋, 圈足飾雷紋帶。

【著　　錄】坂本清賞 71, 奈良銅 30 頁 65。

【銘文字數】蓋内鑄銘文 1 字。

【銘文釋文】〤。

【備　　注】館藏號: 卣 10。

1024. 正壺

【時　　代】商代晚期。

【收　藏　者】某收藏家。

【形制紋飾】侈口,細長頸,扁圓腹,矮圈足,上腹設有倒"U"字形提梁,提梁兩端有蛇
頭,内插式蓋,蓋已失。提梁飾雷紋,頸上部飾雲雷紋組成的獸面紋,圈
足飾雲雷紋。

【著　　錄】未著錄。

【銘文字數】提梁蛇頭之下的腹壁各鑄銘文1字,内容相同。

【銘文釋文】鼅(正)。

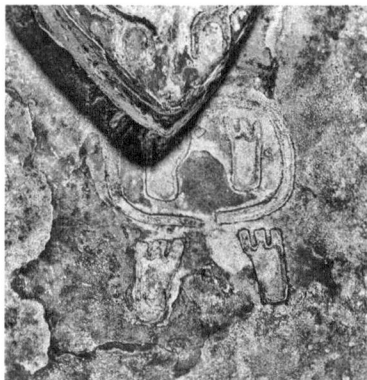

銘文 1

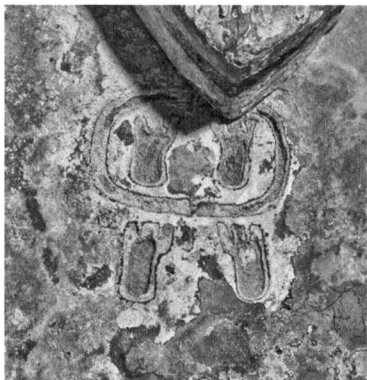

銘文 2

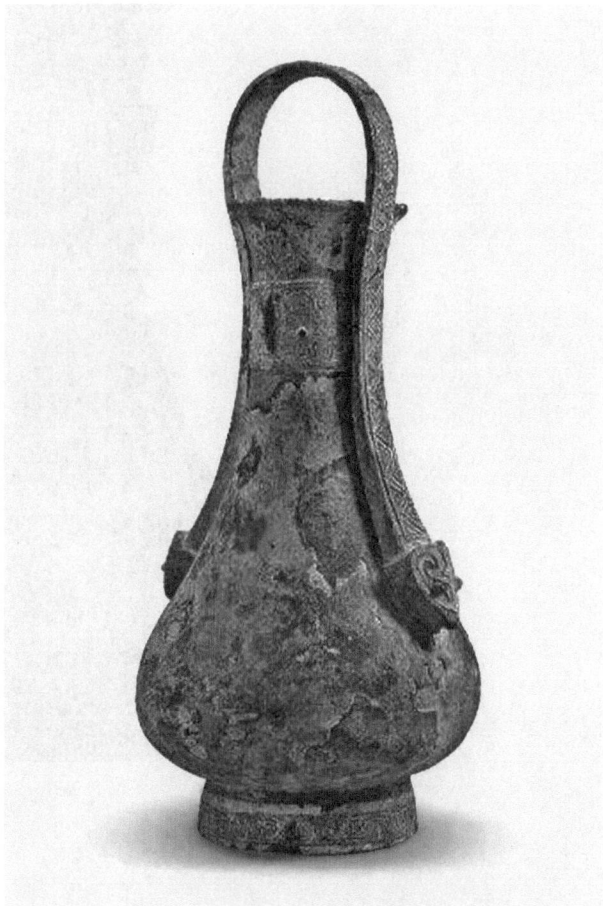

1025. 壺

【時　　代】商代晚期。

【收　藏　者】某收藏家。

【尺度重量】器高 25 釐米，重 2.05 公斤。

【形制紋飾】侈口長頸，腹部向下傾垂，頸部有一對貫耳，矮圈足。貫耳周圍飾三道弦
　　　　　　紋，其下飾夔鳥紋，圈足飾目雷紋。

【著　　　錄】未著錄。

【銘文字數】鑄銘文 1 字。

【銘文釋文】。

1026. 戈壺

【時　　代】商代晚期。

【出土時地】2010年7月至2011年2月濟南市古城區劉家莊商代墓葬（M121.43）。

【收　藏　者】濟南市考古研究所。

【尺度重量】通高36.2、口徑14.2、腹徑24.5、足徑18.3釐米，重4.948公斤。

【形制紋飾】口微侈，長頸鼓腹，矮圈足，頸部設一對貫耳。頸部飾兩組雲雷紋組成的獸面紋帶。

【著　　録】國博館刊2016年7期97頁圖39.3，海岱考古11輯308頁圖79B9.3、彩版4.1。

【銘文字數】口内壁鑄銘文1字。

【銘文釋文】戈。

1027. 兆壺

【時　　代】商代晚期。

【出土時地】2017 年 12 月見於杭州西泠印社拍賣會。

【收　藏　者】原藏美國紐約賽克勒氏，現藏不明。

【尺度重量】通高 24.2 釐米。

【形制紋飾】橫截面呈橢圓形，直口長頸，腹部向外傾垂，高圈足，頸部有一對貫耳。頸部和圈足飾有形象不同的獸面紋。

【著　　錄】彙編 9 卷 928 頁 1782。

【銘文字數】口內壁鑄銘文 1 字。

【銘文釋文】兆。

銘文拓本　　　　　　銘文照片

1028. 亞盉壺（亞盉方壺）

【時　　代】商代晚期。

【收 藏 者】香港某收藏家。

【尺度重量】通高 17.4、口橫 8.1、口縱 7.9、足口橫 6.3、足口縱 6 釐米。

【形制紋飾】橫截面接近方形，侈口束頸，折肩斂腹，頸部有一對貫耳，方圈足，内插式
蓋，蓋面呈平頂四坡屋頂形，上有方柱四坡屋頂形鈕。通體飾單層花紋，
蓋面和腹部飾上卷角獸面紋，蓋面紋飾倒置，頸部和圈足均飾長軀夔龍
紋，頸部夔龍紋之上增飾一周三角雲雷紋。

【著　　録】青與金第 2 輯 388 頁圖 2。

【銘文字數】蓋、器對銘，各 2 字。

【銘文釋文】亞盉。

蓋 銘

器 銘

1029. 史母庚壺

【時　　代】商代晚期。

【出土時地】2013 年下半年陝西寶雞市渭濱區石鼓鎮石嘴頭村西周墓地（M4.101）。

【收 藏 者】石鼓山考古隊。

【尺度重量】通高 36.8、口徑 10.3、腹深 25.2、足高 3.4 釐米，重 3.95 公斤。

【形制紋飾】直口長頸，腹部圓鼓，矮圈足沿微撇，頸部有一對小鈕，套接"U"形提梁，內插式蓋，蓋面隆起，上有圈狀捉手，下有長子口。蓋面和頸部飾夔龍紋，圈足飾獸體目紋，均以雲雷紋填地，頸前後增飾浮雕獸頭，提梁飾菱形雷紋。

【著　　録】文物 2016 年 1 期 10 頁圖 10.6。

【銘文字數】蓋、器對銘，各 3 字。

【銘文釋文】史母庚。

【備　　注】此爲蓋銘，器銘未公布。

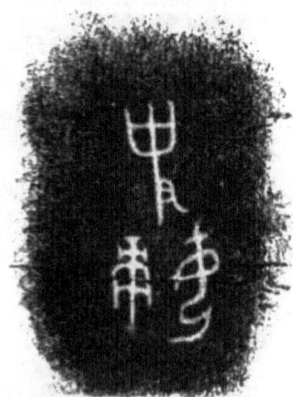

1030. 狗氏官鈁（狗是官鈁）

【時　　代】戰國晚期。

【收　藏　者】河南新鄭博物館。

【尺度重量】通高 37.4、口邊長 11.3、腹邊長 20、足邊長 13 釐米。

【形制紋飾】橫截面呈方形，口微侈，唇部加厚，長頸鼓腹，肩部有一對銜環鋪首，方圈
　　　　　　足。通體光素。

【著　　錄】文物賞 2016 年 8 期 47 頁圖 3、4。

【銘文字數】腹部刻銘文 3 字。

【銘文釋文】狗是（氏）官。

【備　　注】館藏號：0144。

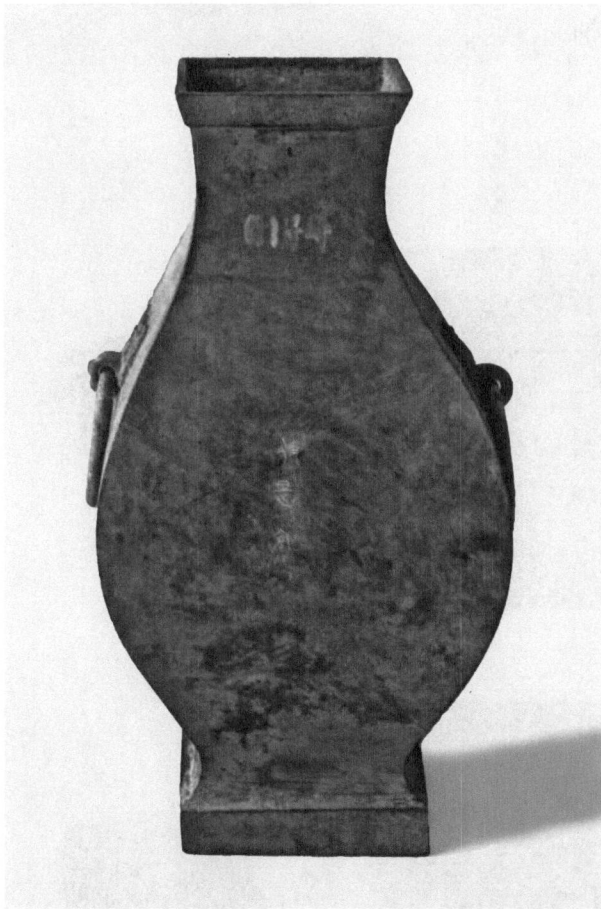

1031. 符號壺

【時　　代】戰國晚期。

【出土時地】陝西涇陽縣蔣劉公社
　　　　　　（今蔣劉鄉）大堡子村。

【收　藏　者】陝西歷史博物館。

【尺度重量】通高 12.5、口徑 7.2
　　　　　　釐米，重 0.474 公斤。

【形制紋飾】體較扁，直口長頸，廣
　　　　　　肩收腹，矮圈足，肩上
　　　　　　有一對銜環鋪首，內插
　　　　　　式蓋呈坡狀鼓起，頂部
　　　　　　較平，有一個銜環提
　　　　　　鈕。通體光素。

【著　　錄】陝集成 10 冊 66 頁補
　　　　　　007。

【銘文字數】蓋、器各有 3 個符號。

【銘文釋文】不識。

蓋

器

1032. 亞高父甲壺

【時　　代】西周早期前段。

【出土時地】2004-2007 年山西絳縣橫水鎮橫北村西周墓地（M2158.90）。

【收 藏 者】山西省考古研究所。

【尺度重量】通高 14.9、口徑 9.2-9.3 釐米，重 0.77 公斤。

【形制紋飾】直口長頸，腹部偏下，圜底，矮圈足沿外撇。內插式蓋，蓋面隆起，頂部有
圈狀捉手，頸部有一對半環鈕，套接索狀提梁，提梁兩端有圓雕獸頭。蓋
面外圍和頸部飾三列雲雷紋組成的列旗脊獸面紋，圈足飾兩道弦紋。

【著　　錄】考古 2019 年 1 期 49 頁圖 84.1、3，51 頁圖 86。

【銘文字數】蓋、器對銘，各 4 字。

【銘文釋文】亞高父甲。

蓋銘

器銘

1033. 告田父乙壺

【時　　代】西周早期。

【出土時地】2018 年 7 月出現在杭州西泠印社春季拍賣會。

【收 藏 者】原藏某私家，現藏不明。

【尺度重量】通高 36.5 釐米。

【形制紋飾】直口長頸，圓腹，矮圈足，內插式蓋，上有圈狀捉手，頸部有一對小鈕，套接索狀提梁。蓋沿和器頸均飾三列雲雷紋組成的獸面紋帶，圈足飾兩周弦紋。

【著　　錄】未著錄。

【銘文字數】蓋內及圈足內各鑄銘文 4 字，內容相同。

【銘文釋文】告田父乙。

蓋銘

器銘

1034. 作母楚壺（原稱鳳鳥紋卣）

【時　　代】西周早期。

【出土時地】2017 年 9 月出現在香港保利秋季拍賣會。

【收　藏　者】原藏歐洲某私家，2001 年歸丹尼爾・夏皮羅，現藏不明。

【尺度重量】通高 42.5、口徑 20.4 釐米。

【形制紋飾】橫截面呈橢方形，口微侈，長頸鼓腹，圈足沿下折形成一道邊圈，頸部有一對小鈕，套接"U"形提梁，提梁兩端有圓雕獸頭，內插式蓋，蓋面隆起，上有圈狀捉手。蓋面和器頸飾小鳥紋，以雲雷紋填地，頸前後增飾浮雕鹿頭，腹部飾絡帶紋，圈足飾一道弦紋。

【著　　錄】未著錄。

【銘文字數】蓋內鑄銘文 4 字。

【銘文釋文】乍（作）母楚彝。

1035. 長垣鍾（長垣壺）

【時　　代】戰國晚期・魏。

【收　藏　者】某收藏家。

【形制紋飾】侈口，長頸內束，口沿一周加厚，溜肩斂腹，矮圈足沿外侈然後下折，肩部有一對銜環鋪首，頸下部有一道箍棱，肩下部和腹部各有一道寬帶。頸上部鑲嵌紅銅三角紋。

【著　　錄】未著錄。

【銘文字數】肩部刻銘文 2 字，外底 2 字，共 4 字。

【銘文釋文】長垣，□㝬。

肩部銘

外底銘

1036. 臣辰寿父乙壺（臣辰*父乙壺）

【時　　代】西周早期。

【出土時地】2013年下半年陝西寶雞市渭濱區石鼓鎮石嘴頭村西周墓地（M4.504）。

【收 藏 者】石鼓山考古隊。

【尺度重量】通高27.7、口徑8.6、腹深17.4、足高2.9釐米，重2.25公斤。

【形制紋飾】直口長頸，腹部圓鼓，矮圈足，頸部有一對小鈕，套接扭索形提梁，内插式
　　　　　 蓋，蓋面隆起，上有圈狀捉手，下有長子口。蓋面、頸部及圈足均飾三列
　　　　　 雲雷紋組成的列旗脊獸面紋帶，頸前後增飾浮雕獸頭，腹部光素。

【著　　録】文物2016年1期10頁圖10.7。

【銘文字數】蓋、器對銘，各5字。

【銘文釋文】臣辰*（寿）父乙。

【備　　注】此爲蓋銘，器銘未公布。

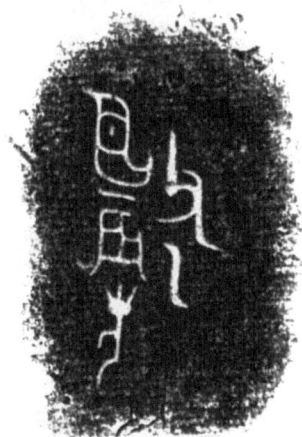

1037. 虢仲壺

【時　　代】春秋早期。
【出土時地】1990 年河南三門峽市湖濱區上村嶺虢國墓地（M2009）。
【收 藏 者】三門峽市虢國博物館。
【形制紋飾】橫截面呈橢方形，長頸鼓腹，矮圈足沿外侈，然後下折，頸部有一對獸首半環形耳，耳銜圓環，長子口方蓋，上有碩大的捉手。蓋沿和頸部飾環帶紋，腹部飾絡帶紋，其間填充大鳳鳥，蓋的捉手和圈足飾竊曲紋。
【著　　録】未著録。
【銘文字數】蓋、器對銘，各 5 字。
【銘文釋文】虢（虢）中（仲）乍（作）旅壺。
【備　　注】銘文照片爲蓋銘。

1038. 邢皇姬壺

【時　　代】春秋早期。

【收 藏 者】某收藏家。

【形制紋飾】侈口，長頸，鼓腹。

【著　　録】未著録。

【銘文字數】頸部有銘文5字。

【銘文釋文】井（邢）皇姬邋（御）壺。

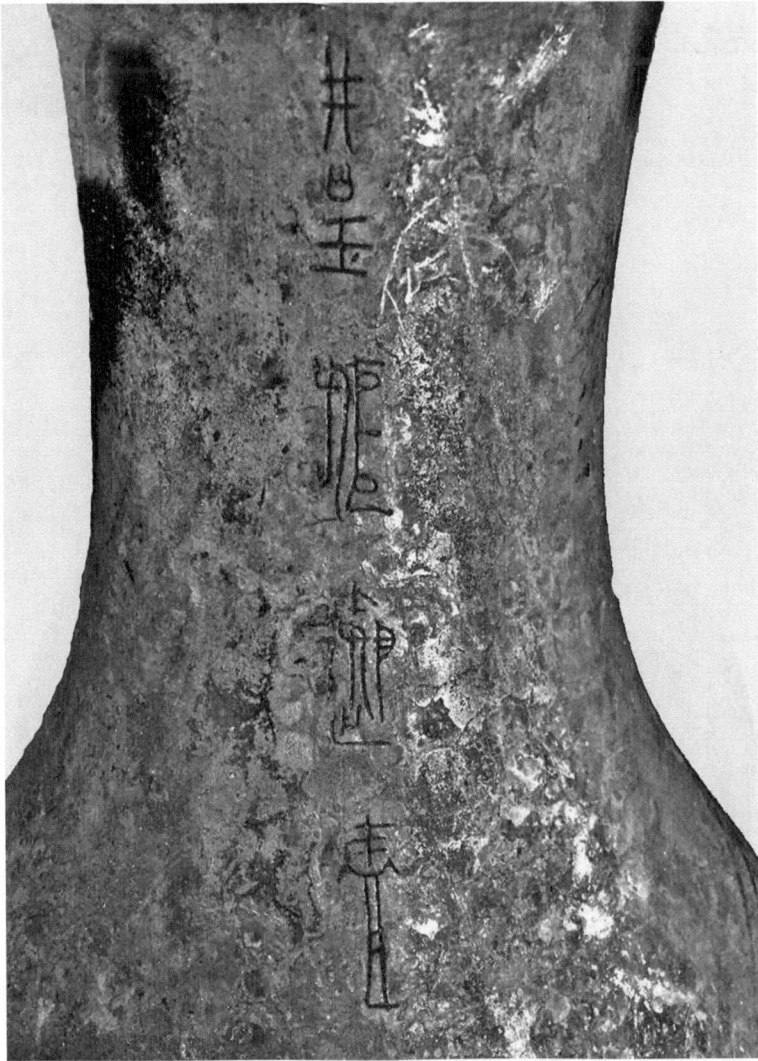

1039. 洀友壺

【時　　代】戰國晚期。

【出土時地】2017 年 11 月見於北京。

【收 藏 者】某收藏家。

【形制紋飾】口微侈, 頸較長, 圓腹, 矮圈足,
肩部有一對銜環鋪首, 蓋面隆
起, 上有三個"6"字形鈕, 均殘
斷。蓋面飾鑲嵌綠松石圓渦紋,
通體光素。

【著　　錄】未著錄。

【銘文字數】器壁有銘文 5 字。

【銘文釋文】洀友之亡囗。

1040. 嬴霝德壺

【時　　代】西周中期前段。

【收　藏　者】天津博物館。

【尺度重量】通高 44.6、口寬 14.5 釐米。

【形制紋飾】橫截面呈橢方形,直口長頸,鼓腹圜底,圈足沿外侈然後下折,頸部有一對貫耳,內插式蓋,上有圈狀捉手。蓋沿和頸部飾垂冠回首鳥紋,以雲雷紋填地,腹部飾絡帶紋,圈足飾斜角雲雷紋。

【著　　錄】津銅 061。

【銘文字數】蓋、器對銘,各 6 字。

【銘文釋文】嬴霝悳(德)乍(作)飤(齍)壺。

蓋銘

器銘

1041. 秦公壺

【時　　代】春秋早期。

【出土時地】甘肅禮縣永坪鄉趙坪村大堡子秦公墓地。

【收　藏　者】香港朱氏（朱昌言）九如園。

【尺度重量】通高 23.5、口橫 17.2、口縱 12、足橫 22、足縱 17 釐米。

【形制紋飾】橫截面呈橢方形，直口長頸，下腹向外傾垂，頸部有一對銜環龍首耳，內插式蓋，上有碩大的方圈捉手，矮圈足沿下折，形成一道邊圈。捉手內飾交纏的雙龍，捉手外和圈足均飾變形獸紋，蓋沿飾龍紋，頸部飾環帶紋，腹部飾共首雙體龍紋，並有多條蛇與之交纏，均不施地紋。

【著　　録】九如園 66 頁 29。

【銘文字數】口內壁鑄銘文 6 字。

【銘文釋文】嬴（秦）公乍（作）鼄（鑄）隣（尊）壺。

1042. 秦公壺

【時　　代】春秋早期。

【出土時地】甘肅禮縣永坪鄉趙坪村大
　　　　　　堡子秦公墓地。

【收　藏　者】美國紐約某收藏家。

【尺度重量】通高 36、口徑 13.5、腹深
　　　　　　31.9 釐米。

【形制紋飾】失蓋，直口，長頸微束，下
　　　　　　腹向外傾垂，矮圈足沿下
　　　　　　折，頸部有一對銜環螺旋
　　　　　　角獸首耳。頸部飾竊曲紋，
　　　　　　其上飾環帶紋，腹部飾三
　　　　　　道重環紋，其間飾瓦溝紋，
　　　　　　圈足飾垂鱗紋。

【著　　錄】未著錄。

【銘文字數】口內壁鑄銘文 6 字。

【銘文釋文】𥻺（秦）公乍（作）鑑（鑄）
　　　　　　用壺。

銘文照片

銘文拓本

1043. 祁子氏壺

【時　　代】春秋中期。

【收 藏 者】日本東京台東區立書道博物館。

【形制紋飾】口微侈,長頸微束,溜肩斂腹,矮圈足,頸部有四個銜環小鈕,肩部有一對
鼻鈕鋪首,各套接一個圓環。肩部和上腹有三周鑲嵌紅銅帶,其間飾蟠
螭紋,下腹飾一周圓葉紋。

【著　　錄】書道圖 47。

【銘文字數】蓋內鑄銘文 6 字。

【銘文釋文】祁子氏之獸(造)壺。

1044. 鄂侯壺（噩侯壺）

【時　　代】春秋早期。

【出土時地】2012 年河南南陽市新店鄉夏餉鋪村鄂國墓地（M19.10）。

【收　藏　者】南陽市文物考古研究所。

【尺度重量】通高 32.8、口徑 12、腹徑 20、足徑 15.5 釐米。

【形制紋飾】侈口方唇,束頸圓腹,頸部有一對銜環獸首耳,矮圈足沿外撇。內插式蓋,
　　　　　　上有碩大的圈狀捉手。蓋頂部飾前卷尾龍紋,捉手口沿下方邊緣飾垂
　　　　　　鱗紋,蓋口上方飾一周"C"形竊曲紋,器身頸部飾環帶紋,頸下部飾"S"
　　　　　　形無目竊曲紋,肩部和腹部有瓦紋和"C"形竊曲紋相間分佈,圈足飾垂
　　　　　　鱗紋。

【著　　錄】江漢考古 2019 年 16 頁圖版一:8、17 頁拓片一。

【銘文字數】蓋榫外側鑄銘文 7 字。

【銘文釋文】噩（鄂）厌（侯）乍（作）孟姬膡（媵）壺。

1045. 監叔壺

【時　　代】西周晚期。

【收 藏 者】某收藏家。

【尺度重量】通高 39.6、口徑 13.5 釐米。

【形制紋飾】侈口，長頸內束，頸部有一對獸首銜環耳，腹部扁圓，內插式蓋，上有碩大
　　　　　的圈狀捉手。蓋的捉手內飾卷曲夔龍紋，捉手外飾仰葉紋，蓋沿和頸部
　　　　　飾竊曲紋，口沿下飾環帶紋，腹部飾瓦溝紋，上腹有一周變形竊曲紋，圈
　　　　　足飾垂鱗紋。

【著　　錄】未著錄。

【銘文字數】器口內壁鑄銘文 8 字。

【銘文釋文】監弔（叔）乍（作）尹孟姞鷺（鬻）彝。

1046. 芮公脊父壺

【時　　代】春秋早期。

【出土時地】2019 年陝西澄城縣王莊鎮劉家窪村芮國墓地。

【收　藏　者】陝西省考古研究院。

【形制紋飾】横截面呈橢方形,口微侈,長頸內束,頸部有一對獸首銜環耳,獸作圓目
　　　　　　豎耳,獸鼻上卷,頂端作圓雕勾喙飄冠鳥首形,鼓腹,矮圈足,圈足四角各
　　　　　　有一隻臥獸,內插式蓋,上有碩大的蓋冠。蓋冠飾仰葉紋,四角有四隻圓
　　　　　　雕猴子,蓋沿飾竊曲紋,四面中部各有一隻圓雕虎,頸部飾環帶紋和竊曲
　　　　　　紋,前後各有一隻圓雕虎,腹部飾蟠龍紋,四角有圓雕回首卷尾爬獸,圈
　　　　　　足飾竊曲紋。

【著　　録】未著録。

【銘文字數】蓋、器對銘,各 10 字。

【銘文釋文】内(芮)公脊父乍(作)造(造)寶彝(尊),永用。

【備　　注】同墓出土一對,形制、紋飾、銘文相同,大小相若,另一件銘文資料未
　　　　　　公布。

1047. 曾子牧臣壺甲

【時　　代】春秋早期。

【出土時地】湖北。

【收　藏　者】武漢九州藝術博物館。

【尺度重量】通高 35、口徑 17.5 釐米。

【形制紋飾】弇口,假壺蓋,蓋下與壺口連鑄,
　　　　　蓋上敞口,沿内折,長頸内束,圓
　　　　　腹,矮圈足沿下折,形成一道邊
　　　　　圈,頸部有一對圓環鈕。頸部飾
　　　　　竊曲紋,其餘部分光素無飾。

【著　　録】未著録。

【銘文字數】頸壁鑄銘文 11 字。

【銘文釋文】曾子牧臣自乍(作)行器,永祐福。

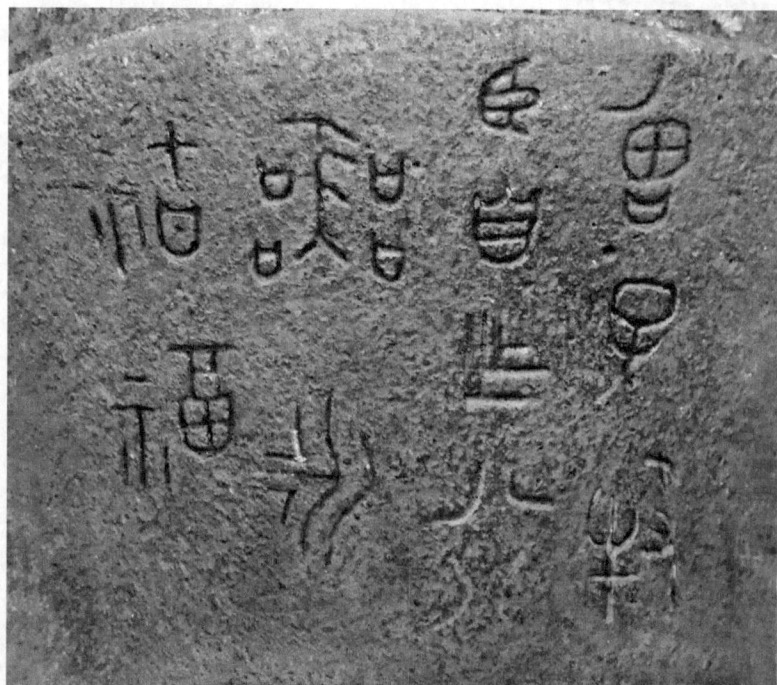

1048. 曾子牧臣壺乙

【時　　代】春秋早期。

【出土時地】湖北。

【收　藏　者】武漢九州藝術博物館。

【尺度重量】通高 35、口徑 17.5 釐米。

【形制紋飾】弇口，假壺蓋，蓋下與壺口連鑄，蓋上敞口，沿內折，長頸內束，圓腹，矮圈足沿下折，形成一道邊圈，頸部有一對圓環鈕。頸部飾竊曲紋，其餘部分光素無飾。

【著　　錄】未著錄。

【銘文字數】頸壁鑄銘文 11 字。

【銘文釋文】曾子牧臣自乍（作）行器，永祐福。

1049. 曑壺

【時　　代】西周早期。

【收 藏 者】某收藏家。

【形制紋飾】口微侈,長頸鼓腹,頸兩側有一對小鈕,套接龍首扁提梁,圜底,圈足沿外
撇,內插式蓋,蓋面隆起,上有圈狀捉手。頸部飾凸起的寬帶,腹部飾三
條橫寬帶和四條豎寬帶組成的絡帶紋。

【著　　錄】未著錄。

【銘文字數】內底鑄銘文 11 字,蓋 1 字,共 12 字。

【銘文釋文】蓋銘:戈;器銘:曑乍(作)父辛寶𡬛(尊)彝一,亞耳𦓞。

蓋銘

器銘

1050. 瞗侯壺（唐侯壺）

【時　　代】春秋中期。

【出土時地】湖北隨州市義地崗。

【收　藏　者】隨州博物館。

【形制紋飾】侈口，長頸內束，頸部有一對龍首半環耳，圓腹，圈足下有一道邊圈，內插式蓋，上有碩大的圈狀蓋冠。器口下、上腹以及蓋冠飾環帶紋，蓋沿飾竊曲紋，圈足飾變形夔龍紋。

【著　　錄】未著錄。

【銘文字數】口沿外壁環帶紋彎曲處共有銘文 12 字。

【銘文釋文】瞗（唐）庆（侯）杦（制）隆（陸—隨）夫人行壺，其永祐福。

【備　　注】同墓出土 2 件，《銘續》0829 著錄 1 件，有圖像，銘文照片也清晰，可參看。

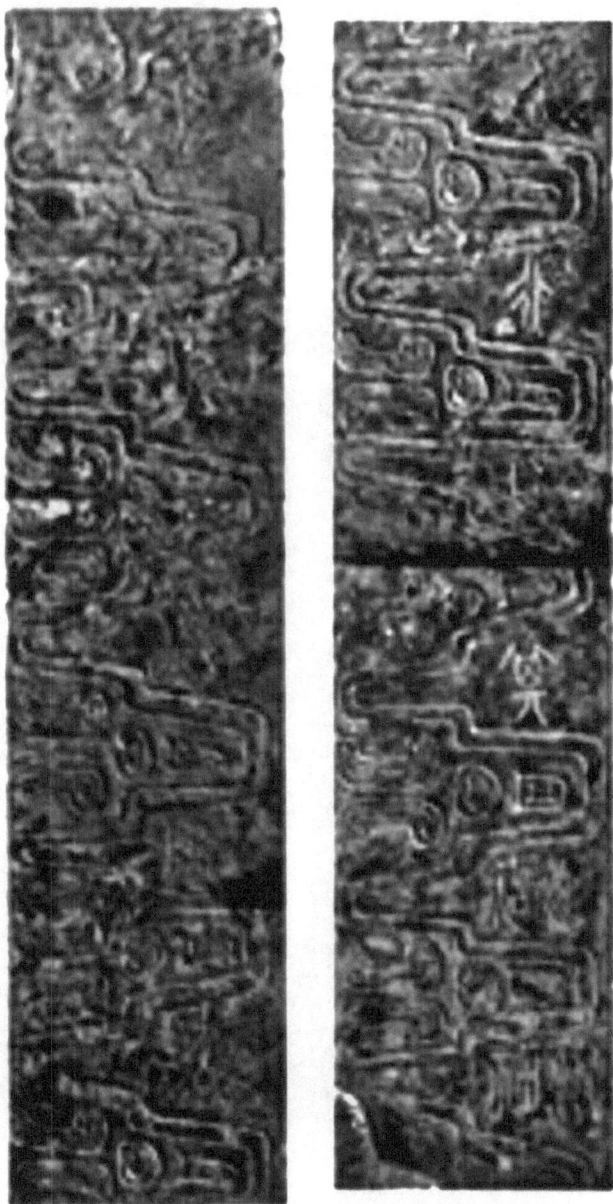

1051. 少司馬癸壺甲

【時　　代】戰國中期。

【出土時地】2017 年 10 月出現在香港大唐國際拍賣會。

【收 藏 者】某收藏家。

【尺度重量】通高 43、口徑 17 釐米。

【形制紋飾】口微侈,長頸內束,圓腹圓底,肩部有四個銜環鋪首,矮圈足,蓋面弧形鼓
　　　　　起,下有子口,蓋面有四個鳥形鈕,蓋沿有四個獸面卡扣。肩部和上腹有
　　　　　三條寬帶,將頸腹分爲四個區域,蓋面、肩部和腹部均飾細密鼓起的蟠虺
　　　　　紋,下腹增飾垂葉紋,葉內亦填蟠虺紋,圈足飾圓點紋。

【著　　錄】未著錄。

【銘文字數】蓋內及頸部各鑄銘文 12 字,內容相同。

【銘文釋文】八月丁亥,少司馬癸乍(作)氒(厥)隣(尊)壺。

【備　　注】同坑出土 2 件,形制、紋飾、銘文相同,大小相若。

器銘

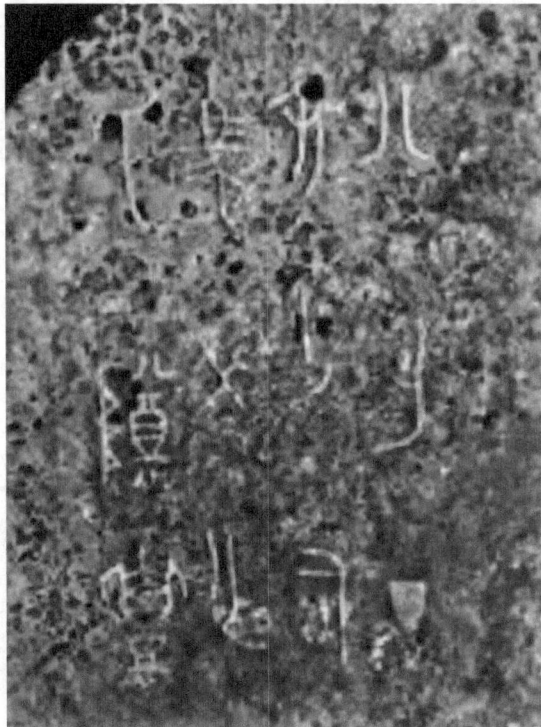

蓋銘

1052. 少司馬癸壺乙

【時　　代】戰國中期。

【出土時地】2017 年 10 月出現在香港大唐西市拍賣會。

【收 藏 者】某收藏家。

【尺度重量】通高 43、口徑 17 釐米。

【形制紋飾】口微侈,長頸內束,圓腹圓底,肩部有四個銜環鋪首,矮圈足,蓋面弧形鼓
　　　　　起,下有子口,蓋面有四個鳥形鈕,蓋沿有四個獸面卡扣。肩部和上腹有
　　　　　三條寬帶,將頸腹分爲四個區域,蓋面、肩部和腹部均飾細密鼓起的蟠虺
　　　　　紋,下腹增飾垂葉紋,葉內亦填蟠虺紋,圈足飾圓點紋。

【著　　録】未著録。

【銘文字數】蓋內及頸部各鑄銘文 12 字,內容相同。

【銘文釋文】八月丁亥,少司馬癸乍(作)氒(厥)隋(尊)壺。

【備　　注】此爲蓋銘,器銘因銹未拍照。

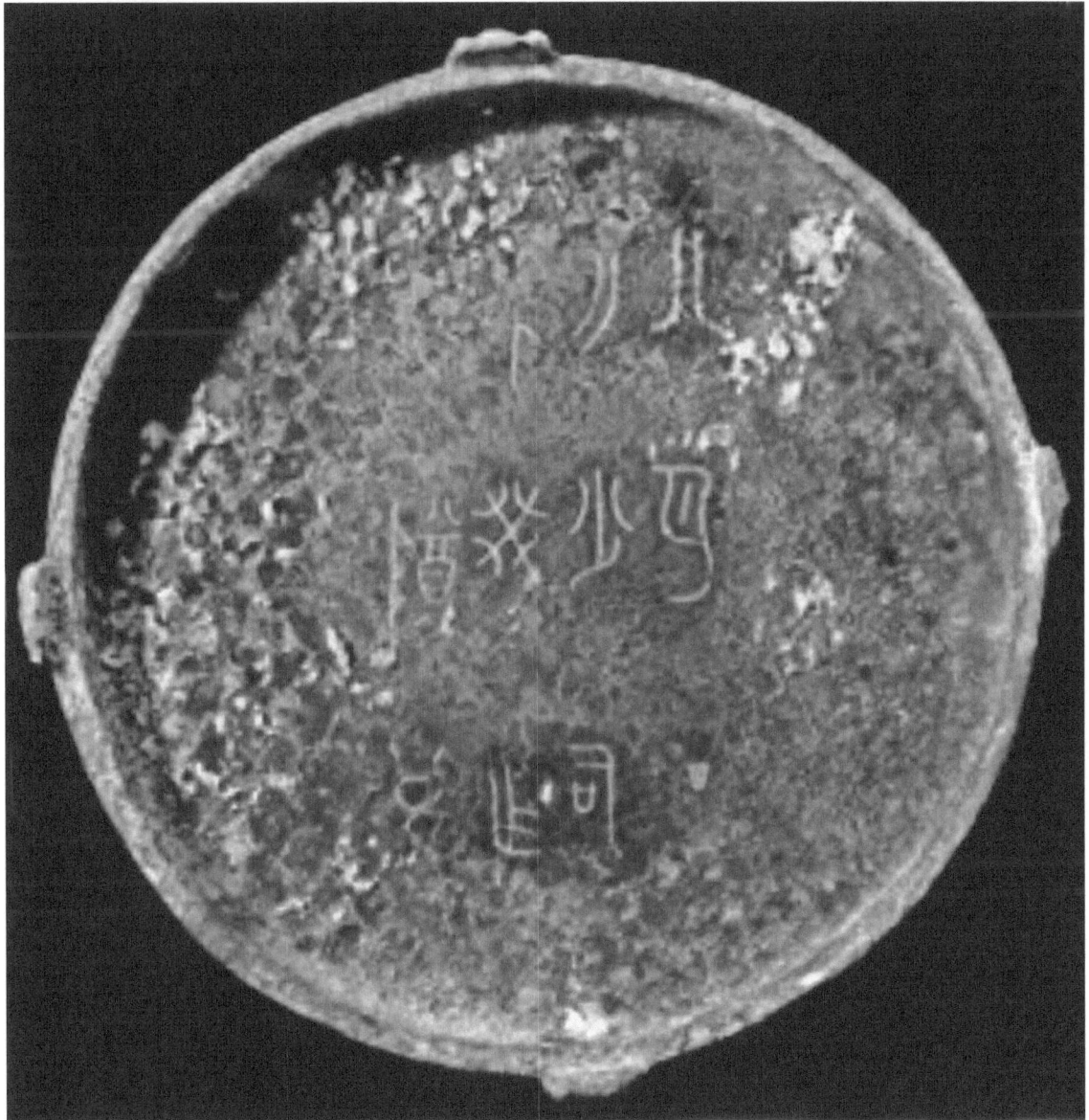

1053. 廚舍右官鈁（徸昏右官鈁）

【時　　代】戰國晚期。

【收　藏　者】日本奈良國立博物館。

【尺度重量】通高 29.2、口邊長 11 釐米。

【形制紋飾】直口方唇，口沿加厚，長頸溜
　　　　　　肩，鼓腹，平底方圈足，肩上有
　　　　　　一對銜環鋪首。通體光素。

【著　　錄】奈良銅 94 頁 225。

【銘文字數】足右側刻銘文 13 字（其中合
　　　　　　文 2）。

【銘文釋文】徸（廚）昏（予一舍）右目（官），
　　　　　　冉四寽（鋝）廿＝（二十）九冡
　　　　　　（重）廿（二十）（？）。

【備　　注】"二十"爲合文。館藏號：
　　　　　　鈁 03。

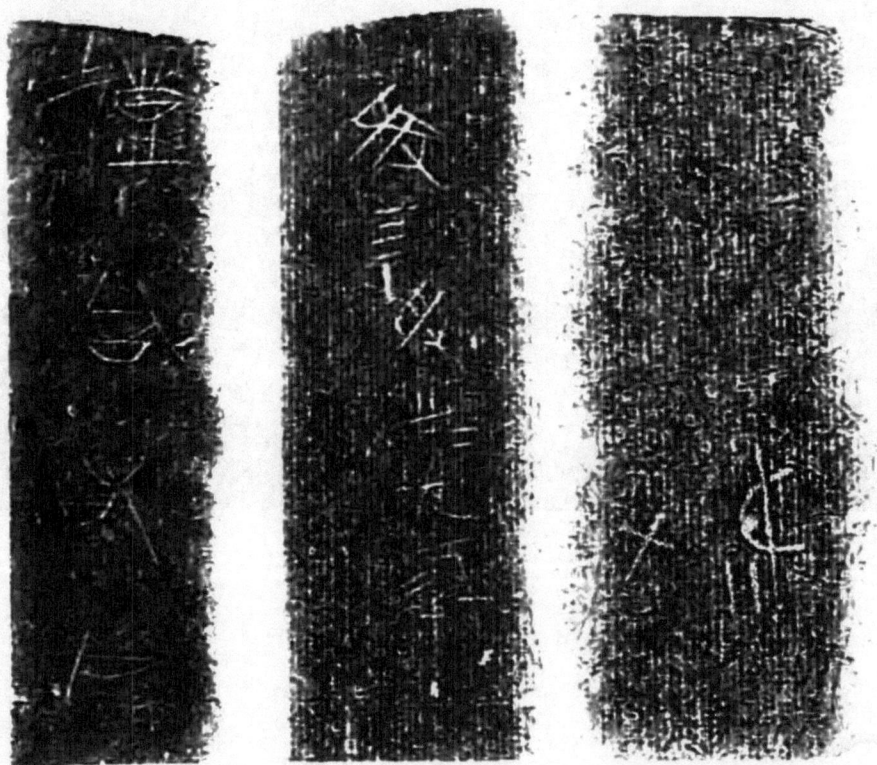

1054. 黃君孟壺

【時　　代】春秋中期。

【出土時地】1983 年 4 月河南光山縣寶相寺上官崗磚瓦廠春秋墓（G1.A6）。

【收 藏 者】原藏信陽地區文物管理委員會，現藏信陽博物館。

【尺度重量】通高 31.7、口徑 15.3 釐米。

【形制紋飾】口微侈，長頸圓腹，矮圈足外侈，頸兩側有一對獸首耳。頸部飾蟠螭紋。

【著　　錄】中原文物 1991 年 2 期 100 頁圖 1.50，信博銅 129 頁 28。

【銘文字數】口沿鑄銘文 15 字（其中重文 2）。

【銘文釋文】黃君孟自乍（作）行器，子＝（子子）孫＝（孫孫）則永窑（祐）窑（福）。

【備　　注】同墓出土 2 件，形制、紋飾、大小、銘文基本相同，《銘圖》12324 已著錄 1
件，此爲第 2 件。

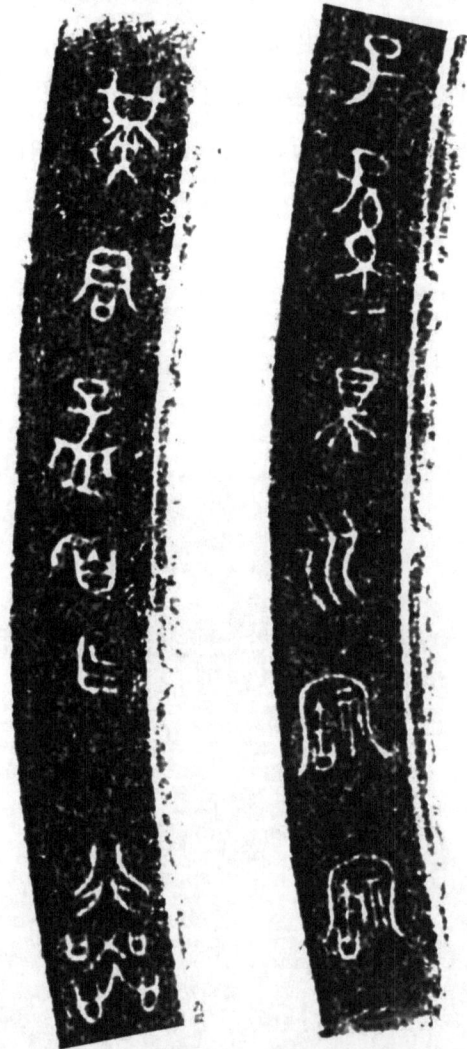

1055. 園君婦媿霝壺

【時　　代】春秋早期。

【出土時地】2002 年 6 月山東棗莊市山亭區東江小邾國墓地（M3）。

【收 藏 者】棗莊市博物館。

【形制紋飾】口微侈，長頸微内束，頸部有一對銜環獸首耳，圓腹，矮圈足外撇。上腹和下腹均飾瓦溝紋，腹中部飾變形蟬紋，足部飾鱗紋。

【著　　錄】未著錄。

【銘文字數】頸部鑄銘文 15 字。

【銘文釋文】園（昆）君婦媿霝乍（作）肇（旅）彝（壺），其年邁（萬）子孫丕（永）用。

【備　　注】銘文中“年邁（萬）”，應讀爲“萬年”。同墓出土 2 件，形制、紋飾、銘文相同，大小相若，《銘圖》12353 已著錄 1 件。

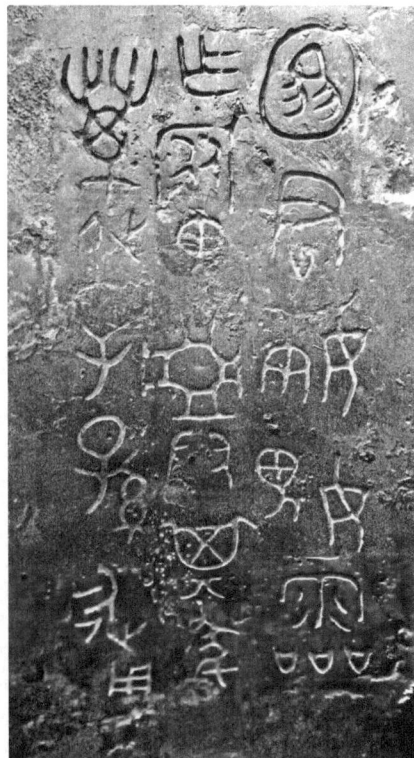

1056. 郳君慶壺（鼄君慶壺）

【時　　代】春秋早期。

【出土時地】2002 年山東棗莊市山亭區東江小邾國墓地（M2）。

【收 藏 者】棗莊市博物館。

【尺度重量】通高 46.5、口徑 15、腹深 32.8、腹徑 25.5 釐米，重 11.8 公斤。

【形制紋飾】口微外侈，長頸內束，頸部有一對獸首銜環耳，獸鼻作象鼻形上卷，圈足沿外撇，下腹向外圓鼓，內插式蓋，蓋冠作圈狀。頸部飾環帶紋和"S"形變形龍紋，腹部飾兩道環帶紋，圈足飾垂鱗紋，蓋頂飾雙頭龍紋，蓋冠飾仰鱗紋，蓋沿飾竊曲紋。

【著　　錄】未著錄。

【銘文字數】蓋、器同銘，各 16 字。

【銘文釋文】鼄（郳）君慶乍（作）䲣（秦）妊醴壺，㠯（其）萬年釁（眉）壽（壽）永寶用。

【備　　注】同墓出土 2 件，形制、紋飾、銘文、大小相同，《銘圖》12333 已著錄 1 件。

蓋銘

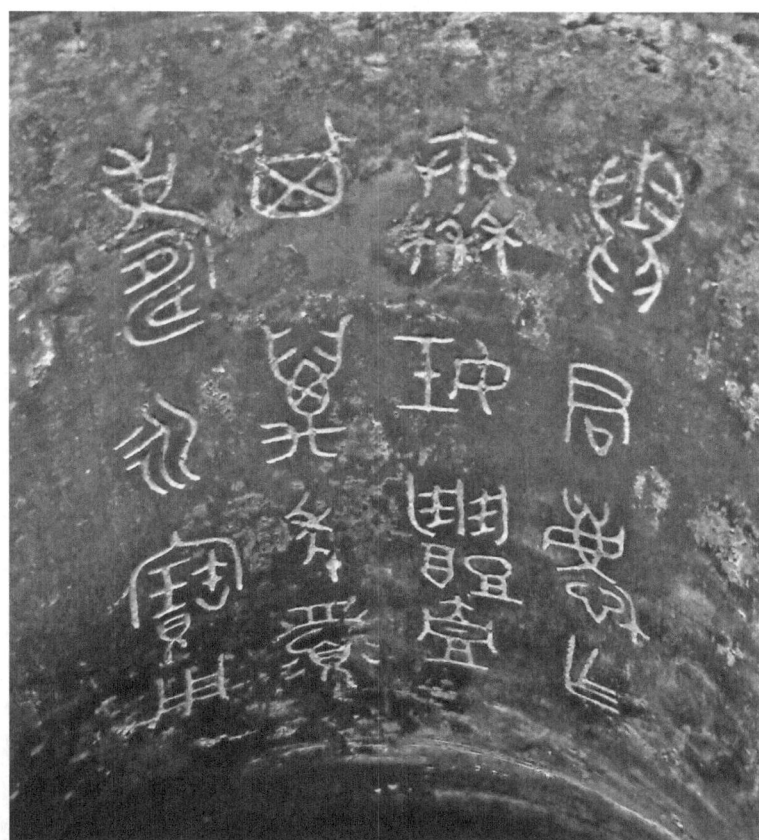

器銘（放大）

1057. 昶覾伯壺蓋

【時　　代】春秋早期。

【出土時地】2012 年河南南陽市新店鄉夏餉鋪村鄂國墓地（M1.11）。

【收 藏 者】南陽市文物考古研究所。

【尺度重量】蓋高 13.6、長 18.2 釐米。

【形制紋飾】深子口,上有圈足式長方形捉手。蓋緣飾"S"形凸目竊曲紋,捉手外側
　　　　　　邊緣下部飾仰葉紋,捉手頂部飾一周"S"形凸目竊曲紋,中間有一半球
　　　　　　形鈕,鈕中部有橢圓形孔。

【著　　錄】江漢考古 2019 年 42 頁圖版二：6、40 頁拓片 4。

【銘文字數】蓋樺鑄銘文 16 字(其中重文 1)。

【銘文釋文】昶覾白(伯)乍(作)寶壺,𢀳(其)萬年子=(子子)孫永寶用𩈗(享)。

【備　　注】此蓋銘文反書。同墓出土 2 件,形制、紋飾、銘文相同,大小相若。

1058. 昶輨伯壺蓋

【時　　代】春秋早期。

【出土時地】2012 年河南南陽新店鄉夏餉鋪的鄂侯夫人墓（M1.12）。

【收 藏 者】南陽市博物館。

【形制紋飾】深子口，上有圈足式長方形捉手。蓋緣飾"S"形凸目竊曲紋，捉手外側
　　　　　　邊緣下部飾仰葉紋，捉手頂部飾一周"S"形凸目竊曲紋，中間有一半球
　　　　　　形鈕，鈕中部有橢圓形孔。

【著　　録】未著録。

【銘文字數】蓋榫鑄銘文 16 字（其中重文 1）。

【銘文釋文】昶輨白（伯）乍（作）寶壺，甘（其）萬年子＝（子子）孫永寶用盲（享）。

【備　　注】此蓋有可能就是《銘續》0831 昶輨伯壺的蓋。壺蓋照片的捉手上部被
　　　　　　裁掉。

1059. 叔休壺甲

【時　　代】西周晚期或春秋早期。

【出土時地】山西省打擊文物犯罪繳獲。

【收　藏　者】山西青銅器博物館。

【尺度重量】通高 59、口橫 20.5、口縱 15.7 釐米。

【形制紋飾】橫截面呈橢方形,直口微侈,長頸鼓腹,頸部有一對龍首銜環耳,圈足沿外撇,內插式蓋,上有碩大的橢方圈形冠。蓋冠和圈足均飾斜角雲雷紋,蓋面飾竊曲紋,頸部飾垂冠回首小鳥紋,其上爲三角雲雷紋,腹部飾絡帶紋,其間填以大鳳鳥。

【著　　錄】未著錄。

【銘文字數】蓋、器對銘,各 20 字(其中重文 2)。

【銘文釋文】𤔲(寅)者(都)君嗣(司)鹵弔(叔)休乍(作)寶壺,其萬年子=(子子)孫=(孫孫)永保用。

【備　　注】同坑出土一對,形制、紋飾、銘文相同,大小相若。

蓋銘

器銘

1060. 叔休壺乙

【時　　代】西周晚期或春秋早期。

【出土時地】山西省打擊文物犯罪繳獲。

【收 藏 者】山西青銅器博物館。

【尺度重量】通高 58.5、口橫 20.5、口縱 16 釐米。

【形制紋飾】橫截面呈橢方形，直口微侈，長頸鼓腹，頸部有一對龍首銜環耳，圈足沿
外撇，內插式蓋，上有碩大的橢方圈形冠。蓋冠和圈足均飾斜角雲雷紋，
蓋面飾竊曲紋，頸部飾垂冠回首小鳥紋，其上爲三角雲雷紋，腹部飾絡帶
紋，其間填以大鳳鳥。

【著　　錄】未著錄。

【銘文字數】蓋、器對銘，各 20 字（其中重文 2）。

【銘文釋文】𧶠（寅）者（都）君嗣（司）鹵弔（叔）休乍（作）寶壺，其萬年子＝（子子）
孫＝（孫孫）永保用。

蓋銘

器銘

1061. 王后鈁（原稱丙辰方壺）

【時　　代】戰國晚期。

【收 藏 者】原藏清宮。

【尺度重量】通高 15.1、腹深 113、口徑 4.6、腹圍 34.4 寸,重 491 兩(西清)。

【形制紋飾】直口方唇,口沿一周加厚,溜肩,腹部外鼓,圈足外侈,然後下折,肩部有一對衔環鋪首。通體光素。

【著　　録】西清 19.3。

【銘文字數】肩部刻銘文 23 字。

【銘文釋文】十年天乘(？)八月丙唇(辰),四(？)垚(堯)厌(侯)□亓□屮(也),王后右酉,十壴(穀)七尉。

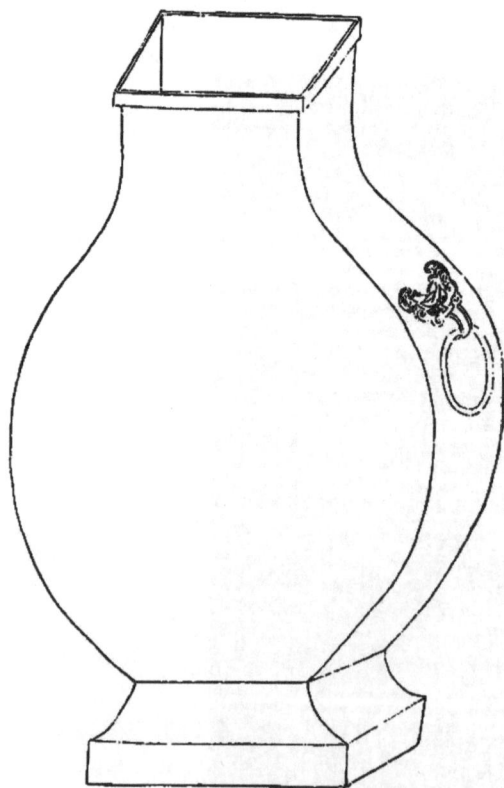

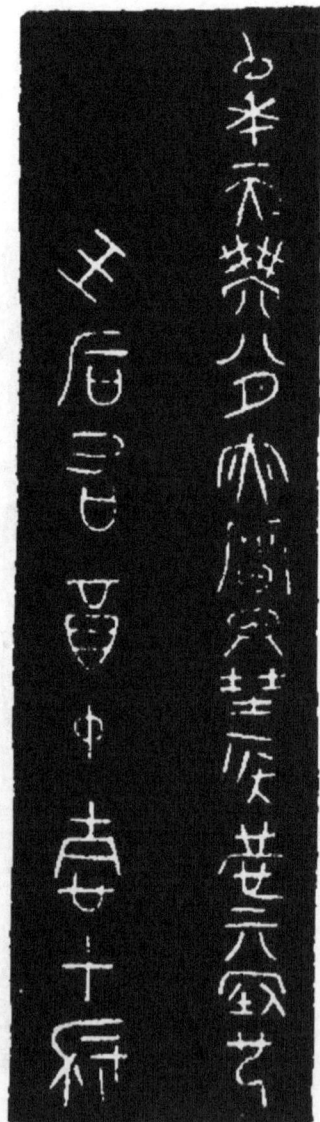

1062. 曾伯克父壺甲

【時　　代】春秋早期前段。

【出土時地】2019 年 3 月出現在日本東京中央株式會社春季拍賣會。

【收 藏 者】某收藏家。

【尺度重量】通高 33 釐米。

【形制紋飾】口外侈，頸内斂，鼓腹圜底，頸部有一對龍首銜環耳，圈足沿外撇然後下折，内插式蓋，頂部有圈狀捉手。捉手内飾團鳥紋，捉手外及圈足飾垂鱗紋，蓋沿和器頸飾竊曲紋，頸上部飾環帶紋，腹部飾瓦溝紋，其間有兩周對角夔龍紋。

【著　　録】未著録。

【銘文字數】蓋、器對銘，各 25 字（其中重文 1）。

【銘文釋文】唯曾白（伯）克父自乍（作）寶飤壺，用害（匄）眉（眉）壽（壽）、黄耉，ㄓ（其）萬年子＝（子子）孫永寶用。

【備　　注】一對，形制、紋飾、銘文相同，大小相若。此銘文照片是壺甲銘文，壺乙的銘文照片未提供。

壺甲蓋銘拓本

壺甲器銘拓本

壺甲蓋銘照片

壺甲器銘照片

1063. 曾伯克父壺乙

【時　　代】春秋早期前段。

【出土時地】2019 年 3 月出現在日本東京中央
　　　　　　株式會社春季拍賣會。

【收 藏 者】某收藏家。

【尺度重量】通高 33 釐米。

【形制紋飾】口外侈,頸內斂,鼓腹圜底,頸部有
　　　　　　一對龍首銜環耳,圈足沿外撇然後
　　　　　　下折,內插式蓋,頂部有圈狀捉手。
　　　　　　捉手內飾團鳥紋,捉手外及圈足飾
　　　　　　垂鱗紋,蓋沿和器頸飾竊曲紋,頸上
　　　　　　部飾環帶紋,腹部飾瓦溝紋,其間有
　　　　　　兩周對角夔龍紋。

【著　　錄】未著錄。

【銘文字數】蓋、器對銘,各 25 字(其中重文 1)。

【銘文釋文】唯曾白(伯)克父自乍(作)寶飤壺,
　　　　　　用害(匄)釁(眉)壽(壽)、黃耇,丮(其)萬年子₌(子子)孫永寶用。

【備　　注】蓋銘未拍照。

1064. 衛叔甲父壺

【時　　代】西周晚期。

【收 藏 者】某收藏家。

【尺度重量】壺高 50 多釐米,蓋高 15、口徑 12.8、捉手徑 18.5 釐米。

【形制紋飾】口微侈,長頸圓腹,矮圈足外撇,頸部有一對龍首銜環耳,内插式蓋,上有
圈狀捉手。蓋頂飾突起的卷曲夔龍紋,捉手外側飾竊曲紋,蓋沿和器口
下飾簡化環帶紋,腹部飾環帶紋,圈足飾竊曲紋。

【著　　録】未著録。

【銘文字數】蓋、器對銘,各 37 字(其中重文 2)。

【銘文釋文】衛弔(叔)甲父肇乍(作)朕(朕)皇考徲(夷)中(仲)寶障(尊)壺,甲父
用亯(亨)用孝,用旐(祈)釁(眉)壹(壽),其萬年無彊(疆),子=(子子)
孫=(孫孫)其永寶用。

【備　　注】此銘文拓本爲蓋銘,器銘及器的圖像藏家未提供。

(拓本原長 23.7 釐米)

1065. 宋大史孔壺(宋太史孔壺)

【時　　代】春秋早期。

【出土時地】2016 年 10 月出現在北京古玩城。

【收 藏 者】某收藏家。

【形制紋飾】橫截面呈橢方形,侈口長頸,鼓腹,頸部有一對銜環獸首耳,矮圈足外撇。頸部有三道箍棱,之上飾環帶紋,腹部飾絡帶紋,其間填以雲朵紋,圈足飾三角紋。

【著　　錄】未著錄。

【銘文字數】環帶紋上部刻銘文約 44 字。

【銘文釋文】宋大(太)史孔自乍(作)壺,用龥(載)旨酉(酒),用卲者(諸)父,用蘄(祈)𧖸(眉)耇(壽),孔□□□,其□𥷚□,□用大𡩜(其)事,𡩜(其)萬孫子,用(？)豐(醴)用卿(饗),□□福□。

【備　　注】同坑出土一對,形制、紋飾、銘文相同,大小相若,另一件未公布。

銘文 1

銘文 2

銘文 3

銘文 4

1066. 戟壺（原稱戟卣）

【時　　代】西周早期後段。

【收　藏　者】現藏日本某私家。

【形制紋飾】直口長頸，圓腹圓底，下有四條獸蹄形足，頸部有一對小鈕，套接扭索形提梁，內插式蓋，蓋面隆起，上有圈狀捉手，下有長子口。通體光素。

【著　　錄】李學術 222 頁。

【銘文字數】蓋、器對銘，各 56 字（其中重文 2，合文 1）。

【銘文釋文】隹（唯）十又一月王令（命）南宮伐犾（豸）方之年，唯正月既死霸庚申，王才（在）宗周，王朝令（命）戟事（使）于緐，易（錫）貝五朋，戟叀（敢）瓹（揚）對王休，用乍（作）寶隩（尊）彝，子＝（子子）孫＝（孫孫）才（其）永寶用。

【備　　注】由內插式蓋判斷此器應歸壺類。銘文中"五朋"爲合文。該卣銘文與 2000 年山西曲沃縣曲村鎮北趙村被盜的 M114 墓葬清理出土的戟甗銘文相同。戟甗因殘破較甚，釋文缺字較多，該卣補全了戟甗所缺之字。

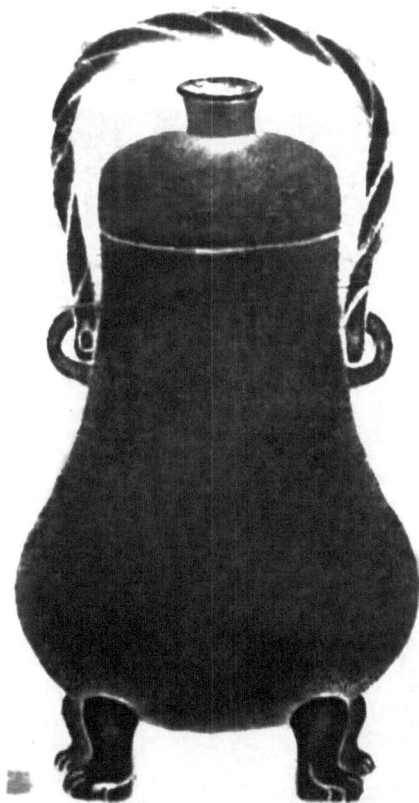

蓋銘拓本

蓋銘照片

器銘拓本

器銘照片

1067. 伯克壺

【時　　代】西周中期後段（孝王世）。

【出土時地】傳出陝西岐山縣。

【收　藏　者】下落不明。

【尺度重量】高一尺五寸五分、深一尺三寸三分、口徑四寸六分（博古圖）。

【著　　錄】周金 5.2，大系錄 93，陝金 2.268，陝集成 2 册 94 頁 0147。

【銘文字數】鑄銘文 58 字（其中重文 2）。

【銘文釋文】佳（唯）十又六年七月既生霸乙未，白（伯）大（太）師易（錫）白（伯）克僕
卅夫，白（伯）克敨（敢）對瞗（揚）天右（佑）王白（伯）友（賄）用乍（作）
朕（朕）穆考後中（仲）隣（尊）韋（壺）。克用匄釁（眉）老無彊（疆），克克（及）
叚（其）子＝（子子）孫＝（孫孫）永寶用亯（享）。

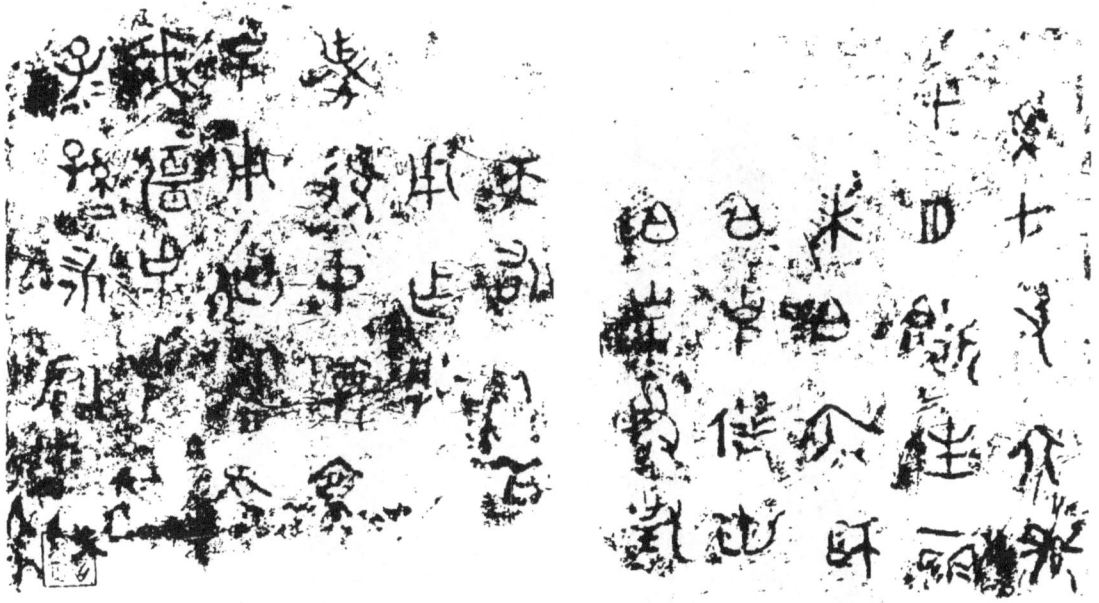

（拓本原寬 22.2 釐米）

1068. 與兵壺

【時　　代】春秋晚期。

【收　藏　者】某收藏家。

【尺度重量】通高 72、寬 39.7 釐米。

【形制紋飾】方體，直口長頸，鼓腹，方圈足下連高邊圈，蓋有長子口，上沿外翻，頸部有一對銜環耳，耳上裝飾圓雕回首卷尾龍。蓋沿、頸部和圈足均飾環帶紋，肩、腹飾寬帶絡紋。

【著　　錄】未著錄。

【銘文字數】蓋、器對銘，各 79 字（其中重文 4 字）。

【銘文釋文】隹（唯）正五月初吉壬申，余鄭大（太）子之孫遱（與）兵，罪（擇）余吉金，自乍（作）宗邊（彝），其用亯（享）用孝于我皇俎（祖）文考，不毄（毄一懈）旹（春）䵼（秋）歲崇（嘗）。余厰（嚴）敬丝（茲）禋罘（盟），穆＝（穆穆）趑＝（趑趑一熙熙），至于子＝（子子）孫＝（孫孫）。參撵（拜）項（頴）首于皇考剌（烈）俎（祖），卑（俾）邁（萬）枼（世）無諆（期），吸（亟、極）于逡（後）民，永寶孝（教）之。

【備　　注】同墓出土 2 件，《銘圖》12445 著錄 1 件。蓋銘第一行和最後一行未拍上。

1069. 曾伯黍壺

【時　　代】春秋早期。

【出土時地】2017年湖北京山縣蘇家壟春秋墓（M79）。

【收 藏 者】湖北省文物考古研究所。

【形制紋飾】直口長頸，溜肩，扁圓腹，矮圈足沿外撇，然後下折，頸部有一對銜環獸首
　　　　　　耳，內插式蓋，上有鏤空環帶紋蓋冠（殘）。頸中部和蓋沿飾竊曲紋，頸上
　　　　　　部飾峰狀環帶，肩部、腹部和圈足均飾環帶紋。

【著　　錄】未著錄。

【銘文字數】器口內壁鑄銘文83字（其中重文2），蓋內78字（缺"王"字和"子孫永
　　　　　　寶"）。

【銘文釋文】隹（唯）王八月初吉庚午，曾白（伯）黍（漆）㤅（哲）聖孔＝武＝（孔武，孔
　　　　　　武）元犀（遲），克狄（逖）灘（淮）尸（夷），余㐭（溫）龏（恭）嘼（且）記（忌），
　　　　　　余爲民父母，隹（唯）此壺章（漿），先民之尚（常）余是㭒（抒）是則，允顯
　　　　　　允異。用其鐈鐐，隹（唯）幺（玄）其良，自作障（尊）壺，用煮（孝）用亯（享），
　　　　　　于我皇且（祖），及我父考，用易（錫）害（匃）釁（眉）壽（壽），子孫永寶。

【備　　注】M79、M8各出土2件，形制、紋飾、銘文相同，大小相若。

19. 卣

（1070–1140）

1070. 史卣

【時　　　代】商代晚期。

【出土時地】山西新絳縣公安局打擊文物犯罪繳獲。

【收　藏　者】山西青銅器博物館。

【尺度重量】通高 28.5、口最大徑 14.8、足最大徑 18.8 釐米,重 4.5 公斤。

【形制紋飾】橫截面呈橢圓形,子口微斂,口沿下有一對小鈕,套接扭索形提梁,矮圈足沿外撇,外罩式蓋,上有花苞形鈕,沿下折作束腰形。蓋面和器口下飾連珠紋鑲邊的雷紋帶,口沿下前後增飾浮雕犧首,圈足飾兩周弦紋。

【著　　　錄】國寶(2019 二)28、29 頁。

【銘文字數】內底鑄銘文 1 字。

【銘文釋文】史。

1071. 尧卣（剌卣）

【時　　代】商代晚期。

【出土時地】2016 年 10 月出現在香港翰海秋季拍賣會。

【收 藏 者】某收藏家。

【尺度重量】通高 30、縱 17、橫 22 釐米。

【形制紋飾】橫截面呈橢圓形，直口短頸，頸部有一對小鈕，套接牛頭扁提梁，提梁縱
　　　　　向設置，腹部向下傾垂，矮圈足沿下折，外罩式蓋，蓋面隆起，頂部有花苞
　　　　　形鈕，腹部和蓋各有兩道扉棱，圈足有四道扉棱。提梁飾龍紋，蓋面及腹
　　　　　部飾牛角獸面紋，兩側配飾夔龍，蓋沿、器頸和圈足均飾鳥紋，通體以雲
　　　　　雷紋填地。

【著　　錄】未著錄。

【銘文字數】蓋、器對銘，各 1 字。

【銘文釋文】尧（剌）。

【備　　注】器銘未臨摹。

1072. 冀卣（冀卣）

【時　　代】商代晚期。

【收 藏 者】某收藏家。

【形制紋飾】橫截面呈橢圓形，長子口，鼓腹，矮圈足沿外侈，頸部有一對半環鈕，套接獸頭提梁，蓋面隆起，上有花苞狀鈕，沿下折作束腰形。頸部、蓋沿和圈足飾夔紋，頸前後增飾浮雕虎頭，腹部和蓋面飾下卷角獸面紋。

【著　　錄】未著錄。

【銘文字數】蓋、器對銘，各 1 字。

【銘文釋文】冀（冀）。

【備　　注】此爲蓋銘，器銘未拍照。

1073. 亞卣

【時　　代】商代晚期。

【收 藏 者】日本奈良國立博物館。

【尺度重量】通高 23.4、口徑 6.6 釐米。

【形制紋飾】體呈兩隻鴟鴞相背形，蓋作鴞頭，上有花苞形鈕，四鳥足，頸兩側有一對小鈕，套接絢索狀提梁，提梁已失。鴞作圓目勾喙，斂頸鼓胸，翅上增飾夔龍紋，鴞體飾羽翅紋。

【著　　錄】坂本清賞 71，奈良銅 30 頁 65。

【銘文字數】蓋内鑄銘文 1 字。

【銘文釋文】亞。

【備　　注】館藏號：卣 10。

1074. 亞貘卣（亞貘卣）

【時　　代】商代晚期。

【收 藏 者】臺北蔡春隆德能堂。

【尺度重量】通高 23.5、長 15、寬 13.5、口橫 11.8、口縱 9.8 釐米，重 1.815 公斤。

【形制紋飾】橫截面呈橢圓形，子口方唇，下腹向外傾垂，口沿下有一對小鈕套接獸頭扁提梁，外罩式蓋，頂部有花苞形鈕，沿下折，圈足下有較高的邊圈，通體有四道扉棱。提梁飾相對的雙龍紋，雙龍上下合圍之空檔填以蟬紋，腹部與蓋面均飾對稱的飄冠勾喙短尾大鳥紋，口沿下飾夔鳥紋，蓋直壁與圈足飾長尾小鳥紋，上腹飾直棱紋，均以雲雷紋填地。

【著　　錄】璀璨 62-67 頁。

【銘文字數】蓋、器對銘，各 2 字。

【銘文釋文】亞貘。

蓋 銘

器 銘

卣

163

1075. 天黽卣

【時　　代】商代晚期。

【出土時地】2019 年 12 月出現在杭州西泠印社拍賣會。

【收　藏　者】原藏美國某私家。

【尺度重量】通高 22 釐米。

【形制紋飾】橫截面呈橢圓形,斂口鼓腹,圈足沿外侈,口沿下有一對小鈕,套接扭索狀提梁。蓋面和器口沿下均飾連珠紋鑲邊的雷紋帶,圈足飾兩周弦紋。

【著　　錄】未著錄。

【銘文字數】蓋、器對銘,各 2 字。

【銘文釋文】天黽。

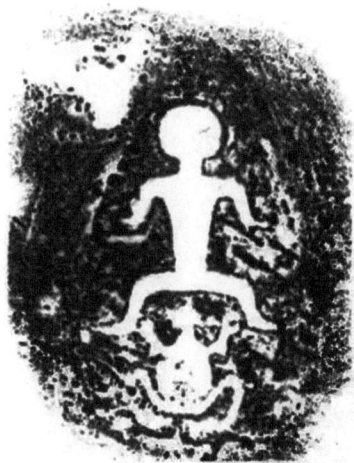

蓋銘

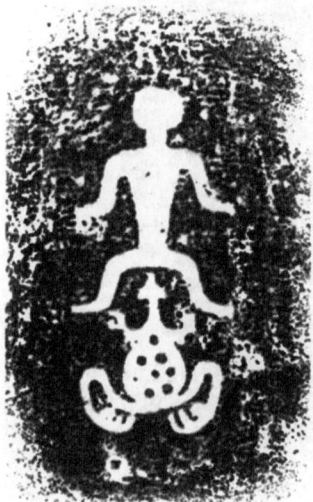

器銘

1076. 婦鈸卣

【時　　代】商代晚期。

【收 藏 者】日本奈良國立博物館。

【尺度重量】通蓋高 24.2、口徑 12.1 × 6.9 釐米。

【形制紋飾】橫截面呈橢圓形，長子口，鼓腹圓底，圈足沿下有一道邊圈，口沿下兩側
　　　　　　設一對小鈕，套接絢索形提梁，外罩式蓋，頂部有圈狀捉手。蓋面和頸部
　　　　　　飾連珠紋鑲邊的夔紋帶，前後增飾浮雕獸頭，蓋沿和圈足各飾兩道弦紋。

【著　　錄】坂本清賞 77，奈良銅 36 頁 73。

【銘文字數】蓋、器對銘，各 2 字。

【銘文釋文】帚（婦）鈸。

【備　　注】館藏號：卣 09。

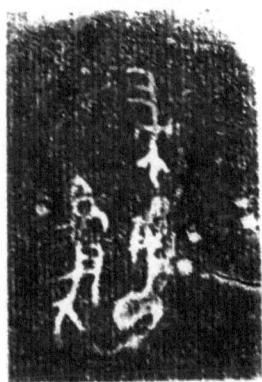

蓋 銘

器 銘

1077. 子雨卣

【時　　代】商代晚期。

【收 藏 者】下落不明。

【尺度重量】通高 29.5 釐米。

【形制紋飾】橫截面呈橢圓形，長子口，腹部向下傾垂，圈足沿下折，外罩式蓋，蓋面隆
起，沿下折，頂部有菌狀鈕，通體有四道扉棱，提梁設在短頸的側面。蓋
面和腹部飾下卷角獸面紋，蓋沿、頸部和圈足均飾夔龍紋，以雲雷紋填地。

【著　　録】綜覽·卣 46。

【銘文字數】內底鑄銘文 2 字。

【銘文釋文】子雨。

1078. 卜獸卣

【時　　代】商代晚期。

【收　藏　者】某收藏家。

【形制紋飾】橫截面呈橢圓形，長子口內斂，鼓腹圜底，圈足沿外撇，口沿下有一對小鈕，套接索狀提梁，外罩式蓋，蓋面隆起，上有花苞形鈕，沿下折作束腰形。蓋面和頸部飾菱形雷紋帶，圈足飾兩周弦紋。

【著　　錄】未著錄。

【銘文字數】內底有銘文 2 字。

【銘文釋文】卜獸。

【備　　注】"獸" 的頭向下。

1079. 删卯卣

【時　　代】商代晚期。

【出土時地】2012 年 6 月陝西寶雞市渭
濱區石鼓鎮石嘴頭村石鼓
山西周墓（M3.13）。

【收　藏　者】寶雞市渭濱區博物館。

【尺度重量】通 高 32、口 徑 14.6 ×
11.7、足 徑 18.5 × 14.5
釐米，重 4.92 公斤。

【形制紋飾】橫截面呈橢圓形，子口內
斂，外罩式蓋，頂部有花苞
狀小鈕，腹部向外傾垂，圈
足沿下折，形成一道邊圈，
頸部有一對小鈕，套接帶
狀提梁，通體鑄有四道高
挺的扉棱，提梁兩端有下
卷角獸頭。提梁飾雙頭夔
龍紋，蓋鈕飾蟬紋，蓋面中

部飾直棱紋，外圍飾長鳥紋，蓋沿飾齒狀花冠垂尾長鳥紋，頸部和圈足飾
齒狀花冠卷尾長鳥紋，上腹飾直棱紋，下腹飾齒狀花冠垂尾大鳥紋，尾下
亦添置小鳥，方向與大鳥相反，均以雲雷紋填地。

【著　　錄】未著錄。

【銘文字數】蓋、器對銘，各 2 字。

【銘文釋文】删卯。

蓋銘

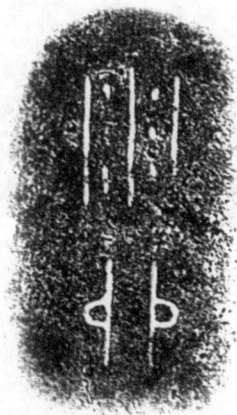

器銘

1080. 冉己卣（己冉卣）

【時　　代】商代晚期。

【收　藏　者】北京匡德公司。

【形制紋飾】殘卣底，僅剩圈足部分。

【著　　録】未著録。

【銘文字數】內底鑄銘文 2 字。

【銘文釋文】己冉。

【備　　注】銘文應讀爲"冉己"。

1081. 冉🝱卣（🝱🝱卣）

【時　　代】商代晚期。

【出土時地】山西新絳縣公安局打擊文物犯罪繳獲。

【收　藏　者】山西青銅器博物館。

【尺度重量】通高 28、口最大徑 13.7、足徑 15.4 × 13 釐米，重 5.45 公斤。

【形制紋飾】橫截面呈橢圓形，長子口，腹部向外傾垂，圈足下有一道邊圈，頸部有釘狀鈕，套接龍頭扁提梁，通體有四道扉棱。蓋沿和圈足均飾尾上卷的夔龍紋，蓋面和腹部飾下卷角獸面紋，口沿下飾上卷角獸面紋，通體以雲雷紋填地。

【著　　錄】國寶（2019 二）46、47 頁。

【銘文字數】內底鑄銘文 2 字。

【銘文釋文】🝱（冉）🝱。

1082. 南辛卣

【時　　代】商代晚期。

【出土時地】山西絳縣公安局打擊文物犯罪繳獲。

【收　藏　者】山西青銅器博物館。

【尺度重量】器高 16.1、口徑 15.8 釐米，重 1.85 公斤。

【形制紋飾】整體作兩隻背靠背的鴟鴞形，蓋已失，鼓腹圜底，腹部爲四隻浮雕羽翅，
　　　　　　四足較矮，下部作爪形。

【著　　錄】國寶（2019 一）38 頁。

【銘文字數】內底鑄銘文 2 字。

【銘文釋文】南辛。

卣

1083. 𝖆甲卣蓋

【時　　代】商代晚期。

【出土時地】2010 年 7 月至 2011 年 2 月濟南市古城區劉家莊商代墓葬（M122.17）。

【收　藏　者】濟南市考古研究所。

【尺度重量】蓋高 9.3、口大徑 12.6 釐米。

【形制紋飾】外罩式蓋，直口方唇，蓋面隆起，沿下折，頂部有花苞形鈕，通蓋有四道扉棱。蓋面飾兩組龍角獸面紋，蓋沿飾四條夔龍，兩兩相對，均以雲雷紋填地。

【著　　錄】國博館刊 2016 年 7 期 109 頁圖 75.2，海岱考古 11 輯 317 頁圖 80B2.2、彩版 8.4。

【銘文字數】蓋內鑄銘文 2 字。

【銘文釋文】𝖆甲。

1084. 亞馬卣蓋

【時　　代】商代晚期。

【出土時地】2010 年 7 月至 2011 年 2 月濟南市古城區劉家莊商代墓葬（M122.34）。

【收　藏　者】濟南市考古研究所。

【尺度重量】蓋高 5.6、口大徑 8 釐米。

【形制紋飾】蓋面隆起，沿下折，頂部有花苞形鈕，通蓋有四道扉棱。蓋面飾兩組龍角
　　　　　　獸面紋，蓋沿飾四條夔龍，兩兩相對，均以雲雷紋填地。

【著　　　錄】國博館刊 2016 年 7 期 109 頁圖 75.4，海岱考古 11 輯 317 頁圖 80B2.4、
　　　　　　彩版 8.5。

【銘文字數】蓋內鑄銘文 2 字。

【銘文釋文】亞馬。

卣

173

1085. 亞盉豕卣

【時　　代】商代晚期。

【收　藏　者】海外某收藏家。

【尺度重量】通高 23、口徑 8.1 × 10.3、腹深 13.1、腹徑 15 × 17 釐米,重 2.61 公斤。

【形制紋飾】橫截面呈橢圓形,直口微斂,鼓腹,短頸有一對小鈕,套接圓雕龍頭扁提梁,圈足沿外撇,內插式蓋,蓋面隆起,頂部有花苞形鈕,腹部和頸部各有兩道扉棱,蓋面縱向有一道扉棱。蓋面飾兩組獸面紋,頸部飾"S"形夔龍紋,腹部飾兩組牛角獸面紋,通體以雲雷紋填地。

【著　　錄】未著錄。

【銘文字數】蓋、器對銘,各 3 字。

【銘文釋文】亞盉豕。

蓋銘

器銘

1086. 齊京母卣

【時　　代】商代晚期。

【收 藏 者】美國俄亥俄州克里夫蘭市克里夫蘭藝術博
物館。

【形制紋飾】横截面呈方形，長子口，折肩收腹，底近平，
圈足下有較高的邊圈，頸部有一對半環鈕，
套接"U"形提梁，外罩式蓋，四坡式屋頂，
上有小鈕，腹部和蓋的四角及每面中部鑄
有扉棱，頸部四角亦有扉棱。蓋頂飾獸面
紋，蓋沿和肩部飾小鳥紋，肩部前後增飾浮
雕獸頭，腹上部飾卷尾長鳥紋，下部飾飄冠
勾喙大鳥紋，均以雲雷紋填地。

【著　　録】未著録。

【銘文字數】蓋內鑄銘文 3 字。

【銘文釋文】齊京母。

卣

1087. 厇父戊卣

【時　　代】商代晚期。

【出土時地】山西絳縣公安局打擊文物犯罪繳獲。

【收　藏　者】山西青銅器博物館。

【尺度重量】通高 22.5、口徑 10×8、兩耳間距 18.5 釐米,重 2.03 公斤。

【形制紋飾】橫截面呈橢圓形,子口內斂,鼓腹圜底,矮圈足沿外侈,口沿下有一對小鈕,套接扭索狀提梁,外罩式蓋,蓋面隆起,上有花苞狀小鈕,沿下折作束腰形。蓋面和口沿下飾連珠紋鑲邊的雷紋帶,頸前後增飾浮雕獸頭,圈足飾兩周弦紋。

【著　　錄】國寶(2019 一)40、41 頁。

【銘文字數】器內底鑄銘文 3 字。

【銘文釋文】厇父戊。

1088. 史父丁卣

【時　　代】商代晚期。

【出土時地】2019 年山西聞喜縣公安局打擊文物犯罪繳獲。

【收 藏 者】山西青銅器博物館。

【尺度重量】通高 39、口長 15.8 釐米。

【形制紋飾】橫截面呈橢圓形,高子口,鼓腹圜底,高圈足,頸部有一對小鈕,套接獸頭提梁,外罩式蓋,上有菌狀鈕,沿下折作束腰形。蓋面、器頸均飾鳥紋和短夔紋,腹部飾曲折角展體獸面紋,圈足飾分體獸面紋,均以雲雷紋填地。

【著　　錄】國寶(2019 一)8-11 頁。

【銘文字數】蓋、器對銘,各 3 字。

【銘文釋文】史父丁。

【備　　注】銘文拓本爲蓋銘,器銘未公布。

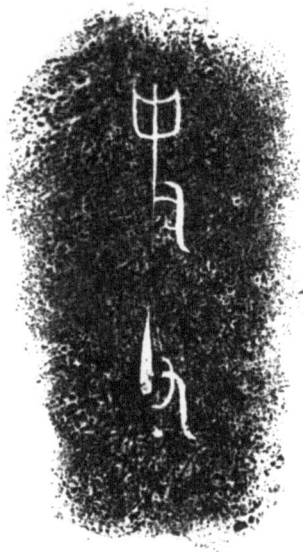

1089. 𠂤父辛卣

【時　　代】商代晚期。

【收 藏 者】某收藏家。

【形制紋飾】横截面呈橢圓形,高子口微侈,鼓腹,頸兩側有一對小鈕,套接索狀提梁,
圜底,圈足沿外撇,外罩式蓋,蓋面隆起,上有花苞形鈕,沿下折作束腰
形。蓋面及頸部均飾連珠紋鑲邊的象鼻龍,以雲雷紋填地,頸前後增飾
浮雕犧首。

【著　　録】未著録。

【銘文字數】内底鑄銘文 3 字。

【銘文釋文】𠂤父辛。

【備　　注】"𠂤"字倒書。

1090. □父癸卣

【時　　代】商代晚期。

【出土時地】甘肅省東部。

【收 藏 者】現藏不明。

【著　　録】青銅器 33 頁。

【銘文字數】蓋、器對銘,各 3 字。

【銘文釋文】父癸□。

1091. 冏父癸卣(丙父癸卣)

【時　　代】商代晚期。

【收 藏 者】某收藏家。

【形制紋飾】橫截面呈橢圓形,子口內斂,鼓腹圈足,口下
　　　　　　有一對小鈕,套接索狀提梁,外罩式蓋,頂部
　　　　　　有花苞形鈕,沿下折作束腰形。

【著　　録】未著錄。

【銘文字數】蓋、器對銘,各 3 字。

【銘文釋文】冏(丙)父癸。

【備　　注】銘文照片爲器銘,蓋銘照片藏家未提供。

1092. 𤔲卣

【時　　代】西周早期。

【收 藏 者】江西省博物館。

【形制紋飾】橫截面呈橢圓形，子口內斂，鼓腹，圈足沿外侈，口沿下有一對小鈕，套接鹿頭扁提梁，外罩式蓋，頂部有一個花苞形鈕，沿下折作束腰形。蓋面和器口下均飾花冠回首夔龍紋，以雲雷紋填地，口沿下前後增飾浮雕獸頭。

【著　　錄】未著錄。

【銘文字數】蓋、器對銘，各 3 字。

【銘文釋文】𤔲乍（作）彝。

【備　　注】銘文照片是器還是蓋不詳。

1093. 伯卣

【時　　代】西周早期。

【出土時地】20世紀50年代故宮博物院調撥給陝西省博物館。

【收　藏　者】原藏陝西省博物館，現藏陝西歷史博物館。

【尺度重量】殘高6.6釐米，殘重0.453公斤。

【形制紋飾】殘存圈足大部分。光素無飾。

【著　　錄】陝集成16册51頁1838。

【銘文字數】内底鑄銘文3字。

【銘文釋文】白（伯）乍（作）彝。

【備　　注】館藏號：7095。

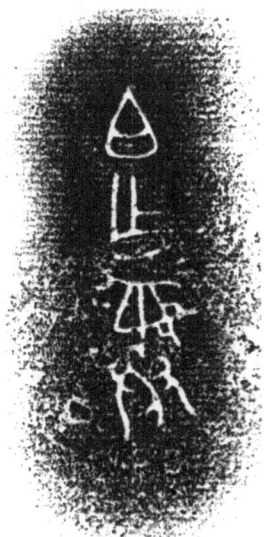

1094. 竟祖辛卣

【時　　代】西周早期。

【出土時地】2019 年 3 月 28 日出現在盛世收藏網資訊欄目。

【收　藏　者】瑞士玫茵堂。

【尺度重量】通高 14.8 釐米。

【形制紋飾】整體作兩隻背靠背的鴟鴞形，子母口，鼓腹，頸部有一對小鈕，套接扭索形提梁，蓋作相背的兩個鴞頭，圓目翹喙，蓋頂有一菌形鈕；蓋飾相背的獸面紋，腹部爲四隻浮雕羽翅，四足較矮，下部作爪形。

【著　　錄】未著錄。

【銘文字數】蓋、器對銘，各 3 字。

【銘文釋文】竟且（祖）辛。

蓋銘

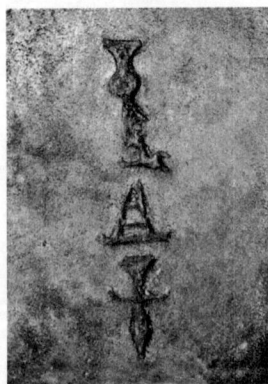

器銘

1095. 戈父乙卣

【時　　代】西周早期。

【出土時地】2013年湖北隨州市曾都區淅河鎮蔣寨村葉家山（M107.7）。

【收 藏 者】隨州博物館。

【尺度重量】通高24.3、口徑13.6×10.8、腹深15.6、足徑16.8×13.2釐米，殘重3.26公斤。

【形制紋飾】殘破經修復。橫截面呈橢圓形，子口內斂，頸部有一對小鈕，套接圓雕貘頭提梁，外罩式蓋，沿下折作束腰形，上部有圈狀捉手，兩端

有一對犄角，圈足沿外侈。頸前後裝飾浮雕貘頭，其餘部分光素無飾。

【著　　録】江漢考古2016年3期18頁拓片4.2-3、32頁圖版三十二。

【銘文字數】蓋、器對銘，各3字。

【銘文釋文】戈父乙。

蓋銘

器銘

1096. 戈父癸卣

【時　　代】西周早期。

【出土時地】2017年12月見於西安。

【收　藏　者】某收藏家。

【尺度重量】通高33、口徑12.7、腹深20
　　　　　　釐米。

【形制紋飾】横截面呈正圓形,直口深腹,
　　　　　　平底,矮圈足,足表面與腹壁
　　　　　　没有明確界限,半圓球形蓋,
　　　　　　下有子口,上有圈狀捉手,口
　　　　　　沿兩側有小鈕,套接圓雕龍頭
　　　　　　扁提梁。蓋面飾一對浮雕獸
　　　　　　面紋,口沿和圈足飾夔龍紋,
　　　　　　腹部飾一對大獸面。

【著　　錄】未著録。

【銘文字數】蓋、器對銘,各3字。

【銘文釋文】戈父癸。

蓋銘

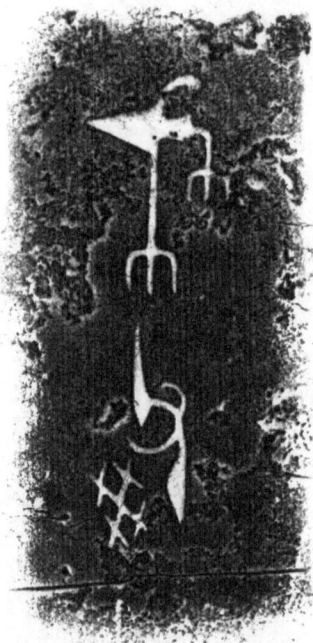

器銘

1097. ⚘父乙卣

【時　　代】商代晚期。

【出土時地】2014 年 6 月出現在美國紐約蘇富比春季拍賣會。

【收 藏 者】原藏日本某收藏家。

【形制紋飾】橫截面呈橢圓形，子口內斂，鼓腹圜底，矮圈足沿外侈，口沿下有一對小鈕，套接扭索狀提梁，外罩式蓋，蓋面隆起，上有花苞狀小鈕，沿下折作束腰形。蓋面和口沿下飾連珠紋鑲邊的夔龍紋，以雲雷紋填地，頸前後增飾浮雕獸頭。

【著　　錄】未著錄。

【銘文字數】蓋、器對銘，各 3 字。

【銘文釋文】⚘父乙。

蓋銘

器銘

卣

185

1098. 冉父丁卣

【時　　代】西周早期後段。

【出土時地】2016 年 12 月見於西安。

【收 藏 者】某收藏家。

【尺度重量】通高 24、口徑 8.8 × 11.9、腹深 13.8 釐米，重 2.5 公斤。

【形制紋飾】橫截面呈橢圓形，高子口，下腹向外傾垂，口沿下有一對小鈕，套接圓雕
　　　　　　貘頭提梁，矮圈足沿外撇，外罩式蓋，頂部有圈狀捉手，沿兩側有一對犄
　　　　　　角，沿下折作束腰形。口沿之下前後各有一個高浮雕貘頭，通體光素。

【著　　　錄】未著錄。

【銘文字數】蓋、器對銘，各 3 字。

【銘文釋文】冉父丁。

蓋銘

器銘

1099. 作寶彝卣

【時　　代】西周早期後段。

【出土時地】2004-2007 年山西絳
縣橫水鎮橫北村西周
墓地（M2158.117）。

【收 藏 者】山西省考古研究所。

【尺度重量】通高 20、口徑 10、圈足
徑 14.2 釐米，重 2.165
公斤。

【形制紋飾】長子口，腹部向下傾
垂，口沿下有一對小
鈕，套接圓雕獸頭提
梁，圜底，矮圈足沿外
侈。外罩式蓋，蓋面隆
起，頂部有圈狀捉手，
兩端有一對犄角，沿下
折作束腰形。蓋面外圍、頸部和下腹飾垂冠回首鳥紋，以雲雷紋填地，頸
前後增飾浮雕虎頭，蓋面內圈和上腹飾直棱紋，提梁飾蟬紋。

【著　　錄】考古 2019 年 1 期 45 頁圖 73.2、3, 46 頁圖 75。

【銘文字數】蓋、器對銘，各 3 字。

【銘文釋文】乍（作）寶彝。

蓋銘

器銘

1100. 作從彝卣

【時　　代】西周早期。
【收 藏 者】天津博物館。

【尺度重量】通高 27.1、口徑 15.7 釐米。

【形制紋飾】橫截面呈圓形,有子口,腹壁較直,底部
微下凹,圈足沿外侈然後下折,頸部有一
對小鈕,套接圓雕獏頭提梁,外罩式蓋,
上有花苞形鈕,蓋沿下折作束腰形。通
體光素。

【著　　錄】津銅 110 頁 062。

【銘文字數】蓋內鑄銘文 3 字。

【銘文釋文】乍(作)從彝。

1101. 作旅彝卣

【時　　代】西周中期前段。

【出土時地】1952 年購自中國。

【收 藏 者】捷克共和國布拉格國立美術館。

【尺度重量】通高 20 釐米。

【形制紋飾】橫截面呈橢圓形,直口鼓腹,矮圈足沿外侈,頸部有一對小鈕,套接圓雕貘頭扁提梁,外罩式蓋,蓋面隆起,上有圈狀捉手,兩端有一對犄角,沿下折。提梁飾變形蟬紋,頸部和蓋的折沿飾卷尾長鳥紋,頸前後增飾浮雕貘頭,蓋面僅飾隔離綫和左右相背的"E"形紋,均以雲雷紋填地。

【著　　錄】青與金第 2 輯 458 頁圖 8、9。

【銘文字數】蓋、器對銘,各 3 字。

【銘文釋文】乍(作) 旅彝。

【備　　注】館藏號:Vp2909。

蓋銘　　　　　器銘

卣

1102. 作父癸卣

【時　　代】西周中期前段。

【出土時地】2018 年 4 月出現在南京。

【收 藏 者】某收藏家。

【尺度重量】通高 20、通寬 20.5 釐米。

【形制紋飾】横截面呈橢圓形,有子口,鼓腹圜底,口沿下有一對小鈕套接提梁,提梁
　　　　　　兩端有圓雕獸頭,外罩式蓋,蓋面隆起,頂部有圈狀捉手,兩端一對犄角,
　　　　　　蓋沿下折作束腰形,矮圈足沿外撇。蓋面和器頸均飾分尾長鳥紋,以雲
　　　　　　雷紋填地,頸前後增飾浮雕獸頭。

【著　　錄】未著錄。

【銘文字數】蓋、器對銘,各 3 字。

【銘文釋文】乍(作)父癸。

【備　　注】此爲器銘,蓋銘未除銹。

1103. 天豕父乙卣

【時　　代】商代晚期。

【出土時地】2019 年 4 月出現在香港大唐國際春季拍賣會。

【收　藏　者】原藏日本林原企業、中村キース・ヘリング美術館。

【尺度重量】通高 41、寬 26 釐米。

【形制紋飾】横截面呈橢圓形，直口鼓腹，口沿下前後有一對小鈕，套接提梁，提梁兩
　　　　　　端有圓雕獸頭，獸角呈手掌形，圈足沿下折形成一道邊圈，外罩式蓋，上
　　　　　　有花苞形鈕，沿下折，通體有四道扉棱。提梁飾菱格紋，蓋的扉棱正面飾
　　　　　　陰綫蟬紋，蓋沿和圈足飾卷尾鳥紋，口下飾夔龍紋，蓋面和上腹飾直棱
　　　　　　紋，下腹飾勾喙鳥紋，均以雲雷紋填地。

【著　　録】未著録。

【銘文字數】蓋、器對銘，各 4 字。

【銘文釋文】天豕父乙。

蓋銘

器銘

卣

1104. 明亞賽乙卣

【時　　代】商代晚期。

【出土時地】1989 年陝西武功縣遊鳳鄉岸底村先周遺址。

【收　藏　者】武功縣文物管理委員會。

【形制紋飾】橫截面呈橢方形，長子口，鼓腹圜底，圈足沿下折，頸部有一對小鈕，套接龍頭提梁，外罩式蓋，頂部有花苞形紐，沿下折作束腰形，通體有四道扉棱。蓋沿和圈足飾夔龍紋，蓋面內外分別飾夔龍及小鳥紋，中部飾直棱紋，器頸飾昂首卷尾夔龍，下腹飾大鳳鳥，上腹飾直棱紋。

【著　　錄】陝集成 9 冊 12 頁 0991。

【銘文字數】蓋內鑄銘文 4 字。

【銘文釋文】明亞賽乙。

1105. 亞離示父丁卣（亞𩁹丅父丁卣）

【時　　代】商代晚期。

【出土時地】1951 年衛聚賢先生捐贈給西南博物院。

【收 藏 者】原藏西南博物院，後藏重慶博物館，現藏中國三峽博物館。

【尺度重量】通高 28.6、口大徑 14.9、腹圍 61、圈足大徑 18.5 釐米。

【形制紋飾】橫截面橢圓形，長子口，沿內折，鼓腹圓底，口沿下有一對小鈕，套接扭索
　　　　　形提梁，圈足沿外撇；外罩式蓋，頂部有一個菌狀鈕，蓋沿下折作束腰
　　　　　形。蓋面和器口沿下飾連珠紋鑲邊的斜方格雷紋帶，前後增飾浮雕獸頭。

【著　　錄】未著錄。

【銘文字數】蓋、器對銘，各 5 字（其中合文 1）。

【銘文釋文】亞𩁹（離）丅（示）父丁。

【備　　注】“亞𩁹（離）丅（示）”爲合文。

蓋銘　　　　　　　　　　器銘

1106. 亞冀父丁卣（亞嚻父丁卣）

【時　　代】商代晚期。

【出土時地】2017年5月出現在香港大唐國際春季拍賣會。

【收 藏 者】某收藏家。

【尺度重量】通高24釐米。

【形制紋飾】橫截面呈橢圓形，子口微內斂，鼓腹，矮圈足，頸部有一對小鈕，套接龍頭提梁，外罩式蓋，頂部有圈狀捉手，通體有四道扉棱。蓋面和器腹飾獸面紋，蓋沿飾兩組對稱夔龍紋，頸部飾回首花冠夔龍紋，頸前後增飾浮雕犧首，圈足飾展體獸面紋，均以雲雷紋填地。

【著　　錄】大唐183頁963。

【銘文字數】蓋、器對銘，各4字。

【銘文釋文】亞嚻（冀）父丁。

蓋 銘

器 銘

卣

195

1107. 冉𤔲父己卣

【時　　代】商代晚期。

【出土時地】2016年10月首都機場海
　　　　　關繳獲。

【收　藏　者】暫存魯迅博物館。

【尺度重量】通高20釐米。

【形制紋飾】橫截面呈橢圓形，子口內
　　　　　斂，口沿下有一對小鈕，套
　　　　　接扭索形提梁，鼓腹，圈足
　　　　　沿外撇，外罩式蓋，頂部有
　　　　　花苞形小鈕，沿下折作束
　　　　　腰形。蓋面飾兩組下卷角
　　　　　獸面紋，蓋沿、圈足及器口
　　　　　下飾夔鳥紋，器口下前後
　　　　　增飾浮雕獸頭，腹部飾曲
　　　　　折角獸面紋。

【著　　錄】未著錄。

【銘文字數】蓋、器對銘，各4字。

【銘文釋文】冉𤔲（蛬）父己。

蓋銘

器銘

1108. 鄉宁父辛卣

【時　　代】商代晚期。

【出土時地】2018 年 3 月出現在美國紐約佳士得春季拍賣會。

【收　藏　者】原藏境外某收藏家,現藏不明。

【形制紋飾】長子口內斂,鼓腹,口沿下有一對小鈕,套接扭索狀提梁,圈足較高,沿外撇,外罩式蓋,頂部有花苞狀小鈕,沿下折作束腰形。蓋面、蓋沿和器口下飾夔龍紋,器口下前後增飾浮雕獸頭,器腹飾下卷角獸面紋,圈足飾兩道弦紋,通體不施地紋。

【著　　錄】未著錄。

【銘文字數】蓋、器對銘,各 4 字。

【銘文釋文】鄉宁父辛。

蓋銘

器銘

1109. 亞盉口目卣

【時　　代】商代晚期。

【收 藏 者】下落不明。

【尺度重量】通高 26.1 釐米。

【形制紋飾】橫截面呈橢圓形，長子口，腹部向下傾垂，圈足沿下有一道較高的邊圈，外罩式蓋，蓋面隆起，沿下折，頂部有菌狀鈕，通體有四道扉棱，提梁設在短頸的側面。蓋面和腹部飾直棱紋和鳳鳥紋，蓋沿、頸部和圈足均飾鳥紋，提梁飾夔龍紋，以雲雷紋填地。

【著　　錄】綜覽・卣 54。

【銘文字數】蓋、器對銘，各 4 字。

【銘文釋文】亞盉口目。

蓋銘

器銘

1110. 🆎父丁卣

【時　　代】西周早期。

【出土時地】2018 年 10 月出現在保
利香港秋季拍賣會。

【收 藏 者】原藏日本京都某收藏家
（1959 年前），後歸山中
商會。

【尺度重量】通高 28 釐米。

【形制紋飾】橫截面呈橢圓形，高子
口，頸較長，頸部有一對
小鈕，套接獏頭提梁，鼓
腹圓底，圈足沿外撇，外
罩式蓋，蓋面隆起，上有
圈狀捉手，兩端有一對犄
角，沿下折作束腰形。蓋
上和頸部飾垂冠回首夔

龍紋，以雲雷紋填地，上下用連珠紋鑲邊，頸前後增飾浮雕犧首，圈足飾
兩周弦紋。

【著　　錄】中國王朝 35 頁，古銅精華 75。

【銘文字數】蓋、器對銘，各 4 字。

【銘文釋文】🆎（刀）父丁。

【備　　注】1937 年此卣被"日本文部省"定爲重要美術品。

蓋 銘　　　　　　　　　　器 銘

卣

199

1111. 縣盉卣（楮盉卣）

【時　　代】西周早期。

【出土時地】2016 年 9 月見於西安。

【收　藏　者】某收藏家。

【尺度重量】通高 24、口徑 8.5 × 10.9、腹深 13.7 釐米，重 1.65 公斤。

【形制紋飾】橫截面呈橢圓形，子口內斂，口沿下有一對小鈕，套接扭索形提梁，鼓腹，圈足沿外侈，外罩式蓋，沿下折作束腰形，頂部有花苞形鈕。蓋面及器口沿下飾菱格紋，頸前後增飾浮雕獸頭，圈足飾一道弦紋。

【著　　錄】未著錄。

【銘文字數】蓋、器對銘，各 4 字。

【銘文釋文】楮（縣）盉隋（尊）彝。

蓋銘

器銘

1112. 子㸠父乙卣(子畯父乙卣)

【時　　代】西周早期。

【出土時地】2015年10月江西南昌市西漢海昏侯墓(M1.404)。

【收　藏　者】江西省文物考古研究院。

【形制紋飾】殘破經修復。橫截面呈橢圓形,長子口,鼓腹,圈足沿下折,形成一道較
　　　　　　高的邊圈,外罩式蓋,頂部有花苞形鈕,蓋面出沿下折,兩端有一對犄角,
　　　　　　通體有四道扉棱,口沿下有一對小鈕,套接圓雕龍頭扁提梁,龍闊口圓
　　　　　　目,有掌形角。提梁飾對角夔龍紋,蓋面和器腹飾長飄冠大鳳鳥,蓋沿飾
　　　　　　長鳥紋,器口下和圈足飾夔龍紋,紋飾浮雕,均無地紋。

【著　　錄】未著錄。

【銘文字數】蓋、器同銘,各4字。

【銘文釋文】子㸠(畯)父乙。

【備　　注】此銘文照片爲器銘。

1113. 作寶尊彝卣

【時　　代】西周早期。

【收 藏 者】某收藏家。

【形制紋飾】橫截面呈橢圓形,高子口,腹部向下傾垂,頸部有一對小鈕,套接圓雕貘頭提梁,圓底,矮圈足沿外撇,外罩式蓋,上部有圈狀捉手,兩端有一對犄角,沿下折作束腰形。蓋面及頸部均飾象鼻夔龍紋,以雲雷紋填地,頸前後增飾浮雕貘頭。

【著　　錄】未著錄。

【銘文字數】蓋內鑄銘文4字。

【銘文釋文】乍(作)寶隓(尊)彝。

1114. 作寶尊彝卣

【時　　代】西周中期前段。

【出土時地】2018 年 10 月出現在香港大唐國際秋季拍賣會。

【收 藏 者】原藏澳門張先生。

【尺度重量】通高 23、寬 25 釐米。

【形制紋飾】橫截面呈橢方形,直子口,腹部向外傾垂,圜底,矮圈足沿外撇,外罩式蓋,頂部有圈狀捉手,兩端有一對犄角。頸部飾小鳥紋,前後增飾浮雕獸頭,蓋面和腹部飾兩兩相對的勾喙

大鳥,鳥尾從後部繞到胸前垂下,提梁飾蟬紋和菱形凸起,均以雲雷紋填地,外底飾單綫勾喙鳥紋。

【著　　錄】未著錄。

【銘文字數】蓋、器對銘,各 4 字。

【銘文釋文】乍(作)寶隥(尊)彝。

蓋銘

器銘

1115. 鄂侯卣（噩侯卣）

【時　　代】西周早期。

【出土時地】2007 年 10 月隨州市安居鎮羊子山（今屬隨縣）西周墓（M4.18）。

【收　藏　者】隨州博物館。

【形制紋飾】橫截面呈橢圓形，腹部下垂，圈足較矮，外罩式蓋，上有圈狀捉手，沿下折。頸部有一對半環鈕，套接圓雕龍頭提梁。蓋沿和器頸均飾夔龍紋，前後增飾浮雕虎頭，圈足飾兩道弦紋。

【著　　錄】江漢考古 2016 年 5 期 79 頁圖 14。

【銘文字數】內底鑄銘文 5 字。

【銘文釋文】噩（鄂）厌（侯）乍（作）旝（旅）彝。

【備　　注】銘文照片係 X 光片，器形照片未公布。

1116. 𝌏卣

【時　　代】西周早期。

【收 藏 者】某收藏家。

【形制紋飾】横截面呈橢圓形,子口較高,鼓腹圜底,高圈足沿下折,口沿下有一對小
鈕,套接圓雕貘頭提梁,外罩式蓋,上有圈狀捉手。蓋面和腹部飾獸面紋,
以雲雷紋填地,蓋沿、口沿和圈足各有一道鼓起的脊狀紋飾,上下鑲以連
珠紋,蓋的折沿飾夔龍紋。

【著　　録】未著録。

【銘文字數】蓋、器對銘,各 5 字。

【銘文釋文】𝌏乍(作)父陞(尊)彝。

【備　　注】銘文照片爲蓋銘,器銘未公布。

1117. 洛仲卣（霸仲卣）

【時　　代】西周早期。

【出土時地】2009-2010 年山西翼城縣隆化鎮大河口西周墓葬（M1017.5）。

【收　藏　者】山西省大河口墓地聯合考古隊。

【尺度重量】通高 17.5、口徑 6.6×8.5、足徑 8.8×10.8、腹深 10.6 釐米，重 1.355
　　　　　　公斤。

【形制紋飾】長子口，鼓腹，圈足沿下折，頸部有一對小鈕，套接圓雕獸頭提梁，外罩式
　　　　　　蓋，沿下折作束腰形，上有圈狀捉手。蓋面飾一周弦紋，口沿下飾垂冠回
　　　　　　首夔龍紋，以雲雷紋填地。

【著　　録】考古學報 2018 年 1 期 118 頁圖 33.7。

【銘文字數】內底鑄銘文 5 字。

【銘文釋文】洛（格—霸）中（仲）乍（作）寶彝。

1118. 亞🜨父庚卣

【時　　代】西周中期前段。

【收 藏 者】某收藏家。

【尺度重量】通高 22 釐米。

【形制紋飾】長子口内斂,腹部向下傾垂,矮圈足沿外撇,圜底,頸部有一對小鈕,套接
　　　　　提梁;提梁兩端作成圓雕鹿首,外罩式蓋,上部有圈狀捉手,沿下折作束
　　　　　腰形,蓋面兩端有一對犄角。提梁飾蟬紋,上有三個菱形凸起,蓋面和器
　　　　　腹各飾四隻垂冠回首卷喙大鳳鳥,蓋沿和器頸飾分尾長鳥紋,頸前後增
　　　　　飾浮雕獸頭,均以雲雷紋填地,圈足飾一道弦紋。

【著　　錄】未著錄。

【銘文字數】蓋、器對銘,各 5 字。

【銘文釋文】亞🜨父庚隮(尊)。

【備　　注】銘文照片爲蓋銘,器銘未拍照。

1119. 伯卣

【時　　代】西周中期前段。

【收　藏　者】某收藏家。

【形制紋飾】横截面呈橢方形,子口,腹部向下傾垂,矮圈足沿外撇,口沿下有一對圓雕臥鳥,鳥首向外,圓目勾喙,昂首挺胸,兩翅上卷,鳥與器連接處套接扁提梁,外罩式蓋,直口方唇,頂部有圈狀捉手,呈圓弧下折,兩端有一對犄角。提梁飾卷尾長鳥紋,蓋面和器腹飾垂冠回首大鳳鳥,口沿下飾分尾長鳥紋,前後增飾浮雕獸頭,通體以雲雷紋填地。

【著　　録】未著録。

【銘文字數】蓋、器對銘,各 5 字。

【銘文釋文】白(伯)乍(作)寶陼(尊)彝。

【備　　注】真偽存疑。

1120. 衛卣

【時　　代】西周中期前段。

【收 藏 者】某收藏家。

【形制紋飾】橫截面呈橢圓形,高子口,頸部有一對半環形鈕,套接圓雕貘頭扁提梁,
　　　　　　鼓腹圜底,圈足沿下折。外罩式蓋,蓋面隆起,頂部有圈狀捉手,兩端有
　　　　　　一對犄角,沿下折作束腰形。蓋面和器頸飾分尾長鳥紋,以雲雷紋填地,
　　　　　　頸前後配飾浮雕獸頭。

【著　　録】未著録。

【銘文字數】蓋、器對銘,各 5 字。

【銘文釋文】衛乍(作)寶隬(尊)彝。

蓋銘

器銘

1121. 衛父卣

【時　　代】西周早期。

【出土時地】2014 年 5 月出現在北京翰海拍賣有限公司春季拍賣會。

【收 藏 者】某收藏家。

【尺度重量】通高 34 釐米。

【形制紋飾】橫截面呈橢圓形,斂口長頸,鼓腹,圈足沿外撇,頸兩側有一對小鈕,套接貘頭扁提梁,外罩式蓋,蓋面隆起,沿下折作束腰形,上有圈狀捉手。蓋上和器頸均飾花冠夔龍紋,以雲雷紋填地,頸前後增飾浮雕犧首,圈足飾兩道弦紋。

【著　　錄】未著錄。

【銘文字數】蓋、器同銘,各 6 字。

【銘文釋文】衛父乍(作)寶𪓐(尊)彝。

蓋銘

器銘

1122. 作公卣

【時　　代】西周早期。

【收 藏 者】某收藏家。

【形制紋飾】橫截面呈橢方形，子口內斂，下腹向外傾垂，矮圈足沿外侈，口沿下有一
　　　　　　對小鈕，套接圓雕龍頭扁提梁，外罩式蓋，蓋面隆起，沿下折作束腰形，兩
　　　　　　端有一對犄角，上部有圈狀捉手。蓋面和器口下均飾長鳥紋，以雲雷紋
　　　　　　填地，頸前後增飾浮雕獸頭。

【著　　錄】未著錄。

【銘文字數】蓋、器對銘，各 6 字。

【銘文釋文】乍（作）公隣（尊）彝，弓臺。

【備　　注】此爲蓋銘，器銘未提供。

1123. 伯卣

【時　　代】西周早期後段。

【收 藏 者】某收藏家。

【尺度重量】通高 22 釐米。

【形制紋飾】子口內斂,頸部有一對小鈕,套接貘頭提梁,鼓腹圜底,矮圈足沿外撇,外罩式蓋,上有圈狀捉手,沿下折作束腰形,蓋面兩端有一對犄角。口沿下和圈足各有一道箍棱,口沿下前後箍棱上增飾浮雕貘頭。

【著　　錄】未著錄。

【銘文字數】蓋、器對銘,各 6 字。

【銘文釋文】白(伯)乍(作)寶隓(尊)旅彝。

【備　　注】器銘藏家未公布。

1124. 東卣

【時　　代】西周早期。

【出土時地】山西曲沃縣盜墓出土，山西
　　　　　　省打擊文物犯罪繳獲。

【收　藏　者】山西青銅器博物館。

【形制紋飾】橫截面呈橢圓形，高子口，
　　　　　　方唇，鼓腹圓底，頸部有一對
　　　　　　小鈕，套接圓雕龍頭提梁，外
　　　　　　罩式蓋，上有花苞形鈕，沿下
　　　　　　折作束腰形。蓋面、頸部、提
　　　　　　梁和圈足均飾高浮雕一首雙
　　　　　　身龍，以雲雷紋填地。

【著　　錄】未著錄。

【銘文字數】蓋、器對銘，各7字。

【銘文釋文】象，東乍(作)父辛隙(尊)彝。

蓋銘

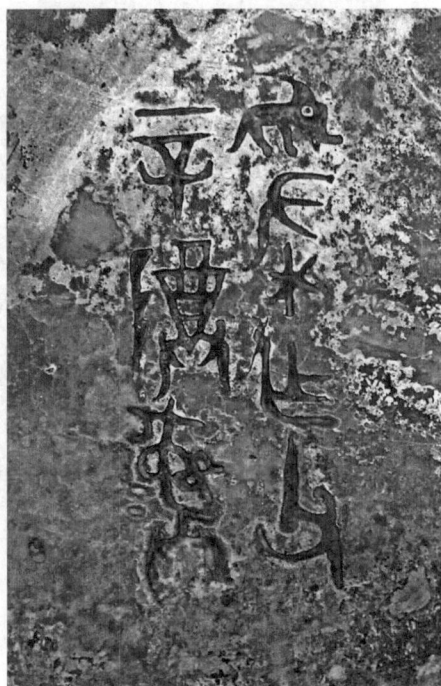

器銘

1125. 寯邑司卣（寯邑嗣卣）

【時　　代】西周早期前段。

【出土時地】山西新絳縣公安局打擊文物犯罪繳獲。

【收 藏 者】山西青銅器博物館。

【尺度重量】通高 30.5、口最大徑 18 17 釐米，重 4.42 公斤。

【形制紋飾】横截面呈橢圓形，子口，腹部向外傾垂，底部下凹，頸部有一對小鈕，套接
　　　　　圓雕獸頭提梁，外罩式蓋，蓋面鼓起，上有圈狀捉手，沿下折作束腰形，腹
　　　　　部和蓋上有兩道扉棱。蓋面和腹部均飾下卷角獸面紋，腹上部前後增飾
　　　　　浮雕犧首，通體以雲雷紋填地。

【著　　錄】國寶（2019 二）96、97 頁。

【銘文字數】蓋、器對銘，各 7 字。

【銘文釋文】寯（寯）邑嗣（司）乍（作）彔（厥）旟（旅）彝。

【備　　注】銘文拓本爲蓋銘，器銘未公布。

1126. 矢卣

【時　　代】西周早期。

【收 藏 者】某收藏家。

【形制紋飾】横截面呈橢圓形,高子口,鼓腹,矮圈足,口沿下有一對小鈕,套接"U"形龍頭提梁,外罩式蓋,頂部有花苞形紐,沿下折,與子口相套,通體有四道扉棱。蓋面和腹部飾浮雕狀下卷角獸面紋,蓋沿、器口下和圈足均飾夔龍紋,口沿下前後增飾浮雕獸頭,通體以雲雷紋填地。

【著　　録】未著録。

【銘文字數】蓋、器對銘,各7字。

【銘文釋文】矢𪂁(鴞—雟) 乍(作) 殷父癸䵼(鑄)。

【備　　注】此爲蓋銘,器銘藏家未提供。

1127. 者仲叡卣（諸仲叡卣）

【時　　代】西周早期後段。

【收藏者】某收藏家。

【形制紋飾】橢圓體,高子口,腹部向外傾垂,圈足較矮,沿外侈然後下折,口沿下有一
　　　　　對小鈕,套接獸頭扁提梁。外罩式蓋,頂部有圈狀捉手,沿外伸然後下折,
　　　　　作束腰形。蓋面和器口沿下均飾飄冠回首夔龍紋,口沿前後增飾浮雕獸
　　　　　頭,圈足飾一道弦紋,均以纖細的雲雷紋填地。

【著　　錄】未著錄。

【銘文字數】蓋、器對銘,各7字。

【銘文釋文】者(諸)中(仲)叡乍(作)寶旅彝。

【備　　注】銘文照片爲蓋銘,器銘未提供。

1128. 召卣（釁卣）

【時　　代】西周早期。

【出土時地】破案繳獲。

【收　藏　者】陝西淳化縣公安局。

【尺度重量】通高 31、口徑 9 × 12 釐米。

【形制紋飾】子口內斂，長頸鼓腹，圈足沿外侈，頸部有一對小鈕，套接扭索狀提梁，外罩式蓋，上部有花苞形鈕，沿下折作束腰形。蓋面、頸部和圈足均飾夔龍紋，頸前後增飾高浮雕龍首，腹部光素。

【著　　錄】未著錄。

【銘文字數】蓋、器對銘，各 8 字。

【銘文釋文】釁（召）乍（作）父乙簋（旅）彝，子廟。

蓋銘

器銘

1129. 司卣(𤔲卣)

【時　　代】西周早期。

【出土時地】2019 年 6 月出現在杭州西泠印社拍賣會。

【收 藏 者】原藏法國某收藏家。

【形制紋飾】橫截面呈橢圓形,子口內斂,口沿下有一對小鈕,套接羊頭提梁,腹部向下傾垂,圈足沿外侈,外罩式蓋,沿下折作束腰形,頂部有花苞形鈕。蓋面及器口沿下飾卷喙長鳥紋,以雲雷紋填地,口沿下前後增飾浮雕獸頭,圈足飾兩道弦紋。

【著　　錄】未著錄。

【銘文字數】蓋、器對銘,各 8 字。

【銘文釋文】𤔲(司)乍(作)父辛寶隩(尊)彝,夃(丙)。

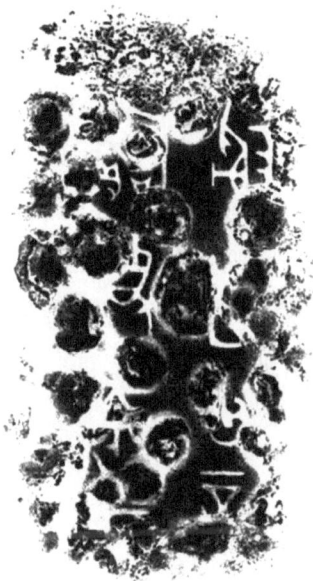

蓋銘拓本

器銘拓本

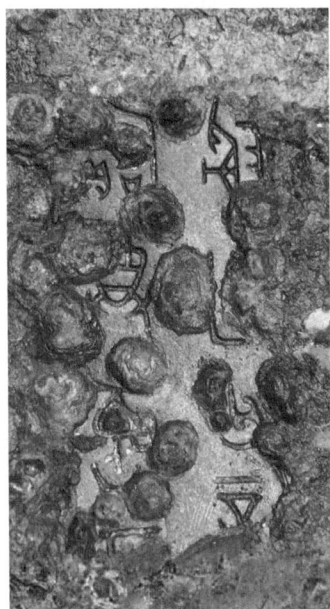

蓋銘照片

器銘照片

1130. 進卣

【時　　代】西周早期。

【出土時地】2019 年 9 月出現在香港嘉德秋季拍賣會。

【收 藏 者】原藏香港某私家。

【尺度重量】通高 22.8、腹徑 14 × 21.5 釐米。

【形制紋飾】橫截面呈橢圓形,高子口,下腹向外傾垂,口沿下有一對半環鈕,套接圓雕獏頭扁提梁,矮圈足沿外撇,外罩式蓋,蓋面隆起,頂部有圈狀捉手,兩端有一對犄角,沿下折作束腰形,蓋面外圈飾勾喙長尾鳥紋,前後增飾浮雕獏頭,蓋沿和器頸飾卷喙分尾長鳥紋,頸前後亦有浮雕獏頭,腹部飾兩對垂冠回首分尾大鳳鳥,均以雲雷紋填地。

【著　　錄】未著錄。

【銘文字數】蓋、器對銘,各 8 字。

【銘文釋文】亞,進乍(作)父辛寶障(尊)彝。

蓋銘

器銘

1131. 剎卣

【時　　代】西周早期。

【收　藏　者】日本奈良國立博物館。

【尺度重量】通高 31、口徑 13.2 × 10.3 釐米。

【形制紋飾】橫截面呈橢圓形,長子口,鼓腹圓底,圈足沿下有一道邊圈,口沿下兩側有一對小鈕,套接龍頭提梁,外罩式蓋,沿下折作束腰形,頂部有花苞形鈕。蓋面和口沿下飾長鳥紋,以雲雷紋填地,口沿下前後增飾浮雕獸頭,圈足飾目雷紋。

【著　　錄】綜覽・卣 133,坂本清賞 78,奈良銅 35 頁 71。

【銘文字數】蓋、器對銘,各 9 字。

【銘文釋文】剎乍(作) 父丁寶隣(尊) 彝,冪册。

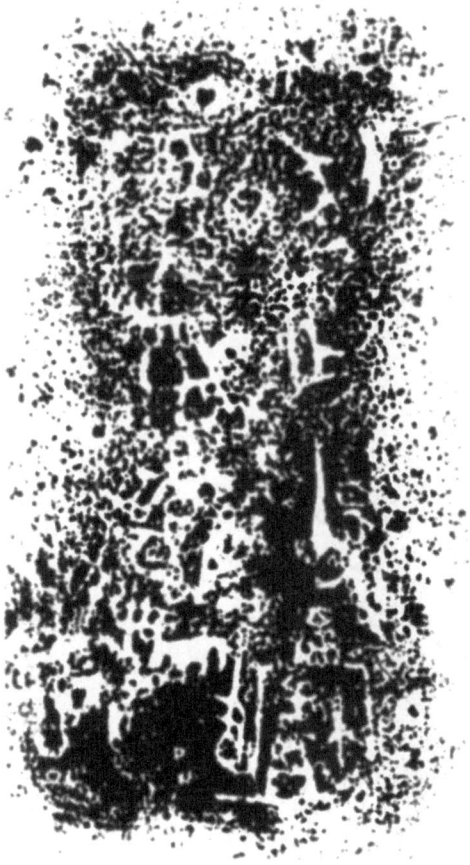
蓋銘

器銘

1132. 阪卣

【時　　代】西周早期。

【收　藏　者】某收藏家。

【形制紋飾】橫截面呈橢圓形。

【著　　錄】未著錄。

【銘文字數】蓋、器對銘,各9字。

【銘文釋文】冀,亞阪乍(作)父乙隩(尊)彝,束。

【備　　注】銘文照片爲蓋銘,器形及器銘照片收藏家未提供。

1133. 逳卣（微卣）

【時　　代】西周中期前段。

【收 藏 者】某收藏家。

【形制紋飾】體呈橢方形，子口，下腹向外傾垂，矮圈足外撇，口沿下有一對小鈕，套接龍頭扁提梁，外罩式蓋，上有圈狀捉手，兩端有一對觭角。蓋面與器腹各飾四隻大鳳鳥，兩兩相對，口沿下飾體呈“S”形的夔龍紋，前後增飾浮雕獸頭，均以雲雷紋填地，圈足飾一道弦紋。

【著　　錄】未著錄。

【銘文字數】蓋、器對銘，各 9 字。

【銘文釋文】幺册，逳（微）乍（作）父癸寶障（尊）彝。

【備　　注】銘文照片爲蓋銘，器銘收藏家未提供。

1134. 頯卣

【時　　代】西周早期。

【收 藏 者】海外某收藏家。

【尺度重量】通高 29、口徑 13 × 10.6、腹深 15.6 釐米。

【形制紋飾】橫截面呈橢圓形。子口內斂，鼓腹，矮圈足沿外撇，口沿下有一對小鈕，
　　　　　套接獏頭提梁；外罩式蓋，蓋面隆起，頂部有花苞形鈕，沿下折作束腰
　　　　　形。蓋面和口沿下飾垂尾小鳥紋，頸前後增飾浮雕虎頭，圈足飾一道
　　　　　弦紋。

【著　　錄】未著錄。

【銘文字數】蓋、器對銘，各 17 字。

【銘文釋文】丁卯，頯易（錫）馬于乒（厥）考，用乍（作）季姬日癸隒（尊）彝。戈。

蓋銘拓本

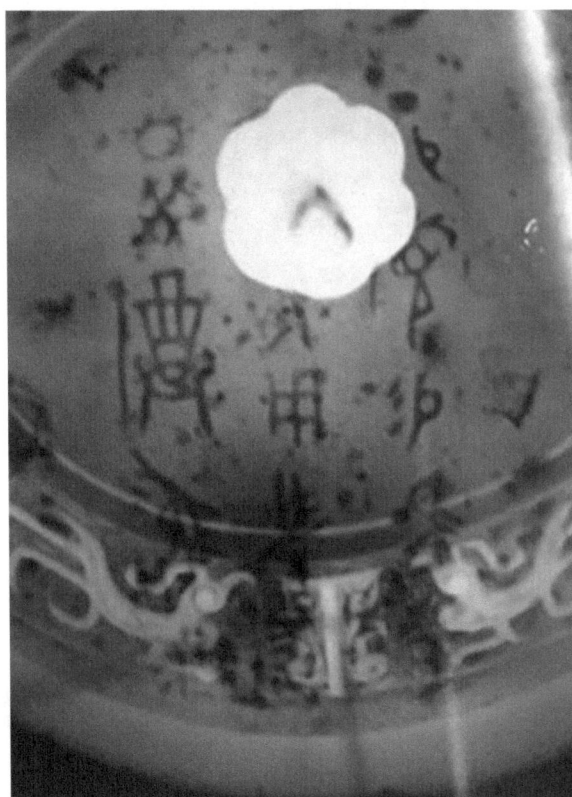

蓋銘 X 光片

器銘拓本

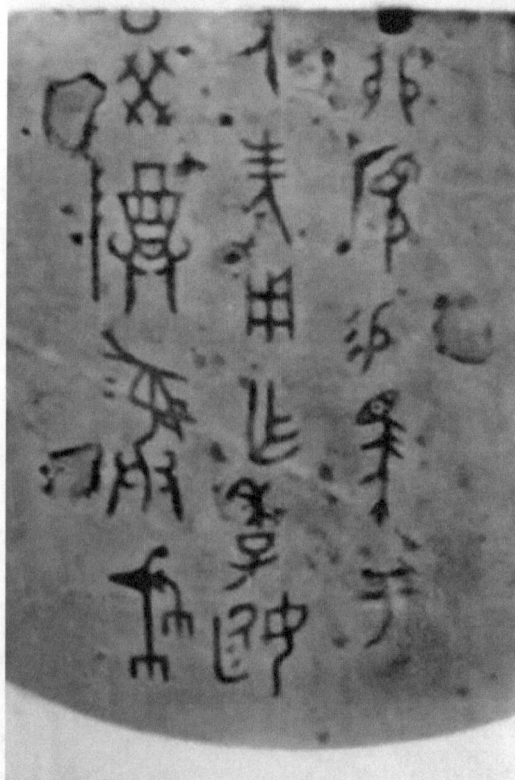

器銘 X 光片

1135. 伯旅□卣

【時　　代】西周早期後段。

【出土時地】1998-2001 年山東滕州市官橋鎮前掌大村商周墓地。

【收 藏 者】滕州市博物館。

【尺度重量】通高 23.4、口橫 17.1、口縱 13 釐米。

【形制紋飾】橫截面呈橢方形,子口內斂,下腹向外傾垂,矮圈足沿外侈,頸部有一對
　　　　　　小鈕,套接羊首扁提梁,外罩式蓋,上有圈狀捉手,兩端有一對犄角,沿下
　　　　　　折作束腰形。蓋面和頸部均飾長鳥紋,以雲雷紋填地。

【著　　録】收藏界 2016 年 11 期 104 頁。

【銘文字數】蓋內鑄銘文 3 字,器內底 17 字,共 20 字。

【銘文釋文】蓋銘:乍(作)寶彝。器銘:白(伯)旅□冨京亯(亨)孝□乍(作)氒(厥)
　　　　　　文考父辛寶隣(尊)彝。

蓋銘

器銘

1136. 雳男卣(唐男卣)

【時　　代】西周中期前段。

【收 藏 者】某收藏家。

【形制紋飾】橫截面呈橢圓形,腹部下垂,矮圈足沿外侈,下有一道邊圈,提梁兩端做成圓雕獸首形,外罩式蓋,蓋沿呈圓頂的帽狀,上有圓形捉手,兩側有一對犄角。提梁上飾蟬紋,蓋面和腹部飾垂冠回首大鳳鳥,長長的冠相互纏繞,頸部飾"S"形夔龍紋,均以雲雷紋填地,頸前後增飾浮雕獸頭。

【著　　録】未著録。

【銘文字數】蓋、器對銘,各18字(其中重文2)。

【銘文釋文】雳(雳—唐)男乍(作)父丁寶隖(尊)彝,巾(其)萬年子=(子子)孫=(孫孫)永寶用。

【備　　注】銘文照片爲蓋銘,器銘收藏家未提供。

1137. 真卣

【時　　代】西周早期後段。

【出土時地】20 世紀 20 年代日本天琴坊收藏，2017 年 4 月出現在香港大唐國際春季拍賣會。

【收　藏　者】原藏日本天琴坊，現藏不明。

【尺度重量】通高 19、寬 22 釐米。

【形制紋飾】橫截面呈橢方形，直口短頸，腹部向下傾垂，頸部有一對半環形小鈕，套接拱形提梁，提梁兩端有圓雕虎耳卷鼻獸頭。圈足低而沿外撇。外罩式帽形蓋，上部圓拱，弧形下折，沒有出沿，渾然一體，兩端有一對犄角。蓋面和器腹前後飾神面紋，兩側配置鳳鳥紋，鳥首有直豎的冠羽，頸部飾浮雕小獸面，兩邊配飾勾喙卷尾夔龍；神面人目獸嘴，獠牙外伸。通體以纖細的雲雷紋填地。

【著　　録】未著録。

【銘文字數】蓋、器對銘，各 20 字。

【銘文釋文】貞（真）夙（鳳）夜亯（享）于大宗，乍（作）父辛寶隮（尊）彝，甘（其）孫子永寶。亞束。

蓋銘照片

器銘拓本

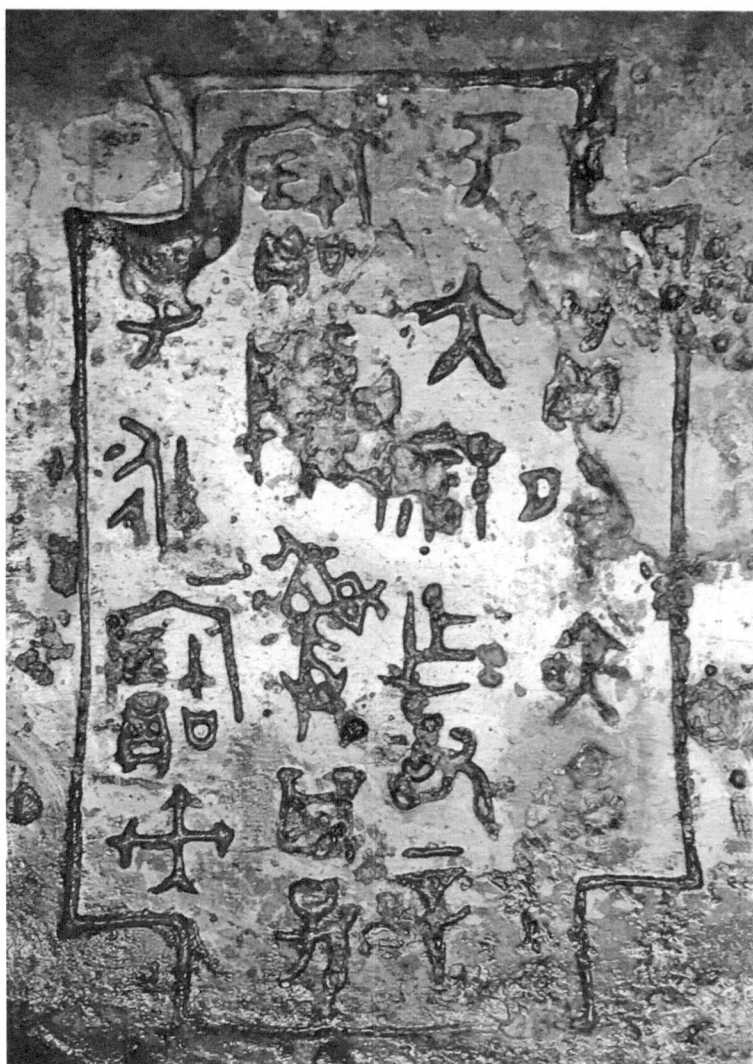

器銘照片

卣

1138. 昔雞卣

【時　　代】西周早期後段。

【出土時地】2014 年冬陝西岐山縣京當鎮賀家村北墓地 (M11.44)。

【收　藏　者】周原考古隊。

【尺度重量】通高 23.9、口徑 11 × 14.7、腹深 14.5 釐米，重 4.1 公斤。

【形制紋飾】橫截面橢圓形，子口內斂，頸部有一對小鈕，套接獏頭提梁，腹部向外傾垂，矮圈足下有邊圈，外罩式蓋，蓋面隆起，沿下折，頂部有圈狀捉手，兩端有一對犄角。蓋沿和器頸飾卷喙長鳥紋，以雲雷紋填地，圈足飾一道弦紋。

【著　　録】陝集成 1 册 55 頁 0031。

【銘文字數】蓋、器對銘，各 22 字。

【銘文釋文】隹（唯）三（四）月乙酉，夨白（伯）易（錫）昔雞貝，用對夨白（伯）休，用乍（作）父丁隣（尊）彝。

蓋銘

器銘

卣

1139. 魚卣

【時　　代】西周中期前段。

【出土時地】2017 年 11 月出現在澳門中濠秋季拍賣會。

【收　藏　者】某收藏家。

【尺度重量】通高 20 釐米。

【形制紋飾】子口較長，頸部微斂，下腹向外傾垂，矮圈足沿外侈，頸部有一對半環鈕，套接扁提梁，提梁兩端有圓雕獏頭，外罩式蓋，頂部有圈狀捉手，兩端有一對犄角。蓋沿和頸部均飾變形龍紋，以雲雷紋填地，頸前後增飾浮雕獸頭，圈足飾兩條弦紋。

【著　　録】未著録。

【銘文字數】蓋、器對銘，各 30 字。

【銘文釋文】魚不叙（敢）燰（擾），欤（夙）夜冢弗叚（遐）取（徂）食，毗（揚）于宗，用乍（作）父己寶隨（尊），用萫喜（壽），才（其）萬年孫子永寶。

蓋銘

器銘

1140. 貝毳卣（貝毛卣）

【時　　代】西周早期後段。

【出土時地】2018 年 1 月 3 日見於西安。

【收　藏　者】某收藏家。

【尺度重量】通高 28.5、口徑 18.5 × 11.6、腹深 17 釐米。

【形制紋飾】横截面呈橢圓形，直口鼓腹，矮圈足沿外撇，頸部有一對小鈕，套接圓雕
　　　　　　貘頭提梁，外罩式蓋，蓋面隆起，頂部有圈狀捉手，兩端有一對犄角，沿下
　　　　　　折作束腰形。蓋面和器頸飾花冠回首夔龍紋，前後增飾浮雕貘頭。

【著　　錄】未著錄。

【銘文字數】蓋、器對銘，各 42 字（其中合文 1）。

【銘文釋文】隹（唯）三（四）月，王初征禛（祼）于成囿（周）。丙戌，王各（格）于京宗，
　　　　　　王易（錫）宗小子貝毳罘麗，易（錫）毳，對王休，用乍（作）胯（薛）公寶隮
　　　　　　（尊）彝，隹（唯）王五祀。

【備　　注】“小子”爲合文。蓋銘“貝毳”作“貝毛”。

蓋銘

器銘

卣

20. 方彝

（1141-1151）

1141. 需方彝

【時　　代】商代晚期。

【出土時地】2017 年 9 月出現在香港大唐國際秋季拍賣會。

【收　藏　者】某收藏家。

【尺度重量】通高 35.5、口橫 22.5、口縱 17釐米。

【形制紋飾】長方體，蓋作四坡屋頂形，上有屋頂形方鈕，直壁深腹，平底，方圈足的正背面各有一個門洞形缺，四角和腹壁中部各有一道扉棱。四壁飾下卷角獸面紋，兩旁配飾倒置的夔龍，口沿下中部有小獸面，兩

側裝飾相背的歧身夔龍；圈足裝飾闊口卷尾爬行龍；蓋面口沿飾頭向角隅的夔龍，上部飾倒置的下卷角獸面紋，通體以雲雷紋填地。

【著　　錄】未著錄。

【銘文字數】蓋、器對銘，各 1 字。

【銘文釋文】需。

1142. 兟方彝（剚方彝）

【時　　代】商代晚期。

【出土時地】2012 年 9 月出現在北京。

【收 藏 者】某收藏家。

【形制紋飾】長方體，直口直壁，蓋作四坡式屋頂形，頂部有四坡屋頂鈕，四壁中部及四角均鑄有扉棱。四壁飾獸面紋，蓋面飾倒置的獸面紋，口下和圈足飾形狀不同的夔龍紋，均以雲雷紋填地。

【著　　錄】未著錄。

【銘文字數】蓋、器對銘，各 1 字。

【銘文釋文】兟（譻—剚）。

【備　　注】此為器內底銘文，蓋銘及器形圖像收藏家未提供。

1143. 羊方彝

【時　　代】商代晚期。

【出土時地】2016 年 12 月出現在北京保利秋季拍賣會。

【收 藏 者】1942 年以前藏於美國馬薩諸塞州麥克爾·亞瑟,後歸紐約水牛城阿爾
　　　　　　布萊特·諾克斯藝術館,2007 年 3 月經蘇富比拍賣,現藏某收藏家。

【尺度重量】通長 20.3 釐米。

【形制紋飾】長方體,直口直壁,上有四坡屋頂形蓋,脊梁有屋頂形鈕,圈足與彝體無
　　　　　　明顯分界,四邊中部各有一個門洞形缺口,通體有八道扉棱。口下飾鳥
　　　　　　紋,圈足飾夔紋,腹部飾下卷角獸面紋,蓋飾倒置的獸面紋,通體不施
　　　　　　地紋。

【著　　錄】2016 年 12 月北京保利秋季拍賣會圖錄(古董珍玩) 5154 號。

【銘文字數】蓋、器對銘,各 1 字。

【銘文釋文】🐏(羊)。

【備　　注】此爲蓋銘,器銘未公布。

1144. ⊟方彝（戽方彝）

【時　　代】商代晚期。

【收 藏 者】法國東坡齋。

【尺度重量】通高 22.2 釐米。

【形制紋飾】長方體,直口直壁,平底,四坡屋頂形蓋,頂上有四坡屋頂形鈕,下有子口,長方形圈足,每面有一個門洞形孔,通體有八道扉棱。四壁上部飾小鳥紋,下部飾折角獸面紋,圈足飾回首卷尾夔龍紋,蓋面飾倒置的折角獸面,以雲雷紋填地。

【著　　録】未著録。

【銘文字數】蓋、器對銘,各 1 字。

【銘文釋文】⊟（戽）。

蓋 銘

器 銘

1145. 冎方彝

【時　　代】商代晚期。

【出土時地】山西聞喜縣河底鎮酒務頭商代墓地盜掘出土，山西省打擊文物犯罪
　　　　　　繳獲。

【收 藏 者】山西青銅器博物館。

【尺度重量】通高 24、口橫 14、口縱 12 釐米。

【形制紋飾】橫截面呈長方形，直口方唇，直壁向下斜收，平底，圈足亦有收分，每邊有
　　　　　　一個門洞形缺口；四坡屋頂形蓋，上有屋頂形小鈕。通體有八道扉棱，
　　　　　　四壁上部和圈足飾夔龍紋，下部飾曲折角獸面紋，蓋面飾倒置的曲折角
　　　　　　獸面紋，均以雲雷紋填地。

【著　　錄】國寶（2019 一）12-14 頁。

【銘文字數】蓋、器對銘，各 1 字。

【銘文釋文】冎。

蓋銘

器銘

1146. 牟旅方彝

【時　　代】商代晚期。

【收　藏　者】瑞士玫茵堂。

【尺度重量】通高 19.2 釐米。

【形制紋飾】長方體,直口平底,四壁向下漸有收分,蓋呈四坡屋頂形,上有屋頂形鈕,
　　　　　　圈足四面中部各有一個門洞形缺。蓋沿飾連珠紋鑲邊的雲雷紋帶,器口
　　　　　　下飾連珠紋鑲邊的獸面紋帶,圈足四角各飾獸面紋。

【著　　　錄】未著錄。

【銘文字數】内底鑄銘文 2 字。

【銘文釋文】牟旅。

1147. 庚册方彝

【時　　代】商代晚期。

【出土時地】2019 年 3 月出現在美國紐約佳士得拍賣會。

【收　藏　者】原藏米爾蓋特·羅杰斯（1902-1953），後歸詹姆斯·蒙羅夫·麥克亞當斯。

【尺度重量】高 30 釐米。

【形制紋飾】長方體，直口方唇，直壁向下稍有收分，兩側壁各有一個獸首銜環耳，平底，圈足每邊有一個門洞形缺，四坡屋頂形蓋，頂部有四坡屋頂形帽方柱鈕。鈕帽飾雲雷紋，蓋面下部、四壁上部和圈足均飾以雲雷紋組成的獸面紋。

【著　　錄】銘照 229 頁 562。

【銘文字數】蓋、器對銘，各 2 字。

【銘文釋文】庚（庚）册。

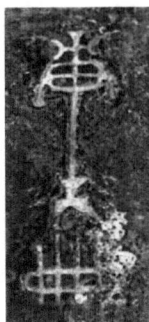
蓋銘

器銘

1148. 應黿方彝

【時　　代】西周中期前段。

【出土時地】2016 年 10 月出現在香港翰海秋季拍賣會。

【收 藏 者】某收藏家。

【尺度重量】通高 27.5、口橫 19、口縱 16 釐米。

【形制紋飾】長方體，侈口方唇，頸微束，腹外鼓，圈足沿外侈，然後下折，蓋作四坡式屋頂形，正中的鈕帽亦作屋頂形，通體四角均有扉棱。腹部飾浮雕獸面紋，獸角上卷，鼓睛咧嘴，獠牙外露，蓋面和蓋鈕飾倒獸面紋，圈足飾夔龍，均以雲雷紋填地。

【著　　錄】未著錄。

【銘文字數】蓋、器對銘，各 7 字。

【銘文釋文】雁（應）黿乍（作）宗寶隩（尊）彝。

【備　　注】同出的還有一件同銘方尊，紋飾風格相同。

蓋銘照片

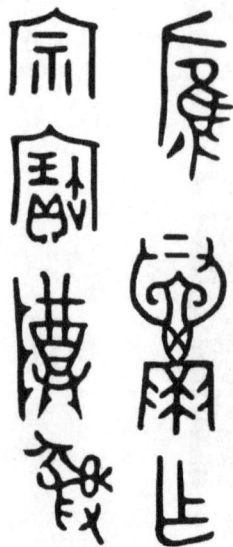

蓋銘摹本

1149. 義方彝（或稱義卣）

【時　　代】西周早期前段（成王世）。

【出土時地】2019 年山西省公安機關打擊文物犯罪繳獲。

【收　藏　者】山西青銅器博物館。

【尺度重量】通高 49、通寬 29.5、口橫 26.5、口縱 21.3 釐米，重 17.35 公斤。

【形制紋飾】長方體，侈口方唇，頸微束，腹微外鼓，頸部有一對小鈕，套接扁提梁，提梁兩端有圓雕掌形角獸頭，中部的邊緣上折，圈足下沿外侈，然後下折，蓋作四坡式屋頂形，正中的鈕帽亦作屋頂形，四角及四壁中部各有一道扉棱。提梁飾夔龍紋，兩側各有一個高浮雕獸頭，頸部飾相對的夔龍紋，腹部飾曲折角獸面紋，獸面鼻梁隆起，闊口獠牙，蓋面和蓋鈕飾倒置獸面紋，圈足亦飾獸面紋，提梁飾夔龍紋，兩側增飾浮雕獸頭，通體以雲雷紋填地。

【著　　錄】未著錄。

【銘文字數】蓋內鑄銘文 21 字（其中合文 1），器內底 22 字（其中合文 1）。

【銘文釋文】隹（唯）十又三月丁亥，斌（武）王易（錫）義貝卅朋，用乍（作）父乙寶隩（尊）彝。

【備　　注】銘文中"卅朋"爲合文，蓋銘漏鑄"尊"字。

蓋銘拓本

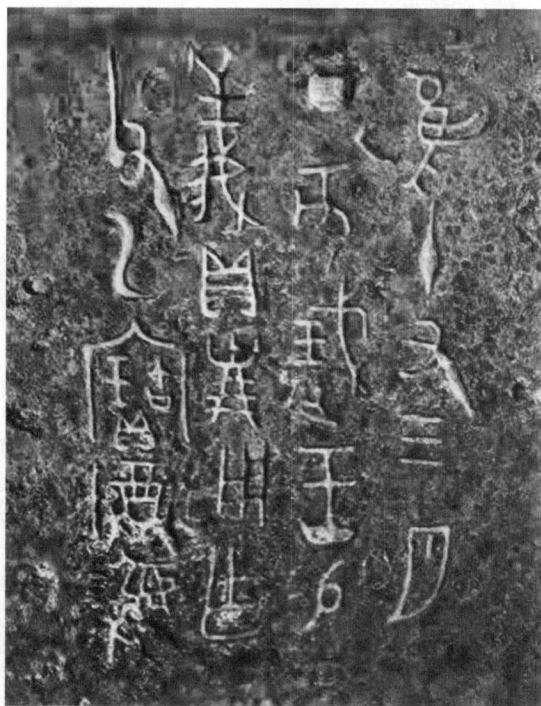

蓋銘照片

器銘拓本

1150. 兒方彝甲

【時　　代】西周早期後段或中期前段。

【出土時地】2017 年 4 月出現在香港大唐春季拍賣會。

【收 藏 者】某收藏家。

【尺度重量】通高 22、口橫 15.5、口縱 13 釐米。

【形制紋飾】長方體,侈口方唇,曲壁平底,內有隔,將體腔分成兩部分,方圈足,沿外侈;蓋呈四坡屋頂形,下有子口,中脊上有一個四坡屋頂形小鈕,通體四角鑄有扉棱,紋飾高凸,不施地紋。腹部的扉棱出牙。四壁飾獸面紋,獸角向上相對內卷,圈足飾變形夔龍紋(亦稱竊曲紋);蓋面紋飾與腹壁相同,但係倒置。

【著　　錄】大唐 164 頁 953。

【銘文字數】蓋、器對銘,各 27 字(其中重文 1)。

【銘文釋文】隹(唯)王八月,戎伐熿,膚夂。酨,蜀(獨)追,工(功)于嵩,兒用郛(俘)器盩(鑄)旅彝,子＝(子子)孫永用。

蓋銘

器銘

方彝

1151. 兒方彝乙

【時　　代】西周早期後段或中期前段。

【收 藏 者】某收藏家。

【形制紋飾】長方體，侈口方唇，曲壁平底，內有隔，將體腔分成兩部分，方圈足，沿外侈；蓋呈四坡屋頂形，下有子口，中脊上有一個四坡屋頂形小鈕，通體四角鑄有扉棱，紋飾高凸，不施地紋。腹部的扉棱出牙。四壁飾獸面紋，獸角向上相對內卷，圈足飾變形夔龍紋（亦稱竊曲紋）；蓋面紋飾與腹壁相同，但係倒置。蓋被壓變形，蓋與器的扉棱部分殘缺。

【著　　錄】未著錄。

【銘文字數】蓋、器對銘，各 27 字（其中重文 1）。

【銘文釋文】隹（唯）王八月，戎伐䃉，膚夊。彭，蜀（獨）追，工（功）于蒿，兒用郛（俘）器盪（鑄）旅彝，子＝（子子）孫永用。

蓋銘

器銘

方彝

21．觥

（1152–1158）

1152. 𢀗觚甲

【時　　代】商代晚期。

【出土時地】山西聞喜縣河底鎮酒務頭商代墓地盜掘出土，山西省聞喜縣打擊文物犯罪繳獲。

【收　藏　者】山西青銅器博物館。

【尺度重量】通高 19、寬 15、通長 20、足長 10、寬 7 釐米，重 1.186 公斤。

【形制紋飾】寬流槽，曲口鼓腹，矮圈足沿外侈，獸首鋬。蓋的前部作龍首形，後部爲浮雕獸面，獸耳高聳。龍脊兩側飾夔龍紋，器頸和圈足亦飾夔龍紋，腹部飾曲折角獸面紋，以雲雷紋填地。

【著　　錄】國寶（2019 一）16、17 頁。

【銘文字數】内底鑄銘文 1 字。

【銘文釋文】𢀗。

【備　　注】同墓出土一對，形制、紋飾、大小、銘文相同。

銘文拓本

銘文照片

1153. 䝴觥乙

【時　　代】商代晚期。

【出土時地】山西聞喜縣河底鎮酒務頭商代墓地盜掘出土，山西省聞喜縣打擊文物犯罪繳獲。

【收 藏 者】山西青銅器博物館。

【尺度重量】通高 15、寬 15、足長 10、寬 7 釐米，重 1.243 公斤。

【形制紋飾】寬流槽，曲口鼓腹，矮圈足沿外侈，獸首鋬。蓋的前部作龍首形，後部爲浮雕獸面，獸耳高聳。龍脊兩側飾夔龍紋，器頸和圈足亦飾夔龍紋，腹部飾曲折角獸面紋，以雲雷紋填地。

【著　　録】國寶（2019 一）18、19 頁。

【銘文字數】内底鑄銘文 1 字。

【銘文釋文】䝴。

1154. 衛册觥（蟲羋觥）

【時　　代】商代晚期。

【收 藏 者】法國東坡齋。

【尺度重量】通高 27、通長 29.8 釐米。

【形制紋飾】橢圓體，曲口寬流，橢圓形圈足，圈足上有兩條扉棱，觥體前部亦有一條
　　　　　扉棱。蓋前端設一虎頭，闊口露齒，觥體前部作浮雕蹲踞的虎身，虎尾上
　　　　　卷，蓋脊有一卷尾夔龍，蓋的後部作高浮雕臥鳥，鳥頭上揚尾上翹。觥體
　　　　　後部飾鳥翅紋，觥鋬作圓雕龍首半環形，有勾狀垂珥。

【著　　録】未著録。

【銘文字數】蓋、器對銘，各 2 字。

【銘文釋文】蟲（衛）羋（册）。

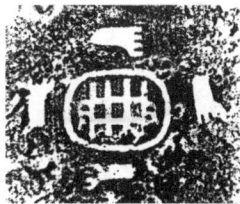

蓋銘

器銘

1155. 冉中觥（中觥）

【時　　代】商代晚期。

【出土時地】2018 年 4 月出現在保利香港春季拍賣會。

【收 藏 者】原藏日本某私家，現藏不明。

【尺度重量】通高 29.2 釐米。

【形制紋飾】横截面呈橢圓形，曲口寬流，束頸鼓腹，矮圈足，腹一側有牛首鋬，鋬下有
　　　　　　小勾形珥。蓋的前部作龍首形，龍角高聳，凸睛高鼻，耳向上斜伸，後部
　　　　　　飾浮雕牛角獸面，鼓睛咧嘴，腹部有三道扉棱，通體光素無飾。

【著　　録】未著録。

【銘文字數】蓋内鑄銘文 2 字。

【銘文釋文】（冉）中。

1156. 犬天黽觥（獻天黽觥）

【時　　代】商代晚期。

【出土時地】山西聞喜縣河底鎮酒務頭商代墓地盜掘出土，山西省聞喜縣打擊文物犯罪繳獲。

【收 藏 者】山西青銅器博物館。

【尺度重量】通高 21.7、通長 23.8、寬 10 釐米，重 1.704 公斤。

【形制紋飾】橢圓體，前有寬流槽，後有豎耳獸首半環形鋬，高圈足。蓋的前端爲龍頭形，後部飾浮雕大獸面，獸耳高聳，蓋脊有一個透迤的虺龍，蓋兩側飾以拱體卷尾夔龍，頸、腹和圈足各有三道扉棱，腹部飾龍角獸面紋，頸部飾夔龍紋，通體以纖細的雲雷紋填地。

【著　　録】國寶（2018）119 頁。

【銘文字數】蓋内鑄銘文 2 字，器内底 3 字。

【銘文釋文】蓋銘：天黽；器銘：犬（獻），天黽。

蓋銘拓本

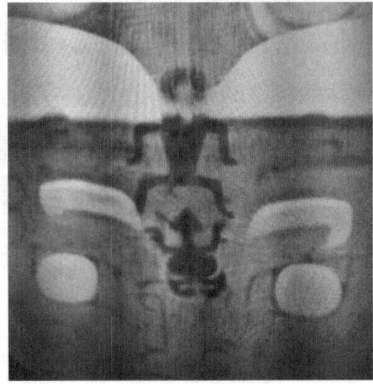

蓋銘 X 光片

器銘照片

器銘 X 光片

1157. 作寶彝觥

【時　　代】西周早期。

【出土時地】2019 年 3 月 28 日出現在盛世收藏網資
　　　　　　訊欄目。

【收　藏　者】瑞士玫茵堂。

【尺度重量】通高 27.5、通長 27 釐米。

【形制紋飾】橫截面呈橢方形,前部高起,呈圓雕鹿首
　　　　　　形,後部有獸首半環形鋬,下有勾狀垂
　　　　　　珥,上部爲曲口,蓋上有圓雕回首卷尾龍
　　　　　　鈕,腹下有四條獸蹄形矮足。頸下部飾
　　　　　　夔龍紋,兩側飾一對鳳鳥,鳳鳥之後爲小
　　　　　　鳥,蓋面兩側各有一條回首卷尾夔龍。

【著　　録】未著録。

【銘文字數】蓋內鑄銘文 3 字。

【銘文釋文】乍(作)寶彝。

1158. 亞酌它卂觥

【時　　代】商代晚期或西周早期。

【收　藏　者】下落不明。

【著　　録】彙編 515，總集 139 頁 4922。

【銘文字數】蓋、器對銘，各 11 字。

【銘文釋文】亞酌它，卂乍（作）督逆王昱（暨）器（？），册。

蓋銘

器銘

22. 囂

（1159–1171）

1159. 天罍

【時　　代】商代晚期。

【出土時地】2013 年 12 月陝西寶雞市渭濱區石鼓鎮石嘴頭村石鼓山西周墓
　　　　　　（M4.304）。

【收 藏 者】石鼓山考古隊。

【尺度重量】通高 52、口徑 18、腹深 40、足徑 20 釐米，重 12.55 公斤。

【形制紋飾】侈口束頸，溜肩斂腹，肩上有一對牛首半環形耳，下腹有一個牛首提鈕，
　　　　　　矮圈足，內插式蓋，蓋面呈弧形鼓起，頂部有圈狀捉手。蓋面和肩部飾浮
　　　　　　雕圓渦紋，頸部飾兩道弦紋。

【著　　錄】陝集成 8 冊 216 頁 0958。

【銘文字數】一耳下腹部鑄銘文 1 字。

【銘文釋文】天。

罍

1160. 尧罍（剌罍）

【時　　代】商代晚期。

【出土時地】2013年下半年陝西寶雞市渭濱區石鼓鎮石嘴頭村西周墓地（M4.304）。

【收　藏　者】石鼓山考古隊。

【尺度重量】通高51.8、口徑17.8、腹深40、足高3.2釐米，重12.55公斤。

【形制紋飾】侈口束頸，溜肩斂腹，肩部有一對獸首半環形，下腹有一個牛首半環形提
　　　　　　鈕，矮圈足，內底向上鼓起；蓋面成弧形鼓起，頂部有圈狀捉手，下有子
　　　　　　口。頸部飾兩道弦紋，蓋面和肩部均飾浮雕圓渦紋。

【著　　錄】文物2016年1期10頁圖10.5。

【銘文字數】右側耳下腹壁鑄陽文1字。

【銘文釋文】尧（夐—剌）。

【備　　注】銘文"尧"字上部的"戈"未鑄全。

銘文拓本

銘文照片

1161. 需罍

【時　　代】商代晚期。

【出土時地】2017 年 5 月出現在香港大唐國際春季拍
　　　　　　賣會。

【收　藏　者】原藏香港某收藏家,現藏不明。

【尺度重量】通高 46.5 釐米。

【形制紋飾】體呈方形,直口高領,溜肩斂腹,平底,肩部
　　　　　　有一對獸首銜環耳,環呈亞腰形,下腹有一
　　　　　　個獸首提鈕,內插式四坡蓋,頂上有小鈕。
　　　　　　蓋面飾兩周弦紋和浮雕圓渦紋,肩部飾浮雕
　　　　　　圓渦紋,前後增飾高浮雕獸頭。腹部光素。

【著　　錄】大唐 173 頁 960。

【銘文字數】蓋內壁鑄銘文 1 字。

【銘文釋文】需。

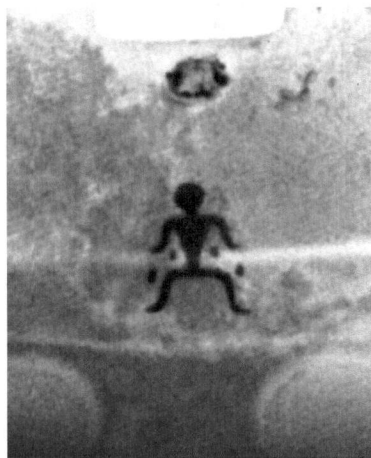

罍

1162. 串罍

【時　　代】商代晚期。

【出土時地】日本京都大學人文研究所考古資料。

【收　藏　者】日本黑川古文化研究所。

【尺度重量】通高 45 釐米。

【形制紋飾】橫截面呈方形,直口高領,廣肩平底,肩部有一對獸首半環形耳,四坡式
　　　　　　蓋,頂部有方形鈕。蓋面飾浮雕圓渦紋,肩部飾浮雕圓渦紋和三道弦紋。

【著　　錄】綜覽·罍 12。

【銘文字數】頸內壁鑄陽文 1 字。

【銘文釋文】串。

1163. 祖罍

【時　　代】商代晚期。

【收 藏 者】下落不明。

【尺度重量】通高 22.2 釐米。

【形制紋飾】横截面呈方形，侈口方唇，折肩斂腹，方圈足沿下折，通體有八道扉棱。
頸部和圈足飾夔龍紋，頸前後增飾浮雕獸頭，四壁上部飾夔鳥紋，下部飾
曲折角獸面紋，均以雲雷紋填地。

【著　　録】綜覽·方壺 5（誤爲壺）。

【銘文字數】内底鑄銘文 1 字。

【銘文釋文】且（祖）。

罍

1164. 斝罍

【時　　代】商代晚期。

【出土時地】2019 年 8 月出現在日本東京中央秋季拍賣會。

【收 藏 者】某收藏家。

【尺度重量】通高 42 釐米。

【形制紋飾】侈口束頸，廣肩斂腹，矮圈足，肩部有一對獸首銜環耳，下腹内側有一個牛首提鈕，蓋面隆起，頂部有花苞形鈕，下有子口。蓋面飾浮雕圓渦紋間以夔紋，肩上部飾連珠紋鑲邊的雲雷紋，下部飾夔鳥紋，再下是一周箍棱，箍棱之上飾雷紋，上腹飾下卷角獸面紋，下腹飾垂葉紋，葉内填以相對的夔龍，以雲雷紋填地。

【著　　録】未著録。

【銘文字數】口内壁鑄銘文 1 字。

【銘文釋文】斝。

銘文拓本

銘文照片

1165. 戉罍

【時　　代】商代晚期。

【收 藏 者】某收藏家。

【尺度重量】通高 29.7、口徑 14.6、圈足徑 14.5 釐米,重 5.6 公斤。

【形制紋飾】口微侈,沿内折,束頸廣肩,斂腹圜底,矮圈足,肩部有一對獸首銜環耳,下腹有一個牛首提鈕。頸部飾兩周弦紋,肩部飾浮雕圓渦紋間以夔紋,上腹飾鳥紋,下腹飾垂葉紋,葉内填以獸面。

【著　　録】未著録。

【銘文字數】口沿内壁鑄銘文 1 字。

【銘文釋文】戉。

戉

1166. 冉罍（☖罍）

【時　　代】西周早期。

【收 藏 者】海外某收藏家。

【尺度重量】通高35.5、口徑14.7、腹深25.4釐米。

【形制紋飾】侈口長頸,溜肩,下腹收斂,矮圈足外撇,肩上有一對獸首銜環耳,下腹內側有一個獸首半環形提鈕；蓋面呈弧形隆起,上有圈狀捉手。蓋面和肩部均飾勾喙鳥紋,頸部飾三道弦紋,肩的下部有一周凹弦紋。

【著　　錄】未著錄。

【銘文字數】蓋、器對銘,各1字。

【銘文釋文】☖（冉）。

蓋銘

器銘

1167. 象罍

【時　　代】春秋中期。

【出土時地】1957 年徵集。

【收 藏 者】山東大學博物館。

【尺度重量】通高 26.3、口徑 22、足徑 17.5、肩徑 36.6 釐米。

【形制紋飾】侈口束頸，薄口沿，廣肩斂腹，喇叭形圈足，肩部有一對獸首方環形耳。肩上部飾變形夔紋，下部飾重環紋，腹部飾三角形對夔紋。

【著　　録】文物 2016 年 6 期 92 頁圖 6.2。

【銘文字數】外底鑄銘文 26 字。

【銘文釋文】象。

【備　　注】館藏號：歷 203。

1168. 戈罍（羊罍）

【時　　代】商代晚期。

【出土時地】2017 年 4 月出現在臺北門得揚典藏拍賣會。

【收　藏　者】原藏美國某私家。

【尺度重量】通高 46 釐米。

【形制紋飾】截面呈方形，直口高領，溜肩矮平底，腹部向下收斂，肩上有一對獸首半
環形耳，下腹的一側有一個獸首鈕，蓋作四坡屋頂形，鈕亦作屋頂方柱。
蓋面飾倒置獸面紋，領上飾小鳥紋，肩飾浮雕圓渦紋，前後各有一個浮雕
犧首，上腹飾下卷角獸面紋，下腹的中部及四角飾垂葉形上卷角獸面紋，
均以雲雷紋填地。

【著　　錄】未著錄。

【銘文字數】蓋內鑄銘文 1 字，兩耳內的腹壁各 1 字，共 3 字。

【銘文釋文】蓋銘：戈；耳銘：羊，羊。

【備　　注】銘文照片不清晰。

蓋銘

左耳銘

右耳銘

1169. 鼄于大罍

【時　　代】西周早期前段。

【出土時地】2017年3月出現在北京。

【收　藏　者】某收藏家。

【形制紋飾】侈口束頸,圓肩,腹部向下逐漸收斂,小圈足,肩部有一對獸首銜環耳,內插式蓋,蓋面呈弧形鼓起,頂部有菌狀鈕。蓋面飾兩組夔龍組成的獸面紋,肩部和上腹飾夔龍紋,下腹飾蕉葉紋,其內填以相對的夔龍。通體以雲雷紋填地。

【著　　録】未著録。

【銘文字數】蓋內鑄銘文6字。

【銘文釋文】鼄玗(于) 大乍(作) 寶隩(尊)。

1170. 皿𠙚罍

【時　　代】商代晚期。

【收　藏　者】某收藏家。

【尺度重量】通高 63 釐米。

【形制紋飾】造型與皿而全方罍相同,橫截面呈方形,直口高領,溜肩斂腹,高圈足,通體有八道扉棱,肩部有一對銜環獸首耳,獸角下卷,下腹有一個獸首環鈕。紋飾爲標準的三層花,主體花紋呈浮雕狀,其上有纖細的陰綫雲頭紋,地紋是纖細的陽綫雲雷紋。領部、上腹和圈足均飾夔鳥紋,肩部飾曲折角夔龍紋,前後增飾高浮雕獸頭,獸頭以卷曲夔龍爲角,獠牙外伸,下腹飾上卷角獸面紋,凸目闊口,前面脊上有一圓雕獸頭,卷曲夔龍形雙角,但無獠牙。內插式蓋作四阿屋頂形,脊上有四阿形鈕,蓋面和鈕面均飾倒置的獸面紋。

【著　　録】未著録。

【銘文字數】蓋、器對銘,各 7 字。

【銘文釋文】皿𠙚乍(作)父己䵼(尊)彝。

【備　　注】"皿𠙚"與皿而全罍的"皿而全"爲同一家族兄弟,同時爲父己鑄造祭器。

蓋 銘

器 銘

1171. 天黽父乙罍（山父乙罍）

【時　　代】商代晚期。

【出土時地】2017 年 10 月出現在中國嘉德
香港秋季五周年慶典拍賣會。

【收　藏　者】現藏香港朱昌言九如園。

【尺度重量】通高 47、口徑 15.5 × 13.5、
足徑 16.5 × 12.4 釐米。

【形制紋飾】橫截面呈長方形，直口高領，
溜肩平底，腹部向下漸收，矮
圈足外侈，肩部有一對獸首半
環形耳，下腹有一個獸首半環
形提鈕，內插式四坡形蓋，頂
部有一個四坡形帽方柱鈕。
蓋沿每邊飾三個浮雕圓渦紋，
頸部飾雲雷紋組成的夔龍紋，
肩上部有三道弦紋，下部有兩
道弦紋，其間飾一對浮雕圓
渦紋，前後各增飾一個浮雕獸
頭，圈足飾雲雷紋組成的獸面紋。

【著　　錄】九如園 16 頁 8。

【銘文字數】蓋內鑄銘文 4 字，口內壁 3 字，共 7 字。

【銘文釋文】蓋銘：天黽父乙；器銘：山父乙。

蓋銘

器銘

23. 瓿

（1172–1173）

1172. 尒瓿

【時　　代】商代晚期。

【收 藏 者】某收藏家。

【形制紋飾】侈口高領,折肩斂腹,矮圈足。肩部飾雲雷紋填地的勾喙夔龍紋,肩沿有
　　　　　 三個浮雕牛頭,上腹飾連珠紋鑲邊的雷紋帶,下腹飾下卷角獸面紋。

【著　　録】未著録。

【銘文字數】內底鑄銘文 1 字。

【銘文釋文】尒。

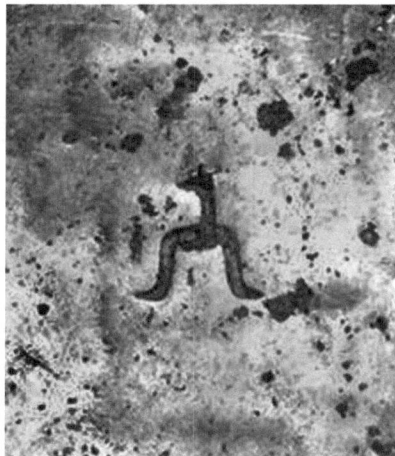

1173. 觚瓿

【時　　代】商代晚期。

【收　藏　者】原藏英國某私家，現藏海外某收藏家。

【尺度重量】通高9、口徑10.5、腹徑14、腹深7.4釐米。

【形制紋飾】横截面呈圓形，侈口束頸，頸部有一對小鼻鈕，扁圓腹，矮圈足，上有一對方孔，内底呈弧形下凹。紋飾粗獷，頸部飾三角雲雷紋，腹部飾斜方格，格内中部有一低乳釘，周圍填以雷紋，圈足飾雲雷紋。

【著　　録】未著録。

【銘文字數】外底鑄銘文1字。

【銘文釋文】觚。

24．鑪

（1174–1176）

1174. 曾伯克父罐

【時　　代】春秋早期前段。

【出土時地】2019 年 3 月出現在日本東京
　　　　　　中央株式會社春季拍賣會。

【收 藏 者】某收藏家。

【尺度重量】通高 35、口徑 13、腹徑 30
　　　　　　釐米。

【形制紋飾】侈口方脣,細長頸,球形體,
　　　　　　平底,肩部有一對環鈕,下腹
　　　　　　的一側也有一個環鈕。頸部
　　　　　　有一周粗凸棱,肩部和近底
　　　　　　部各有一周細凸棱,通體飾
　　　　　　豎綫紋,腹中部有一周弧形
　　　　　　凹紋,上下皆飾凹溝折綫紋,
　　　　　　兩耳間亦飾凹溝折綫紋。

【著　　錄】未著錄。

【銘文字數】頸部鑄銘文 8 字。

【銘文釋文】曾白(伯)克父自乍(作)飤罐(罐)。

銘文拓本

銘文照片

1175. 夆子選鑐（夆子迎鑐、逢子選鑐）

【時　　代】春秋早期。

【出土時地】2017 年 2 月見於盛世
　　　　　　收藏網。

【收 藏 者】某收藏家。

【形制紋飾】侈口高領，窄口沿，廣
　　　　　　肩平底，下腹收斂。肩
　　　　　　飾蟠螭紋。

【著　　録】未著録。

【銘文字數】肩部鑄銘文，照片可見
　　　　　　9 字。

【銘文釋文】……月初吉庚午，夆（逢）子迎（選）自……

【備　　注】同出土 2 件，形制、紋飾、銘文相同，大小相若。另一件未提供銘文照片。

1176. 黃君孟罍

【時　　代】春秋中期。

【出土時地】1983年4月河南光山縣寶相寺上官崗磚瓦廠春秋墓（G1. A8）。

【收　藏　者】原藏信陽地區文物管理委員會，現藏信陽博物館。

【尺度重量】通高23、口徑15.6釐米。

【形制紋飾】侈口寬沿，廣肩短頸，平底，下腹收斂。肩部飾蟠虺紋。

【著　　錄】中原文物1991年2期100頁圖1.51，信博銅125頁24。

【銘文字數】肩下沿有銘文15字（其中重文2）。

【銘文釋文】黃君孟自乍（作）行器，子＝（子子）孫＝（孫孫）剈（則）永𥚃（祐）𥚃（福）。

【備　　注】同墓出土2件，形制、紋飾、大小、銘文基本相同，《銘圖》13996已著錄1件，此爲第2件。

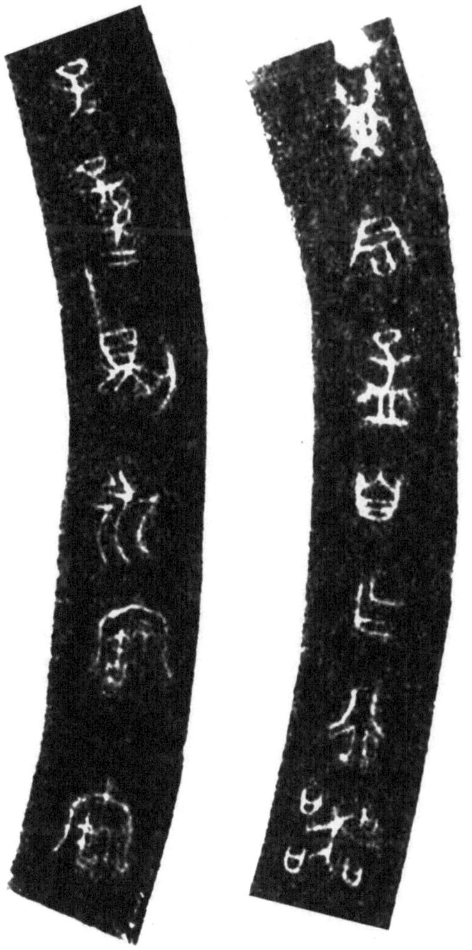

25. 瓶

（1177）

1177. 郳大司馬鈚

【時　　代】春秋晚期。

【出土時地】2017年山東滕州市官橋鎮大
韓村春秋墓（M43.35）。

【收　藏　者】山東省文物考古研究院。

【形制紋飾】橫截面呈長方形，直口長頸，頸
部有一對小環耳，溜肩斂腹，平
底，腹部正面有一個小環鈕。
通體光素。

【著　　錄】未著錄。

【銘文字數】頸部鑄銘文32字。

【銘文釋文】隹（唯）王正月初吉庚午，兒
（郳）大司馬□子彊父，寁（擇）
其吉金，爲其行鈚，釁（眉）壽
（壽）亡（無）彊（疆），永保用之。

26. 缶

（1178–1180）

1178. 雍工缶（雜工罐）

【時　　代】戰國晚期·秦。

【出土時地】1976 年陝西臨潼縣（今
西安市臨潼區）秦始皇
陵東側馬廄坑（76.D.C
64.02）。

【收 藏 者】陝西歷史博物館。

【尺度重量】通高 24、口徑 12 釐米，
重 3.3 公斤。

【形制紋飾】侈口矮頸，溜肩斂腹，平
底。通體光素。

【著　　錄】陝集成 13 冊 67 頁 1476。

【銘文字數】肩部刻銘文 3 字。

【銘文釋文】雜（雍）工，廄。

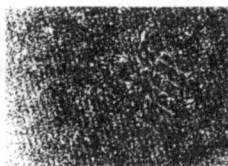

1179. 郬夫人巠缶（蓮夫人巠浴缶）

【時　　代】戰國早期。

【出土時地】2016 年河南淅川縣倉房鎮徐家嶺（M11.10）。

【收　藏　者】南陽市文物考古研究所。

【尺度重量】通高 38.5、口徑 24.8、足徑 25.1 釐米。

【形制紋飾】直口溜肩，窄沿方唇，收腹平底，矮圈足，上腹兩側有一對獸首耳，耳銜鏈
　　　　　環。外罩式蓋，頂部平緩，蓋沿弧形下折，上有輪狀捉手。蓋頂正中飾圓
　　　　　渦紋，其外有兩周蟠螭紋，間飾四個浮雕圓渦紋，肩部飾一周凸弦紋，下
　　　　　腹飾兩周蟠螭紋，間飾六個浮雕圓渦紋。

【著　　　錄】考古與文物 2019 年 5 期 113 頁圖二。

【銘文字數】肩部鑄銘文 7 字。

【銘文釋文】郬（鄘—蓮）夫人巠之辻（沐）鎬（缶）。

1180. 郘子濾息缶（薳子濾息缶）

【時　　代】春秋晚期。

【收 藏 者】某收藏家。

【著　　録】未著録。

【銘文字數】蓋内鑄銘文 26 字。

【銘文釋文】隹（唯）正月初吉丁亥，郘（薳）子濾息（？）澤（擇）其吉金，自乍（作）隉（尊）
缶，㠯（以）遊（祈）釁（眉）壽（壽），永用之。

【備　　注】此爲蓋銘，器銘及器形照片藏家未提供。同坑出土有同銘文鼎等。

27. 斗、勺

（1181）

1181. 征勺

【時　　代】商代晚期。

【收 藏 者】日本藤井有鄰館。

【尺度重量】通長 14.9、高 5.2 釐米。

【形制紋飾】勺首圓口，圜底，一側有圓筒形柄，有銎，可接裝木柄。頸部飾兩道弦紋，
　　　　　　其間爲獸面紋。

【著　　錄】巖窟上・57，綜覽・觶122。

【銘文字數】柄上鑄銘文 1 字。

【銘文釋文】征。

28. 盤

（1182-1220）

1182. 山盤

【時　　代】西周早期前段。

【收　藏　者】原藏陝西省博物館,現藏陝西歷史博物館。

【尺度重量】通高 14.3、口徑 36.8 釐米。

【形制紋飾】敞口斂腹,平沿,高圈足。口沿下及圈足均飾連珠紋鑲邊的夔龍紋,以雲雷紋填地。

【著　　録】陝集成 16 册 65 頁 1849。

【銘文字數】内底鑄銘文 1 字。

【銘文釋文】山。

【備　　注】館藏號:七一 756。

盤

1183. 乍彝盤

【時　　代】西周早期。

【出土時地】1926-1928年軍閥党玉琨（亦作党毓坤）在陝西寶雞縣戴家灣（今屬寶雞市金臺區陳倉鄉）盜掘出土。

【收　藏　者】下落不明。

【尺度重量】通高10、口徑30釐米。

【形制紋飾】敞口斂腹，底部近平，窄口沿，附耳與口沿平齊，圈足。口沿下和圈足均飾一周帶狀勾喙回首夔龍紋，以雲雷紋填地，以短扉爲間隔，兩兩相對，口沿下前後增飾浮雕獸頭。

【著　　錄】戴與石167。

【銘文字數】內底鑄銘文2字。

【銘文釋文】乍（作）彝。

1184. 亞奚盤

【時　　代】西周晚期。

【出土時地】2019年12月出現在杭州西泠印社拍賣會。

【收 藏 者】原藏美國紐約弗蘭克·卡洛,後歸伊莉莎白·A·賽克勒,現藏亞瑟·M·賽克勒基金會。

【尺度重量】通高14.5、口徑35.7、兩耳間距39.5釐米。

【形制紋飾】敞口,窄沿方唇,一對附耳高聳,腹部向下收斂,底部近平,圈足沿外侈,然後下折。腹壁飾無目竊曲紋,圈足飾三角形變形夔紋。

【著　　録】綜覽·盤42,彙編1065(誤爲瓿)。

【銘文字數】內底鑄銘文2字。

【銘文釋文】亞奚。

銘文拓本　　　　　　　　　銘文照片

1185. 戈父辛盤

【時　　代】西周早期前段。

【出土時地】1993年山西曲沃縣天馬—曲村晉侯墓地M64號墓。

【收 藏 者】原藏曲沃縣博物館,現藏山西晉國博物館。

【形制紋飾】敞口淺腹,窄沿方唇,一對附耳略低於盤口,圈足較高。上腹及圈足均飾
　　　　　連珠紋鑲邊的蟬紋,以雲雷紋填地,前後增飾浮雕獸頭。

【著　　錄】未著錄。

【銘文字數】內底鑄銘文3字。

【銘文釋文】戈父辛。

1186. 天黽盤

【時　　代】商代晚期。

【出土時地】破案繳獲。

【收　藏　者】陝西淳化縣公安局。

【尺度重量】通高 12、口徑 34 釐米。

【形制紋飾】窄沿方唇，收腹圜底，高圈足。腹部飾夔龍紋，上下以連珠紋鑲邊，前後
　　　　　　增飾浮雕獸頭，圈足飾獸面紋帶。

【著　　錄】未著錄。

【銘文字數】內底鑄銘文 2 字，補鑄時又鑄 2 字，共 4 字。

【銘文釋文】天黽，子□。

1187. 大保都盤（太保都盤）

【時　　代】西周早期。

【收 藏 者】某收藏家。

【尺度重量】口徑 33.6 釐米，重 3.9 公斤。

【形制紋飾】敞口坦底，窄沿方唇，高圈足。頸部飾連珠紋鑲邊的列旗脊獸面紋帶，圈
　　　　　　足飾三列雲雷紋組成的列旗脊獸面紋。

【著　　錄】未著錄。

【銘文字數】內底鑄銘文 4 字。

【銘文釋文】大（太）儓（保）都盥（鑄）。

1188. 晉叔家父盤

【時　　代】春秋早期。

【出土時地】1993年山西曲沃縣曲
　　　　　　村鎮北趙村晉侯墓地
　　　　　　（M64）。

【收 藏 者】山西晉國博物館。

【形制紋飾】敞口，窄沿方脣，腹壁
　　　　　　內收，口沿一側有龍頭
　　　　　　短管流，另外三邊腹壁
　　　　　　裝飾三條圓雕龍，龍首
　　　　　　前伸，豎角圓目，龍尾
　　　　　　上卷，前足緊抓盤沿，
　　　　　　後足蹬於盤腹，盤底微
　　　　　　下凹，高圈足連鑄四個
　　　　　　圓雕立人，雙臂向後背

負盤足。盤的外壁飾竊曲紋，內底中部有高浮雕青蛙，外圍有四圈窄帶，
其間均飾魚紋。內圈爲部分減地魚紋，中間是浮雕魚紋，外圈係陰綫魚
紋，最外側是大小相間的重環紋。

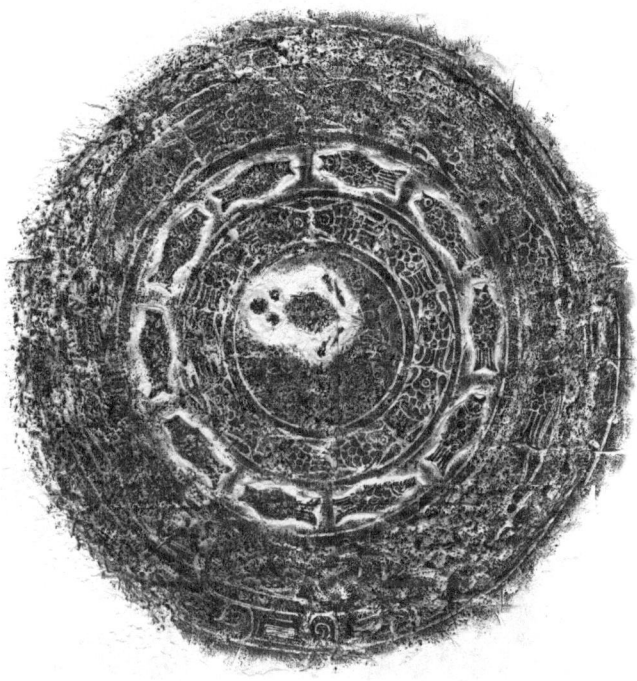

【著　　錄】未著錄。

【銘文字數】內底中部青蛙後側鑄銘文4字。

【銘文釋文】晉（晉）弔（叔）家父。

盤

1189. 亞𢀛天黽獻盤甲

【時　　代】商代晚期。

【收 藏 者】某收藏家。

【尺度重量】通高 14.7、口徑 37 釐米。

【形制紋飾】敞口，寬平沿，方唇，斂腹圓底，高圈足，沿下折形成一道邊圈。腹部飾象
　　　　　　鼻夔龍紋，前後增飾浮雕獸頭，圈足飾獸面紋，均以雲雷紋填地；內底飾
　　　　　　盤龍紋，龍身飾鱗紋，龍頭前部有兩條相對的蛇，兩側前方有兩條魚，後
　　　　　　方有兩條卷尾小龍，內壁飾四組鳥、魚和夔龍前後相隨的圖案。

【著　　錄】未著錄。

【銘文字數】內底龍紋的頸部鑄銘文 5 字。

【銘文釋文】亞𢀛天黽獻。

1190. 亞_X天黽獻盤乙

【時　　代】商代晚期。

【收 藏 者】某收藏家。

【尺度重量】通高15、口徑38釐米。

【形制紋飾】敞口,寬平沿,方唇,斂
腹圓底,高圈足,沿下
折形成一道邊圈。腹
部飾象鼻夔龍紋,前後
增飾浮雕獸頭,圈足飾
獸面紋,均以雲雷紋填
地;内底飾盤龍紋,龍
身飾鱗紋,龍頭前部有兩條相對的蛇,兩側前方有兩條魚,後方有兩條卷
尾小龍,内壁飾四組鳥、魚和夔龍前後相隨的圖案。

【著　　録】未著録。

【銘文字數】内底龍紋的頸部鑄銘文5字。

【銘文釋文】亞_X天黽獻。

盤

329

1191. 亞□天黽獻盤丙(天黽亞□獻盤,原稱周豊)

【時　　代】商代晚期。

【出土時地】蘇州出土。

【收 藏 者】下落不明。

【尺度重量】高 7、口徑 15 寸(建初尺)。

【形制紋飾】《積古》云:“如豆而卑,作□形,中有大小龍形,大龍之首正當器心,其銘字在大龍首上。此器近出蘇州,人不知爲何器。錢博士(坫)寄拓本來,訂此爲古器之豊,實合古制也。”根據《積古》描述的形制、紋飾,似與上兩件商代晚期的盤相同,故改訂爲亞□天黽獻盤。

【著　　録】積古 8.23。

【銘文字數】鑄銘文 5 字。

【銘文釋文】天黽亞□獻。

【備　　注】銘文應讀爲“亞□天黽獻”。

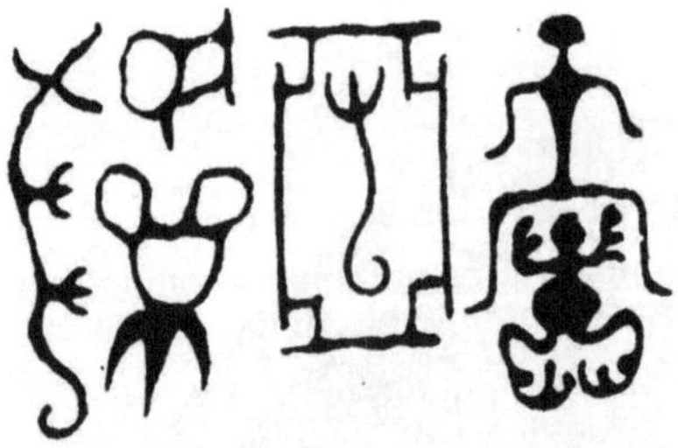

1192. 伯旗父盤（伯旗父盤）

【時　　代】西周中期。

【收 藏 者】某收藏家。

【形制紋飾】敞口，窄沿方唇，一對附耳略高於盤口，矮圈足沿外撇。腹壁飾環帶紋。

【著　　錄】未著録。

【銘文字數】內底鑄銘文6字。

【銘文釋文】白（伯）旗（旗）父乍（作）旅般（盤）。

【備　　注】同坑出土有同銘文的盉，爲一套盥洗器。

1193. 大廄盤

【時　　代】戰國晚期‧秦。

【出土時地】1976 年陝西臨潼縣（今西安市臨潼區）秦始皇陵東側馬廄坑（76.
　　　　　　D.C64.01）。

【收 藏 者】陝西歷史博物館。

【尺度重量】通高 9.4、口徑 43.6 釐米，重 3.06 公斤。

【形制紋飾】直口，平折沿，折腹，小平底，器壁有一對環耳。通體光素。

【著　　錄】陝集成 13 册 66 頁 1475。

【銘文字數】口沿刻銘文 6 字。

【銘文釋文】大廄，四斗三升。

1194. 步盤

【時　　代】西周早期。

【出土時地】2019 年 4 月出現在保
利香港春季拍賣會。

【收 藏 者】某收藏家。

【形制紋飾】敞口斂腹,窄折沿,薄
方唇,底部微下弧,高
圈足,下部有一道邊
圈。外壁和圈足均飾三
列雲雷紋組成的列旗
脊獸面紋帶,內壁飾一
周小鳥紋,內底飾一條
盤龍,其間增飾六條魚
和六隻犬,魚犬相間,
盤龍張口卷唇,獠牙尖
齒,身飾兩道鱗紋。

【著　　錄】未著錄。

【銘文字數】內底龍口旁鑄銘文 7 字。

【銘文釋文】步乍(作)父乙寶隒(尊)彝。

1195. 自盤

【時　　代】春秋早期。

【出土時地】2016 年 10 月 首 都 機
場海關繳獲。

【收 藏 者】暫存魯迅博物館。

【尺度重量】通 高 12、口 徑 32.6
釐米。

【形制紋飾】敞口，窄沿方唇，斂腹
坦底，一對附耳高出器
口，矮圈足沿外撇，其
下連鑄四條獸面小足。腹部飾竊曲紋，圈足飾垂鱗紋。

【著　　録】未著録。

【銘文字數】內底鑄銘文 8 字。

【銘文釋文】自乍（作）顯（沬）般（盤），子
孫用之。

【備　　注】第一行字曾被刮磨，故字口
很淺，"盤"字幾乎被磨平。

1196. 仲吉父盤

【時　　代】西周中期後段。

【出土時地】2017 年 11 月山西左
權縣公安局繳獲。

【收　藏　者】山西青銅器博物館。

【尺度重量】通高 13.5、口徑 37.4、
足徑 28.2-29.3 釐米。

【形制紋飾】敞口，窄沿方唇，斂腹，
底部近平，一對附耳高
出盤口，附耳與盤沿有一對橫梁連接，圈足沿外撇。腹部飾兩組鳳鳥紋，
每組六隻，三三相對，以雲雷紋填地。

【著　　錄】文物天地 2018 年 11 期 92 頁圖 1。

【銘文字數】內底鑄銘文 9 字。

【銘文釋文】中（仲）吉父乍（作）般（盤），其永寶用。

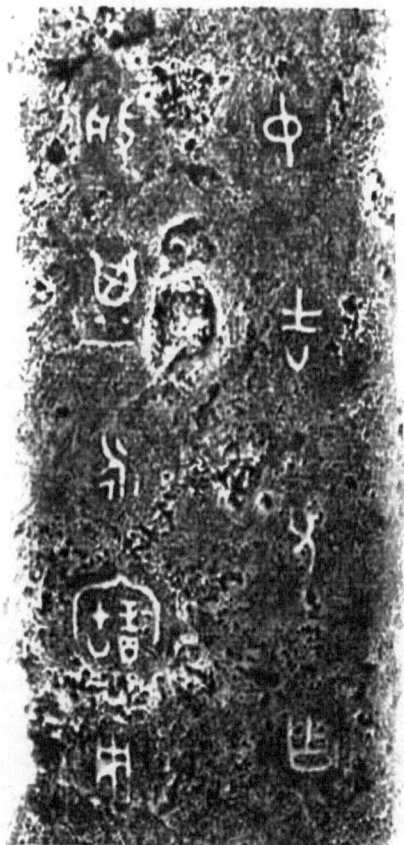

銘文拓本

銘文照片

1197. 倗伯盤

【時　　代】西周中期。

【出土時地】2004-2007 年山西絳
縣橫水鎮橫北村西周
墓地（M1）。

【收 藏 者】山西青銅器博物館。

【形制紋飾】敞口，窄沿薄唇，一對
附耳高出盤口，底部微
下弧，圈足沿外侈然後
下折。腹壁飾垂冠回首尾上卷的夔龍紋，以雲雷紋填地，圈足飾三角形
雲紋。

【著　　録】未著録。

【銘文字數】內底鑄銘文 10 字。

【銘文釋文】倗白（伯）乍（作）寶般（盤），丂（其）萬年永用。

1198. 杜伯盤

【時　　代】西周晚期。

【收 藏 者】某收藏家。

【尺度重量】通高 13.5、口徑 34.2、
　　　　　　兩耳相距 37.3 釐米。

【形制紋飾】敞口坦底，窄沿方唇，
　　　　　　腹部有一對附耳高聳，
　　　　　　圈足下有三個方形小
　　　　　　足。腹部飾重環紋。

【著　　錄】未著錄。

【銘文字數】內底鑄銘文 10 字。

【銘文釋文】杜白（伯）乍（作）旅盤，枚姑永寶用。

1199. 叔嬴盤

【時　　代】春秋中期後段。

【收　藏　者】某收藏家。

【形制紋飾】敞口淺腹，窄沿方唇，
　　　　　　斂腹坦底，腹部有一
　　　　　　對小鈕銜環耳。通體
　　　　　　光素。

【著　　錄】未著錄。

【銘文字數】內底鑄銘文 10 字。

【銘文釋文】大曾文之孫弔（叔）嬴
　　　　　　之盤（浣）盤。

【備　　注】叔嬴器，《銘續》已收
　　　　　　錄鼎、甗、簠、盤、匜各一件。

1200. [illegible]人犀石盤

【時　　代】春秋早期。

【出土時地】2012年河南南陽市新店鄉夏餉鋪村鄂國墓地(M16.1)。

【收 藏 者】南陽市文物考古研究所。

【尺度重量】通高17、口徑39.3、兩耳相距43.4、腹深7.1釐米,重7.24公斤。

【形制紋飾】口微斂,窄沿方唇,一對附耳高聳,淺腹,底近平,圈足沿外侈,下具三條獸面扁足。腹壁飾"S"形竊曲紋,圈足飾垂鱗紋。

【著　　録】江漢考古2019年33頁圖版五、32頁拓片3,南水20頁。

【銘文字數】底部鑄銘文13字。

【銘文釋文】[illegible]人犀石乍(作)寶般(盤),其萬年永祜福。

【備　　注】銘文中除"祜福"2字外,餘皆反書。同出[illegible]人犀石匜,爲一套盥洗器。

1201. 者兒盤

【時　　代】西周中期。

【出土時地】2004-2007年山西絳縣橫水鎮橫北村西周墓地（M1005）。

【收　藏　者】山西青銅器博物館。

【形制紋飾】敞口，窄沿薄唇，一對附耳高出盤口，底部微下弧，圈足沿外侈然後下折。
　　　　　　腹壁飾垂冠回首尾上卷的夔龍紋，以雲雷紋填地，圈足飾三角形雲紋。

【著　　錄】未著錄。

【銘文字數】內底鑄銘文15字（其中重文2）。

【銘文釋文】者兒乍（作）寶般（盤），子＝（子子）孫＝（孫孫）甘（其）萬年永寶用。

1202. 曾卿事季宣盤(曾卿事季寏盤)

【時　　代】春秋早期。

【收　藏　者】某收藏家。

【尺度重量】通高 16.4、口徑 40、兩耳相距 43.5 釐米。

【形制紋飾】敞口坦底,窄沿方唇,一對附耳高出盤口,圈足下連鑄三個小足。腹部飾
　　　　　　竊曲紋,圈足飾垂鱗紋。

【著　　錄】未著錄。

【銘文字數】内底鑄銘文 16 字。

【銘文釋文】唯曾卿事季寏(宣)用吉金,自乍(作)寶般(盤),子孫用。

【備　　注】同坑出土有同銘匜,爲一套盥洗器。

1203. 茈孟姬盤

【時　　代】西周晚期。

【出土時地】山西絳縣橫水墓地。

【收 藏 者】山西青銅器博物館。

【形制紋飾】敞口坦底，窄平沿，一對龍首半環形耳，圈足沿外侈，連鑄三條獸面足。腹部和圈足均飾竊曲紋。

【著　　録】未著録。

【銘文字數】內底鑄銘文14字（其中重文2）。

【銘文釋文】茈孟姬乍（作）寶般（盤），其子＝（子子）孫＝（孫孫）永寶用。

1204. 叔高父盤

【時　　代】西周晚期。

【收 藏 者】下落不明。

【著　　錄】總集 6749,彙編 350。

【銘文字數】內底鑄銘文 17 字(其中重文 2)。

【銘文釋文】弔(叔)高父乍(作)中(仲)妝盥,其萬年子=(子子)孫=(孫孫)永寶用。

【備　　注】有同人所作匜(《集成》10239),是一套盥洗器,除器銘外,銘文相同。此
盤《集成》未收錄。鄔可晶《釋青銅器銘文中處於自名位置的"盂""盥"
等字》一文(《出土文獻與古文字研究》第 4 輯),認爲此器不假。銘文中
"盥"字寫法與甲骨文相同,也與山西曲沃縣天馬—曲村 M6384 出土的
家父盤的"盂"字同義,用爲盤的自名。

1205. 夔侯盤(蔡嫣盤)

【時　　代】春秋早期。

【出土時地】河南上蔡縣蔡都鎮蔡國故城貴族墓地(M29.9)。

【收　藏　者】河南省文物考古研究院。

【尺度重量】通高 15.2、口徑 43.5 × 40.5 釐米。

【形制紋飾】敞口,窄沿方唇,淺腹坦底,一對附耳高聳,矮圈足沿下折。耳部飾重環
　　　　　紋,腹部飾竊曲紋,圈足飾粗綫雲紋。

【著　　錄】出土全集 10.412。

【銘文字數】內底鑄銘文 17 字(其中重文 2)。

【銘文釋文】夔医(侯)曾(贈)希(蔡)嫣般(盤),其禡(萬)年無彊(疆),子=(子子)
　　　　　孫=(孫孫)勿諲(忘)。

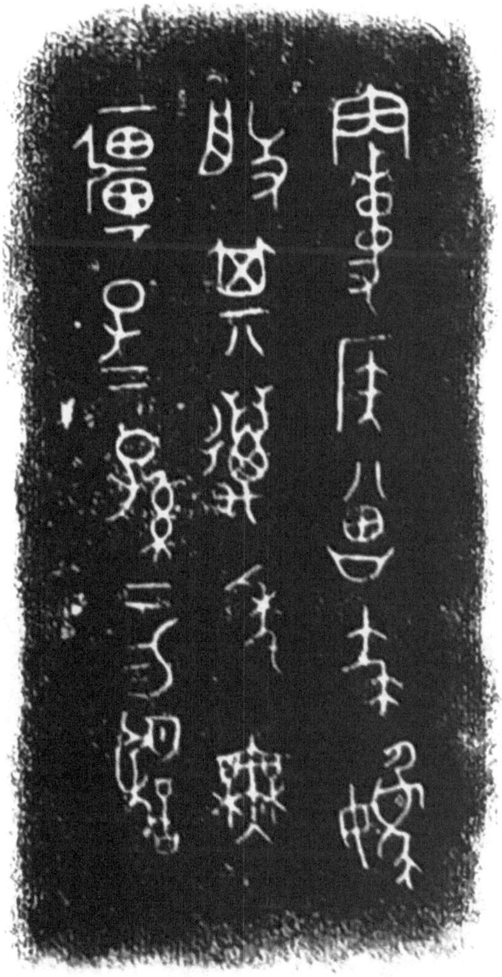

1206. 昶仲侯盤

【時　　代】春秋早期。

【出土時地】河南省桐柏縣。

【收　藏　者】河南博物院。

【尺度重量】通高14.8、口徑41釐米。

【形制紋飾】敞口窄沿，斂腹坦底，
　　　　　　一對附耳高聳，耳有兩
　　　　　　根橫梁與口沿相連，圈
　　　　　　足下連鑄三個小方足。
　　　　　　腹部飾無目竊曲紋，圈足飾垂鱗紋。

【著　　錄】未著錄。

【銘文字數】内底鑄銘文17字（其中重文1）。

【銘文釋文】昶中（仲）厌（侯）自乍（作）寶般（盤），才（其）萬年子＝（子子）孫永寶用
　　　　　　言（享）。

1207. 翏子厚盤（鄝子厚盤）

【時　　代】春秋中期。

【收 藏 者】某收藏家。

【形制紋飾】敞口坦底，腹部微鼓，
腹兩側設有一對高聳
的方環形耳，圈足外
撇，下腹有一周絢索形
箍棱。腹部飾蟠螭紋，
圈足飾垂鱗紋。耳內
側裸露範土。

【著　　錄】未著錄。

【銘文字數】內底鑄銘文 20 字。

【銘文釋文】翏（鄝）子厚自乍（作）石沱，㠯（以）征㠯（以）𦅫（旅），㠯（其）𣶏（眉）𪒠（壽）
無彊（疆），永寶用之。

1208. 辛中姬皇母盤

【時　　代】西周晚期。

【收　藏　者】天津博物館。

【尺度重量】通高 11.8、口徑 29.6 釐米。

【形制紋飾】敞口，窄沿方唇，腹壁圜收，坦底，高圈足。上腹僅飾兩周弦紋。

【著　　錄】津銅 064。

【銘文字數】內底鑄銘文 23 字（其中重文 2）。

【銘文釋文】辛𢆶（中）姬皇母乍（作）寶般（盤），其釁（眉）壽（壽）萬年無僵（疆），子＝（子子）孫＝（孫孫）永寴（寶）用䖍（享）。

1209. 鄧公盤

【時　　代】春秋早期。

【出土時地】2018 年 9 月出現在南京。

【收 藏 者】某收藏家。

【形制紋飾】圓形，口微斂，腹微鼓，底部平緩，下設三條蹄形足，腹兩側有一對小鈕銜環耳。通體光素。

【著　　録】未著録。

【銘文字數】內底鑄銘文 23 字。

【銘文釋文】隹（唯）鄎（鄧）八月初吉丁亥，鄎（鄧）公□□自乍（作）盥盤，其釁（眉）壽（壽），永保用之。

【備　　注】同坑出土有同銘匜，與此盤爲一套盥洗器。

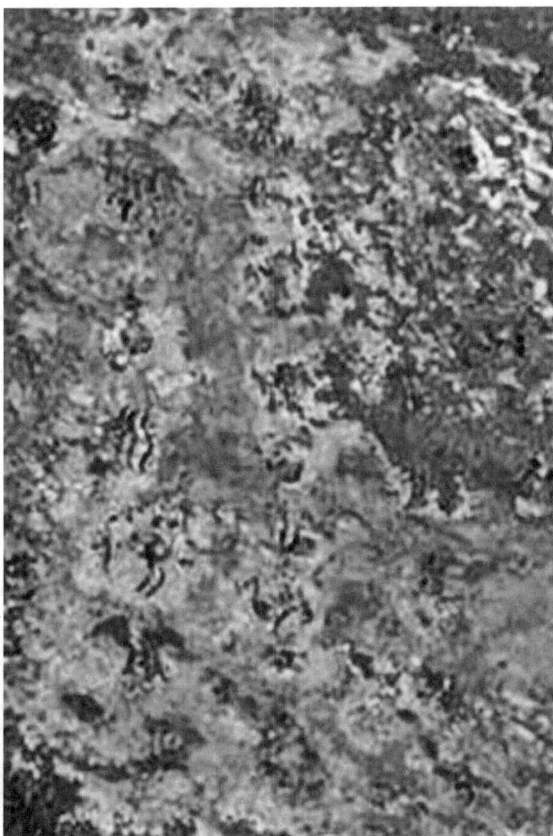

1210. 雌盤

【時　　代】春秋晚期·蔡。

【出土時地】2007 年河南南陽市臥龍
　　　　　　區八一路 6 號墓。

【收 藏 者】南陽市文物考古研究所。

【尺度重量】通高 12.2、口徑 40 釐米。

【形制紋飾】斂口淺腹,窄沿方唇,底
　　　　　　部微圜,三隻圓環形獸面
　　　　　　矮足,腹部有一道箍棱,
　　　　　　左右設有一對小鈕銜環,
　　　　　　前後有一對絇索紋小鈕。箍棱上下各飾一道蟠虺紋。

【著　　錄】墨影 96。

【銘文字數】內底鑄銘文 23 字。

【銘文釋文】夼(蔡)臧(莊)君之孫、子趎之子雌自乍(作)盥盤,㠯(其)釁(眉)壽(壽)
　　　　　　無規(期),永保用之。

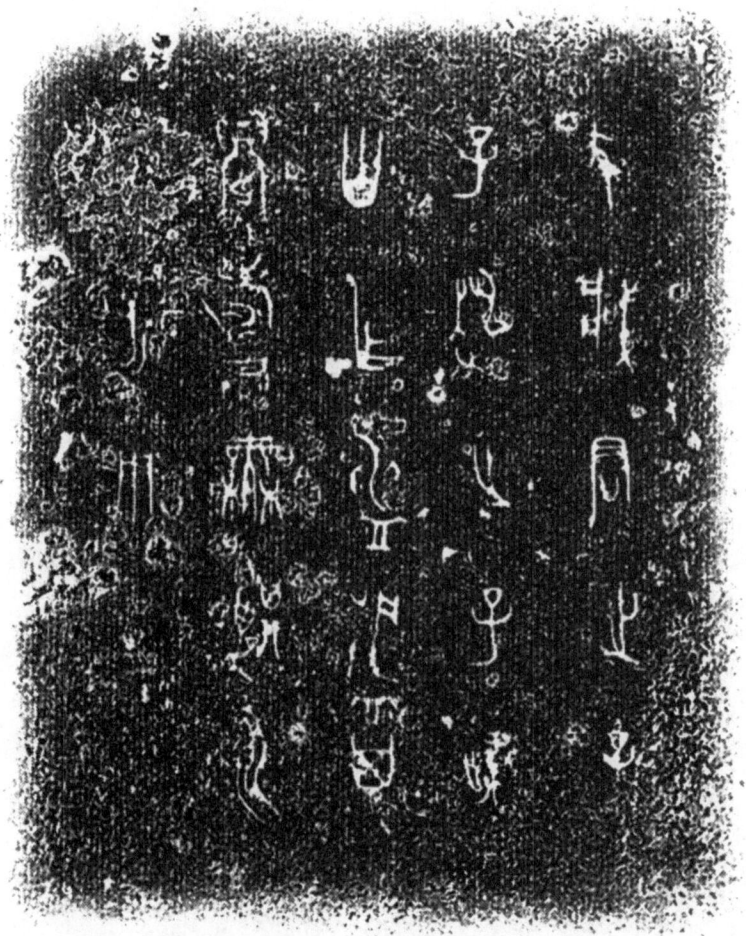

1211. 黄子威盤

【時　　代】春秋晚期。

【收 藏 者】某收藏家。

【形制紋飾】直口坦底,窄沿方唇,腹部
　　　　　較直,腹部有一對圓雕爬
　　　　　獸,口銜盤沿,尾上卷,底部
　　　　　有三個圓雕動物形足。盤
　　　　　壁上部飾蟠虺紋,其下有一
　　　　　周絢索形箍棱,再下飾陰綫
　　　　　三角雲紋。

【著　　録】未著録。

【銘文字數】內底鑄銘文 27 字(其中重
　　　　　文 2)。

【銘文釋文】隹(唯)正月初吉丁亥,黄子威罪(擇)其吉金,自乍(作)飤盤,其子=(子
　　　　　子)孫=(孫孫),永爲用之。

1212. 上郜公盤

【時　　代】春秋早期。

【收　藏　者】海外某收藏家。

【尺度重量】通高 9、口徑 32.5、腹深 3.8 釐米。

【形制紋飾】敞口坦底,窄沿方唇,腹部圜收,一對附耳高聳,圈足沿外撇。兩耳内外
飾重環紋,腹部飾竊曲紋,圈足飾垂鱗紋。

【著　　録】未著録。

【銘文字數】内底鑄銘文 30 字(其中重文 3)。

【銘文釋文】隹(唯)三月＝(月,月)大矢口顯,上盉(郜)公棗(就)乍(作)盜(浣)盤,
其瞸(眉)壽(壽)萬年無彊(疆),子＝(子子)孫＝(孫孫)永寶用之。

【備　　注】銘文反書。

銘文拓本

銘文照片（放大）

1213. 子遣盤

【時　　代】春秋晚期。

【出土時地】2017 年 5 月出現在香港大唐國際春季拍賣會。

【收　藏　者】某收藏家。

【尺度重量】通高 12、口徑 42 釐米。

【形制紋飾】敞口坦底,窄沿方唇,頸微內斂,腹兩側有一對銜環小鈕,前後有一對小環耳,盤底有三個獸面小足。頸腹之間有一道絢索箍棱,頸部飾雲雷紋,腹部飾一道絢索紋和雲雷紋。

【著　　録】大唐 107 頁 889。

【銘文字數】內底鑄銘文 30 字。

【銘文釋文】子遣曰:余逗(桓)□□□弔(叔)之□,□其吉金,□□盤□,□□□□□無□,□□□之。

【備　　注】同出同銘匜一件,高 13.5、口徑 27 釐米。

1214. 虢季氏子組盤

【時　　代】西周晚期。

【出土時地】傳出陝西鳳翔。

【收　藏　者】下落不明。

【著　　錄】小校 9.77,陝金 2.285,陝集成 7 冊 77 頁 0731。

【銘文字數】內底銘文 31 字(其中重文 2)。

【銘文釋文】佳(唯)十又一年正月初吉乙亥,虢季氏子緵(組)乍(作)盤,其萬年無彊(疆),子=(子子)孫=(孫孫)永寶用(享)亯(享)。

1215. 楚王領盤

【時　　代】春秋早期。

【收 藏 者】某收藏家。

【形制紋飾】敞口,窄沿方唇,腹部微鼓,一對附耳高出盤口,矮圈足沿內折。耳外側
飾夔龍紋,腹部飾蟠螭紋,圈足飾垂鱗紋,均不施地紋。

【著　　錄】未著錄。

【銘文字數】內底刻銘文 32 字(其中重文 2)。

【銘文釋文】佳(唯)正月衣(初)吉丁亥,楚王領臘(朕)郙盂(孟)嬭(芊)幾盟盤,其
黌(眉)壽(壽)萬年無彊(疆),子=(子子)孫=(孫孫)永寶用之。

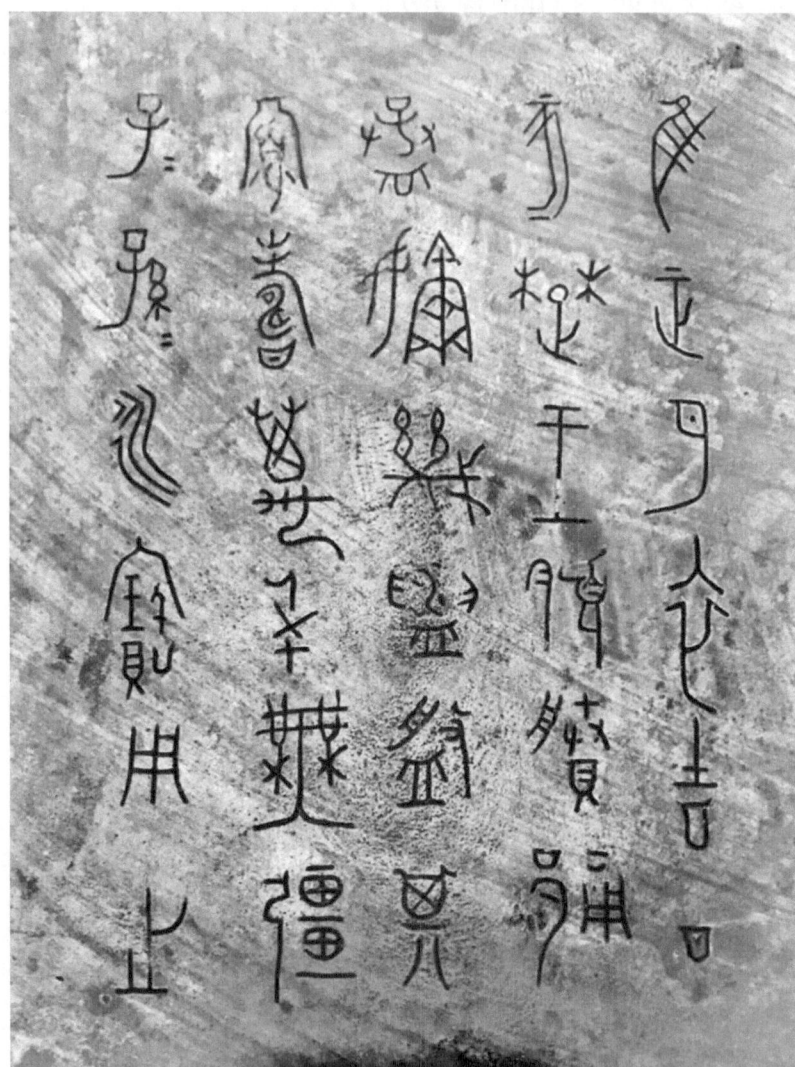

1216. 郳大司馬彊盤（郎大司馬彊盤）

【時　　代】春秋晚期。

【出土時地】2017 年山東滕州市官橋鎮大韓村春秋墓（M43.33）。

【收　藏　者】山東省文物考古研究院。

【形制紋飾】口微斂，窄沿方唇，淺腹坦底，一對"乙"字形附耳高聳，三條獸蹄形足。通體光素。出土時殘破。

【著　　錄】未著錄。

【銘文字數】內底鑄銘文 42 字（其中重文 2）。

【銘文釋文】隹（唯）正月初吉，唇（辰）哉（在）庚午，隒（郳）大司馬彊，羃（擇）其吉金，爲其盥般（盤），徆（固）壴（壽）其身，覍（眉）壴（壽）無彊（疆），歍（飲）飤無異（期），子＝（子子）孫＝（孫孫），永保用之。

1217. 苟盤

【時　　代】西周中期前段。

【收　藏　者】某收藏家。

【尺度重量】通高14.5、口徑40.5×
37.2、兩耳相距44.8
釐米,重5.46公斤。

【形制紋飾】敞口坦底,窄沿方唇,
腹部有一對附耳略低
於盤口,圈足下有一道
邊圈。口沿下飾垂冠
回首體呈"S"形的夔龍紋,以雲雷紋填地,圈足飾斜角雷紋,間以目紋。

【著　　錄】未著錄。

【銘文字數】內底鑄銘文44字(其中重文1)。

【銘文釋文】隹(唯)正月初吉丁卯,王才(在)淫宮,玉苟獻(獻)鳳圭于穆王,穢(蔑)
苟曆(曆),易(錫)朸(鬱)鬯,苟對揚(揚)穆王休,用乍(作)父乙毁(簋),
子＝(子子)孫材(其)永寶。戉葡(箙)。

【備　　注】此盤與苟盂爲一套盥洗器。盤、盂均自名爲毁(簋)。盤在墓中被壓變形。

銘文拓本

銘文照片

1218. 仲筍人盤（仲筍人盤）

【時　　代】西周中期前段。

【出土時地】2004-2007年山西絳縣橫水鎮橫北村西周墓地（M1006.20）。

【收 藏 者】山西青銅器博物館。

【著　　錄】未著錄。

【銘文字數】内底鑄銘文50字（其中重文2）。

【銘文釋文】中（仲）筍（筍）人肇乍（作）剈姬寶般（盤），田（其）用夙（夙）夜亯（享）于
　　　　　　乎（厥）宗，用亯（享）考（孝）于朕（朕）文且（祖）考，用匃百福，田（其）萬
　　　　　　年永寶，子=（子子）孫=（孫孫）田（其）萬年用，夙（夙）夜亯（享）考（孝）
　　　　　　于乎（厥）宗用。

1219. 即盤

【時　　代】西周中期後段。

【出土時地】2017 年 11 月山西左權縣公安局繳獲。

【收 藏 者】山西青銅器博物館。

【尺度重量】通高 25、口徑 16.9 釐米。

【形制紋飾】敞口，窄沿方唇，斂腹，底部近平，一對附耳高出盤口，圈足沿外侈，然後
下折。腹部飾四組垂冠回首尾上卷的夔龍紋，以雲雷紋填地。

【著　　録】文物天地 2018 年 11 期 94 頁圖 3。

【銘文字數】内底鑄銘文 72 字（其中重文 2）。

【銘文釋文】隹（唯）王三月初吉庚申，王才（在）康宫，各（格）大（太）室，定白（伯）入
右即。王乎（呼）：“命女（汝）赤市（韍）、朱黄（衡）、玄衣、裊屯（純）、綵（鑾）
旂（旂）。曰：嗣（司）瑂宫人、虢鑪，用事。”即畝（敢）對乿（揚）天子不（丕）
顯休。用乍（作）朕（朕）文考幽弔（叔）寶盤，即甘（其）萬年子＝（子子）
孫＝（孫孫）永寶用。

銘文拓本

銘文照片

1220. 霸姬盤

【時　　代】西周中期。

【出土時地】2009-2010 年山西翼城縣隆化鎮大河口西周墓地（M2002.5）。

【收 藏 者】山西省大河口墓地聯合考古隊。

【尺度重量】通高 12.4、口徑 35.8-36.8、耳間距 39.4、足徑 25-25.4、足高 4.4 釐米，
重 6.065 公斤。

【形制紋飾】敞口坦底，窄沿方唇，一對附耳，高度與盤口相平，圈足較高。口沿下飾
垂冠回首尾下卷的夔龍紋，以雲雷紋填地，前後增飾浮雕獸頭，耳飾鱗
紋，圈足飾兩周弦紋。

【著　　錄】考古學報 2018 年 2 期 239 頁圖 17。

【銘文字數】內底鑄銘文 153 字（其中重文 1、合文 5）。

【銘文釋文】隹（唯）八月戊申，霝（霸）姬呂（以）气訟于穆公，曰："呂（以）公命用殷
朕（朕）僕（僕）騽（騽—馭）、臣妾自气，不余气。"公曰："余不女（汝）命
曰：'虩霝（霸）姬'。"气誓曰："余某（無）弗戻（廛—展）复（再—稱）公命，
用虩霝（霸）姬。余唯自無，仌（鞭）五百，罰五百守（鍰）。"報乎（厥）誓曰：
"余叟（再—稱）公命，用虩霝（霸）姬。墭（襄—曩）余亦攺（改）朕（朕）辭，
劋（則）仌（鞭）五百，罰五百守（鍰）。"气劋（則）誓，曾乎（厥）誓曰："女（汝）
某（無）弗叟（再—稱）公命，用虩霝（霸）姬。余唯自無，劋（則）仌（鞭）身，
傳出。"報乎（厥）誓曰："余既曰叟（再—稱）公命，墭（襄—曩）余攺（改）
朕（朕）辭（辭），劋（則）出棄。"气劋（則）誓。對公命，用乍（作）寶殷（盤）
盂，孫子＝（子子）母（其）萬年寶用。

【備　　注】銘文中"五百""亦攺（改）"爲合文。

（拓本原高 26 釐米）

29. 盃

（1221–1243）

1221. 史盉

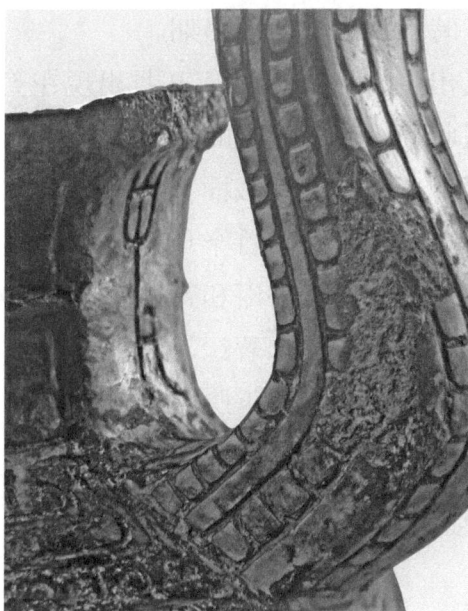

【時　　代】西周早期。

【收 藏 者】某收藏家。

【尺度重量】通高 19.7、口徑 11.4、腹深 9.9 釐米，重 1.87 公斤。

【形制紋飾】侈口束頸，折肩分襠，三足下部呈圓柱形，肩的一側有管狀流，流口上部凹進，肩的另一側有"乙"字形張口蛇形鋬。頸部飾一道弦紋，鋬飾鱗紋，流飾三角雲紋，肩部飾夔龍紋。

【著　　録】未著録。

【銘文字數】頸壁鑄銘文 1 字。

【銘文釋文】史。

1222. 戈盉

【時　　代】西周早期。

【出土時地】2014 年 9 月出現在美國紐約蘇富比春季拍賣會。

【收 藏 者】某收藏家。

【形制紋飾】横截面呈圓形，侈口，圓腹圜底，上腹一側有管狀流向上斜伸，另一側有
　　　　　　獸首半環形鋬，三條柱足，蓋面隆起，上有半環形小鈕，下有子口。蓋面
　　　　　　外沿和頸部飾獸面紋帶。

【著　　録】未著録。

【銘文字數】鋬下腹壁鑄銘文 1 字。

【銘文釋文】戈。

【備　　注】銘文照片將“戈”字上部裁掉了。

1223. 天黽盉

【時　　代】商代晚期。

【出土時地】山西聞喜縣河底鎮酒務頭商代墓地盜掘出土,山西省打擊文物犯罪繳獲。

【收　藏　者】山西青銅器博物館。

【尺度重量】通高 32.3、通長 28.8 釐米,重 4.75 公斤。

【形制紋飾】侈口束頸,窄沿方唇,鼓腹分襠,三足下部作圓柱形,肩部有一管狀流向上斜出,與之對應的腹部有半環形獸首鋬,蓋面隆起,上有盤龍形鈕,龍頭上揚。蓋面和頸部飾連珠紋鑲邊的夔紋,流管飾雷紋,腹部飾三組牛角獸面紋。

【著　　錄】國寶(2018)138 頁。

【銘文字數】鋬下腹壁鑄銘文 2 字。

【銘文釋文】天黽。

1224. 匿㪔盉

【時　　代】商代晚期。

【出土時地】2018 年山西聞喜縣河底鎮酒務頭商代墓地（M1）。

【收　藏　者】山西省考古研究所。

【形制紋飾】侈口束頸，鼓腹，分襠款足，三足下部呈圓柱形，肩的一側有管狀流，與之對應的另一側有牛首半環形鋬，蓋面隆起，上有半環形小鈕，下有子口，一側有小環鈕以鏈條與鋬相連（已殘斷）。頸部飾雲雷紋組成的獸面紋帶。

【著　　錄】未著錄。

【銘文字數】鋬下腹壁鑄銘文 2 字。

【銘文釋文】匿㪔。

1225. 亞盉盉

【時　　代】西周早期前段。

【收藏者】某收藏家。

【形制紋飾】侈口高領,窄沿方唇,鼓腹分襠,三足下部呈
　　　　　圓柱形,肩部有管狀流向上斜出,另一側有
　　　　　牛首半環形鋬,鋬環較大,蓋面呈弧形,頂部
　　　　　有小環鈕,下有子口,一側有小鈕以鏈條與
　　　　　鋬上的小鈕相連,鏈條已失。通體光素。

【著　　錄】未著錄。

【銘文字數】鋬內腹壁鑄銘文 2 字。

【銘文釋文】亞盉。

1226. 丙父癸盉（丙父癸盉）

【時　　代】商代晚期。

【收 藏 者】某收藏家。

【形制紋飾】侈口束頸，鼓腹分襠，三足下部呈圓柱形，頸部有一個管狀流向上斜出，與之對應的頸腹部有牛首半環形鋬，蓋面圓鼓，上有半環形小鈕，蓋的一側有小鈕以鏈條與鋬相連。蓋與器頸均飾龍紋，以雲雷紋填地。

【著　　錄】未著錄。

【銘文字數】鋬內腹壁鑄銘文3字。

【銘文釋文】丙（丙）父癸。

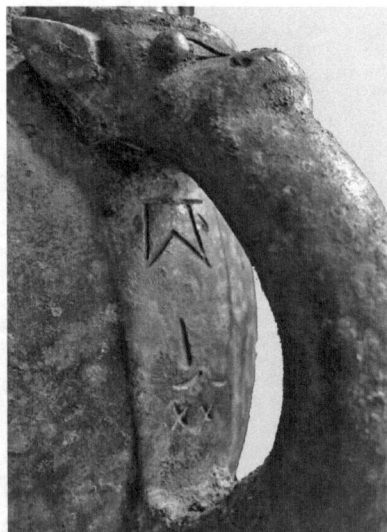

1227. 交父乙盉

【時　　代】西周早期。

【出土時地】2018 年 12 月出現在杭州西泠印社秋季拍賣會。

【收 藏 者】原藏美國紐約賽克勒氏。

【尺度重量】通高 20.8 釐米。

【形制紋飾】侈口方唇,長頸溜肩,肩的一側設有上伸的管狀流,腹的橫截面呈橢方
　　　　　　形,淺分襠,下部設有四條柱足,蓋面隆起,上有半環形鈕,一側有小鈕用
　　　　　　鏈條與鋬上的小鈕相連。流管飾三角雲雷紋,蓋面和頸部飾獸面紋。

【著　　錄】未著錄。

【銘文字數】蓋、器同銘,各 3 字。

【銘文釋文】交父乙。

【備　　注】館藏號: V266。

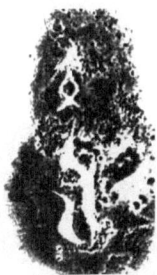

蓋銘拓本

器銘拓本

器銘照片

1228. 冋父丙盉（丙父丙盉）

【時　　代】西周早期。

【出土時地】2019 年 3 月出現在美國紐約佳士得春季拍賣會。

【收　藏　者】原藏英國倫敦安東尼·卡特。

【尺度重量】通高 33 釐米。

【形制紋飾】侈口束頸，頸部有一管狀流向上斜伸，與流管對應的腹部有獸首半環形鋬，鼓腹分襠，三足下部呈圓柱形，內插式蓋，蓋面隆起，上有菌狀鈕，一側有鈕以鏈條與頸部的鈕相連。蓋面和腹部飾獸面紋，頸部飾夔紋，流管飾三角雲雷紋。

【著　　錄】未著錄。

【銘文字數】蓋、器對銘，各 3 字。

【銘文釋文】冋（丙）父丙。

器銘

蓋銘

1229. 山父丁盉

【時　　代】西周早期前段。

【收 藏 者】法國東坡齋。

【尺度重量】通高 31.7 釐米。

【形制紋飾】形體較高,侈口束頸,分襠款足,足下部呈柱形足,頸部設有長管流,另一側爲牛首半環形鋬,蓋面隆起,上有菌狀鈕,蓋與鋬各有一個半環形鈕,以鏈條相連。頸部飾夔龍紋,腹部飾三組牛角獸面紋,蓋面飾兩組獸面紋,流管飾三角雲雷紋。

【著　　錄】未著錄。

【銘文字數】蓋、器對銘,各 3 字。

【銘文釋文】山父丁。

蓋銘

器銘

1230. 母癸盉（殳母癸盉）

【時　　代】商代晚期。

【出土時地】山西絳縣公安局打擊文物犯罪繳獲。

【收 藏 者】山西青銅器博物館。

【尺度重量】通高 15、寬 15、足長 10、寬 7 釐米，重 1.243 公斤。

【形制紋飾】侈口束頸。鼓腹圓底，肩的一側有管狀流，與之對應的另一側腹部有獸
　　　　　首半環形鋬，三條三棱錐足外撇，蓋面隆起，頂部有半環形小鈕，下有子
　　　　　口，蓋沿一側有小鈕以鏈條與鋬相連。蓋面和頸部飾三列雲雷紋組成的
　　　　　列旗脊獸面紋帶，腹部飾連珠紋鑲邊的獸面紋。

【著　　錄】國寶（2019 一）20、21 頁。

【銘文字數】蓋、器對銘，各 3 字。

【銘文釋文】（（殳－殺）母癸。

蓋銘

器銘

1231. 耿雯父乙盉

【時　　代】商代晚期。

【收　藏　者】某收藏家。

【尺度重量】通高 25.1、口徑 12、流鋬間距 27 釐米,重 3.19 公斤。

【形制紋飾】失蓋,侈口束頸,鼓腹分襠,三足下部呈圓柱形,肩的一側有管狀流,與之
　　　　　對應的一側有牛首半環形鋬。頸部飾一周夔龍紋,鋬飾雲紋,流飾三角
　　　　　雲紋。

【著　　錄】未著錄。

【銘文字數】鋬內腹壁鑄銘文 4 字。

【銘文釋文】耿雯父乙。

盉

389

1232. 中盉（中作從彝盉）

【時　　代】西周早期。

【出土時地】1981年章立凡捐贈。

【收　藏　者】中國國家博物館。

【尺度重量】通高21、口徑13.5釐米，重1.5公斤。

【形制紋飾】侈口束頸，鼓腹，前有管狀流，後有獸首鋬，下有方垂珥，前分襠，四柱足，蓋面隆起，上有半環形鈕，一側有小鈕以鏈條和鋬相連。頸飾三列雲雷紋組成的獸面紋帶，流管飾蕉葉紋。

【著　　錄】青與金第3輯78頁圖25,79頁圖26。

【銘文字數】蓋內鑄銘文4字。

【銘文釋文】丫（中）乍（作）从（從）彝。

1233. 自鑒（原稱虎鑒）

【時　　代】西周晚期。

【收　藏　者】原藏圓明園，八國聯軍入侵北京時被英國海軍上校哈利·劉易斯·埃文斯劫掠而去，2018 年 3 月出現在英國肯特郡坎伯雷拍賣會，9 月境外買家捐贈給中國國家文物局，現藏中國國家博物館。

【形制紋飾】侈口束頸，廣肩下折，腹部逐漸收成圓底，肩一側有向上斜伸的管狀流，流管表面飾虎紋，流口爲大張口的虎頭，兩側有虎耳，虎尾上卷，與之對應的一側有獸首半環形鋬，獸耳高聳，三條獸蹄形足，内插式蓋，上有圓雕盤旋的龍，龍首昂揚，張口露齒，長鬣後勾，雙腿前拱，身後有一小鈕，用鏈條與鋬相連，鏈條已失。肩部飾回首卷體夔龍紋，上腹飾“S”形簡化夔紋，下腹飾瓦溝紋，足上部飾獸面紋。

【著　　錄】未著錄。

【銘文字數】蓋内鑄銘文 4 字。

【銘文釋文】自乍（作）共（供）燮（鑒）。

【備　　注】“乍（作）”字倒鑄。

盂

1234. 虢仲盉甲

【時　　代】春秋早期。

【出土時地】20 世紀 90 年代初河南三門
　　　　　峽市湖濱區上村嶺虢國墓地
　　　　　（M009）。

【收　藏　者】三門峽市虢國博物館。

【尺度重量】通 高 24.2、通 長 32、口 徑
　　　　　9.2 × 8、腹 徑 18 × 14、厚
　　　　　8.8 釐米。

【形制紋飾】體呈橢圓懸鼓形，一側有龍
　　　　　首長管流向上斜出，另一側
　　　　　有龍首吐舌成半環形鋬，上
　　　　　有侈口短頸橢方形口，蓋面
　　　　　呈圓雕蟠龍，下有子口，後部
　　　　　有鏈條與器鋬相連，下部有
　　　　　四個圓雕踞坐裸體人，眉目清
秀，乳房高隆，雙臂反背於後，托負盉體。腹的中部飾重環紋，側面飾無
目竊曲紋，兩邊爲重環紋，流飾鱗紋。

【著　　録】三門峽職業技術學院學報 16 卷 2 期 21 頁圖 1-3。

【銘文字數】蓋面鑄銘文 5 字。

【銘文釋文】虢中（仲）乍（作）旅盉。

盉

393

1235. 虢仲盉乙

【時　　代】春秋早期。

【出土時地】20 世紀 90 年代初河南三門峽市湖濱區上村嶺虢國墓地（M009）。

【收 藏 者】三門峽市虢國博物館。

【尺度重量】通高 23.3、口徑 6.6 × 4.6、腹徑 13.6 × 5.8、厚 6 釐米。

【形制紋飾】體呈橢圓懸鼓形，長管流殘缺，蓋及鋬多處殘破，獸首半環形鋬，短頸橢
方形口，蓋面呈圓雕卧鳥，下有子口，下部有四條獸蹄形扁足。腹的中部
飾雙首龍紋，邊緣圍以變形竊曲紋，側面飾竊曲紋。

【著　　錄】三門峽職業技術學院學報 16 卷 2 期 21 頁圖 4-6。

【銘文字數】蓋面鑄銘文 5 字。

【銘文釋文】虢中（仲）乍（作）旅盉。

1236. 夫人縞盉

【時　　代】春秋晚期。

【收　藏　者】某收藏家。

【尺度重量】通高 23.5、通長 23.7、口
徑 9.7 釐米。

【形制紋飾】扁圓體,直口溜肩,腹一
側有一個"乙"字形管狀
流,流口做成獸頭形,肩
部置半環形提梁,提梁兩
端飾浮雕蟠螭紋,中部飾
平雕蟠螭紋,下部設三條
獸面紋蹄形足,外罩式
蓋,平頂沿下折,上有小
鈕,用鏈條與提梁上的小
鈕相連,肩部、腹部各有一道絢索箍棱。上腹飾蟠虺紋。

【著　　錄】未著錄。

【銘文字數】肩部有銘文 5 字。

【銘文釋文】夫人縞之盉(?)。

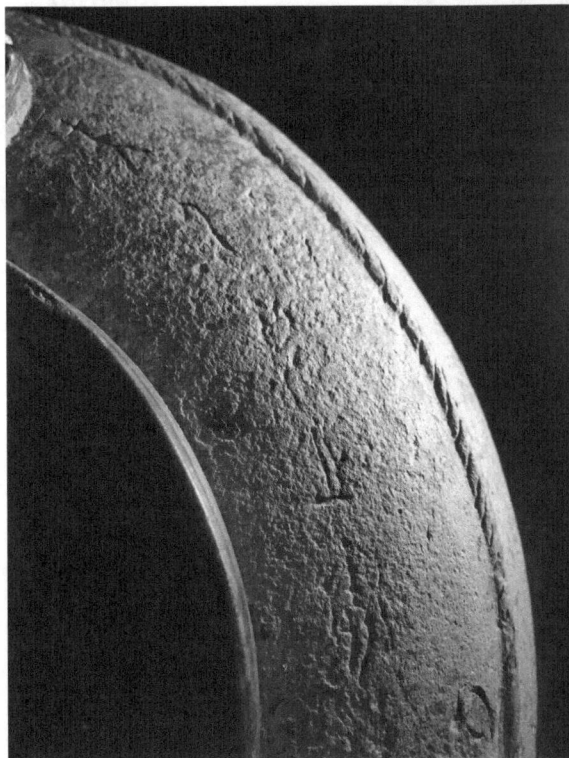

1237. 作寶尊彝盉

【時　　代】西周早期前段。

【收 藏 者】某收藏家。

【形制紋飾】失蓋。侈口長頸，溜肩，淺分襠，四條柱足較細，肩的一側有斜出的管狀流，另一側有獸首半環形鋬。頸部飾三列雲雷紋組成的列旗脊獸面紋帶。

【著　　錄】未著錄。

【銘文字數】鋬下腹壁鑄銘文 6 字。

【銘文釋文】□□乍（作）寶尊彝。

1238. 父丁盉

【時　　代】商代晚期。

【收　藏　者】某收藏家。

【尺度重量】通高 31.8、口徑 13、流鋬間距 26.2 釐米,重 4.77 公斤。

【形制紋飾】侈口束頸,鼓腹分襠,三足下部呈圓柱形,肩的一側有管狀流,與之對應的一側有牛首半環形鋬,內插式蓋,蓋面呈弧形隆起,頂部有半環形小鈕,一側有小鈕用鏈條與鋬相連。蓋面飾一對獸面紋,頸部飾夔龍紋,腹部飾三組牛角獸面紋,均不施地紋。

【著　　錄】未著錄。

【銘文字數】鋬內腹壁鑄銘文 7 字。

【銘文釋文】□乍(作)父丁寶(尊)彝。

1239. 仲吉父盉

【時　　代】西周中期後段。

【出土時地】2017 年 11 月山西左
　　　　　權縣公安局打擊文物
　　　　　犯罪繳獲。

【收 藏 者】山西青銅器博物館。

【尺度重量】通高 25、口徑 16.9 釐
　　　　　米，重 0.82 公斤。

【形制紋飾】侈口束頸，窄沿方唇，
　　　　　鼓腹分襠，三條足呈柱
　　　　　形向蹄形過渡之形，腹
　　　　　一側有斜上伸的管狀
　　　　　流，另一側有獸首半環
　　　　　形鋬，蓋面隆起，頂部

有環形鈕，一側有小鈕以鏈條與鋬上小鈕連接。蓋面和頸部飾垂冠回首
體呈“S”形的夔龍紋，腹部飾雙折綫紋，流和鋬飾卷雲紋。

【著　　　錄】文物天地 2018 年 11 期 93 頁圖 2，國寶（2019 二）86、87 頁。

【銘文字數】蓋內鑄銘文 9 字。

【銘文釋文】中（仲）吉父乍（作）盉，其永寶用。

銘文拓本

銘文照片

1240. 霸伯盉

【時　　代】西周中期前段。

【出土時地】2009-2010年山西翼城縣隆化鎮大河口西周墓葬（M1017.70）。

【收　藏　者】山西省大河口墓地聯合考古隊。

【尺度重量】通高24.7、口徑10.9×14.4、腹深12.4、流至鋬距29.7、足徑14-15.2
　　　　　　釐米，重2.325公斤。

【形制紋飾】體呈橢方形，侈口束頸，溜肩，腹壁微鼓，一側有管狀流向上斜伸，另一側
　　　　　　有獸首半環形鋬，底部近平，四條柱足，蓋面隆起，上有環鈕，下有短子
　　　　　　口。一側有小鈕以鏈條與鋬相連。蓋上和頸部均飾分尾長鳥紋，流管飾
　　　　　　三角紋，均以雲雷紋填地。

【著　　　録】考古學報2018年1期125頁圖38.2。

【銘文字數】蓋內鑄銘文19字（其中重文1）。

【銘文釋文】隹（唯）正月王才（在）氐，霸白（伯）乍（作）寶盉，其萬年孫子=（子子）
　　　　　　永寶。

1241. 屑屑蚨盉蓋

【時　　代】西周早期。

【收 藏 者】某收藏家。

【形制紋飾】蓋面隆起，下有子口，頂部
　　　　　有半環形鈕，一側有連接器
　　　　　鋬的小鈕。

【著　　錄】未著錄。

【銘文字數】內壁鑄銘文 22 字（其中重
　　　　　文 1，合文 1）。

【銘文釋文】屑＝（屑屑）蚨乍（作）𢾿（召）
　　　　　公且（祖）乙隮（尊）彝，隹
　　　　　（唯）用乍（作）氒（厥）身禦，
　　　　　世世其子孫寶。

【備　　注】銘文中"世世"爲合文。

1242. 蕫隹盉

【時　　代】西周早期後段。

【出土時地】2001 年 1 月山西曲沃縣曲村鎮北趙村晉侯墓地（M113.108）。

【收 藏 者】山西晉國博物館。

【形制紋飾】體呈橢方形,侈口長頸,圓肩鼓腹,肩一側設有斜出的管狀流,與之對應
的一側有獸首半環形鋬,淺分襠,四條柱足上粗下細,蓋面隆起,中部有
半環形小鈕,一側有小鈕用鏈條與鋬相連。蓋面和腹部飾大鳳鳥,頸部
飾長鳥紋,流管飾三角雲雷紋,足部飾陰綫蟬紋。

【著　　錄】未著錄。

【銘文字數】蓋、器對銘,各 32 字。

【銘文釋文】隹(唯)十月吉丁子(巳),公白(伯)令(命)蕫隹命秉公室欶之年貟(帛)、
貝,叙□用乍(作)母辛寶隩(尊)彝,其永用。

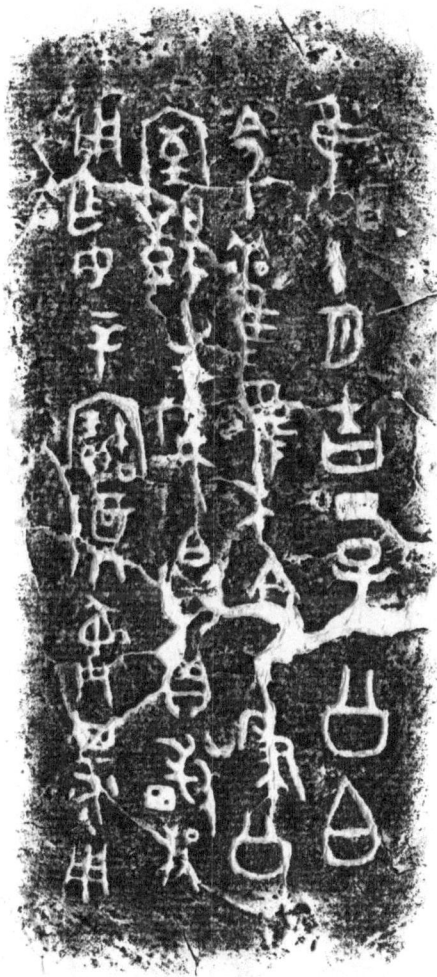

蓋銘

器銘

盉

1243. 苟盉

【時　　代】西周中期前段（恭王世）。

【收 藏 者】某收藏家。

【尺度重量】通高 26、口徑 16.8 釐米，重 3.24 公斤。

【形制紋飾】侈口高領，圓肩，肩的一側有管狀流向上斜伸，另一側有牛首半環形鋬，
　　　　　　弧形分襠，三足下部呈圓柱形，弧面形蓋，頂部有半環形小鈕，下有子口，
　　　　　　蓋沿一側有小鈕，以蛙形鏈條與鋬相連。腹部飾"V"形雙折綫紋，蓋沿
　　　　　　和器頸均飾體呈"S"形的夔龍紋，以雲雷紋填地。

【著　　錄】未著錄。

【銘文字數】蓋內鑄銘文 44 字（其中重文 1）。

【銘文釋文】佳（唯）正月初吉丁卯，王才（在）溼宮，玉苟獻（獻）鳳圭于穆王，王稧（蔑）
　　　　　　苟麻（曆），易（錫）梦（鬱）鬯，苟對乳（揚）穆王休，用乍（作）父乙殷（簋），
　　　　　　子＝（子子）孫才（其）永寶。戉葡（箙）。

【備　　注】與苟盤為一套盥洗器。盤、盉均自名為殷（簋），當是一套祭器使用同一
　　　　　　銘文所致。

銘文拓本

銘文照片

30. 匦

（1244—1260）

1244. 蔡子夾匜

【時　　代】春秋晚期。

【收 藏 者】某收藏家。

【形制紋飾】體呈瓢形，口微斂，
　　　　　　唇沿加厚，斂腹平
　　　　　　底，前部有寬流槽，
　　　　　　後部有半環形鈕，
　　　　　　上腹有一道絢索箍
　　　　　　棱。頸部飾一周帶
　　　　　　狀雲雷紋，腹部光
　　　　　　素。口部殘破，經
　　　　　　修復。

【著　　録】未著録。

【銘文字數】內底鑄銘文 6 字。

【銘文釋文】布（蔡）子夾之會佗（匜）。

1245. 曾旨尹喬匜（曾卣尹𤢒匜）

【時　　代】春秋晚期。

【出土時地】2013 年湖北隨州市曾都區文峰塔曾國墓地（M61）。

【收　藏　者】隨州博物館。

【著　　錄】未著錄。

【銘文字數】内底鑄銘文 6 字。

【銘文釋文】曾卣（旨）尹𤢒（喬）之枓（斗）。

【備　　注】"卣"還見於曾旨尹喬缶（《銘續》30902），字从人从曰，與此匜的"卣"應
　　　　　　為一字，黄鳳春先生讀爲"卜"。

1246. ♀人犀石匜

【時　　代】春秋早期。

【出土時地】2012年南陽市新店鄉夏餉鋪鄂國墓地（M16.2）。

【收藏者】南陽市文物考古研究所。

【尺度重量】通高17、口徑38.8、兩耳相距43.4釐米。

【形制紋飾】直口，寬長流槽上揚，龍形鋬，無卷尾，龍口銜匜沿，圜底下具四條夔龍形扁足。口下飾變形夔龍紋，腹部飾瓦溝紋。

【著　　録】南水21頁。

【銘文字數】底部鑄銘文13字。

【銘文釋文】♀人犀石乍（作）寶匜，其萬年永祜福。

【備　　注】銘文第1行反書。同出有♀人犀石盤，爲一套盥洗器。

匜

411

1247. 曾卿事季宣匜（曾卿事季寡匜）

【時　　代】春秋早期。

【尺度重量】通高 20.4、口寬 15.4、通長 37.5 釐米。

【形制紋飾】寬流槽，口微斂，卷尾龍形鋬，龍口銜匜沿，龍耳高聳，龍鼻上卷，圜底，四條夔龍形扁足。口沿下飾竊曲紋，腹部飾瓦溝紋。

【著　　錄】未著錄。

【銘文字數】內底鑄銘文 13 字。

【銘文釋文】唯曾卿事季寡（宣），自乍（作）寶也（匜），子孫用。

1248. 虩公匜

【時　　代】春秋早期。

【出土時地】2012 年 1 月 12 日見
於盛世收藏網。

【收 藏 者】某收藏家。

【尺度重量】通長 30 釐米。

【形制紋飾】長流槽，口微斂，後側
有龍首半環形鋬，圜底
下設四條扁足。前足
飾獸頭紋，後足飾卷雲
紋，口沿飾大小相間的
重環紋，腹部飾瓦溝紋。

【著　　録】未著録。

【銘文字數】內底鑄銘文 14 字（其中重文 2）。

【銘文釋文】虩（虩）公乍（作）孟始（姒）也（匜），子＝（子子）孫＝（孫孫）永寶用之。

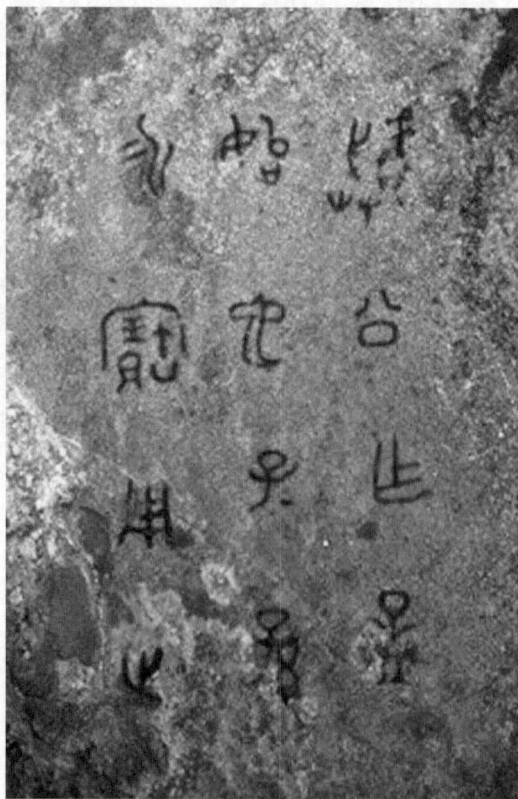

1249. 叔彶父匜

【時　　代】西周晚期。

【收 藏 者】某收藏家。

【形制紋飾】體呈瓢形,直口,寬流
槽,後部有龍首半環形
鋬,龍口銜匜沿,無卷
尾,圜底下設置四條扁
足,前兩條呈夔龍形,
後兩條呈獸腿形。口
沿下飾重環紋,腹部飾
瓦溝紋。

【著　　録】未著録。

【銘文字數】内底鑄銘文 15 字(其中重文 2)。

【銘文釋文】弔(叔) 彶父乍(作) 也(匜),㠱(其) 邁(萬) 年子=(子子) 孫=(孫孫) 永
寶用。

匜

1250. 楚媿歸母匜

【時　　代】春秋中期。

【收　藏　者】某收藏家。

【形制紋飾】直口圜底,圓口虎頭形
長流槽,後部有卷尾銜
沿龍形鋬,四條夔龍形
扁足。口沿下飾蟠螭
紋,腹部飾瓦溝紋。

【著　　錄】未著錄。

【銘文字數】內底刻銘文 15 字(其
中重文 2)。

【銘文釋文】楚 媿(隗) 歸 母 自 乍
(作) 盥 也(匜),子=(子子) 孫=(孫孫) 永孝用。

1251. 子傳匜

【時　　代】西周晚期。

【收 藏 者】某收藏家。

【形制紋飾】長流槽,曲龍銜沿鋬,無卷尾,圜底,四條扁足,前兩條作夔形,後兩條作
獸腿形。口沿飾變形竊曲紋,腹部飾象鼻夔龍紋。

【著　　錄】未著錄。

【銘文字數】内底鑄銘文 16 字(其中重文 3)。

【銘文釋文】奠(鄭)丼(邢)白(伯)小子=(子,子)傳乍(作)寶盉(匜),子=(子子)
孫=(孫孫)永寶。

1252. 上郡太子平侯匜（上郡大子平侯匜）

【時　　代】春秋早期。

【出土時地】河南南陽市宛城區新
　　　　　　店鄉夏餉鋪。

【收 藏 者】南陽市博物館。

【形制紋飾】體修長，口微斂，腹稍
　　　　　　鼓，前部有獸頭形流
　　　　　　管，後部殘缺，底部設
　　　　　　有四條獸蹄形扁足。
　　　　　　口沿飾無目竊曲紋，腹
　　　　　　部飾瓦溝紋。

【著　　録】未著録。

【銘文字數】內底鑄銘文16字（其中重文2）。

【銘文釋文】上郡大（太）子平医（侯）乍（作）盨（鑄）鉈（匜），子＝（子子）孫＝（孫孫）
　　　　　　永寶用。

1253. 私官匜

【時　　代】戰國晚期。

【出土時地】陝西西安市長安區賈里村神禾塬大墓(M1.H5.113)。

【收　藏　者】陝西省考古研究院。

【尺度重量】通長 46.5、寬 36.5 釐米。

【形制紋飾】口部略呈桃形,口邊加厚,窄長流槽,斂腹,底部近平,矮圈足,體及圈足
　　　　　　後部呈"V"字形內凹,下腹有一個銜環鋪首。

【著　　録】陝集成 12 册 128 頁 1381。

【銘文字數】外底刻銘文 4 組,共 17 字。

【銘文釋文】私官。二斗。二斗口升。十五斤十五兩。今中府。

銘文拓本

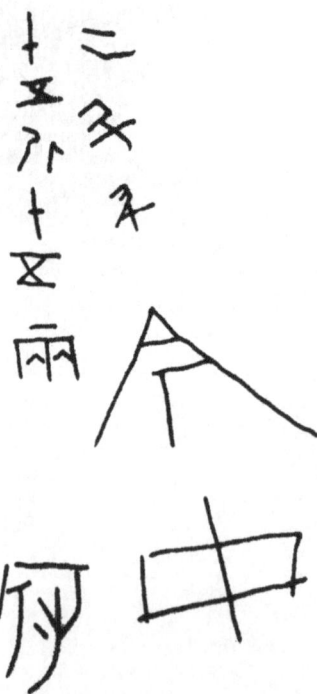

銘文摹本

1254. 夫人昶姬匜

【時　　代】西周晚期。

【出土時地】2017 年 12 月見於杭州西泠印社拍賣會。

【收　藏　者】原藏美國紐約馬賽厄斯·科莫,現藏不明。

【尺度重量】通高 21.8 釐米。

【形制紋飾】體呈瓢形,前有寬流槽,後有獸首鋬,獸口銜沿,圜底有四條夔龍扁足。
口沿下飾雙綫"S"形紋,腹部飾瓦溝紋。

【著　　錄】未著錄。

【銘文字數】內壁鑄銘文 19 字(其中重文 2)。

【銘文釋文】甫(夫)人昶姬乍(作)寶也(匜),叀(其)萬年子＝(子子)孫＝(孫孫)永
寶用亯(享),八。

銘文拓本

銘文照片

1255. 辛公之孫匜

【時　　代】春秋中期。

【收　藏　者】某收藏家。

【形制紋飾】體呈瓢形,直口斂腹,寬流槽,後有環形把手,平底。通體光素。

【著　　錄】未著錄。

【銘文字數】內底鑄銘文 21 字(其中重文 1)。

【銘文釋文】辛公之孫□豕盤(鑄)其□也(匜),䚋(眉)耆(壽)無彊(疆),子＝(子子)孫永寶用之。

1256. 飲元駐乘馬匜

【時　　代】戰國早期。

【收 藏 者】海外某收藏家。

【尺度重量】口徑約 30 釐米。

【形制紋飾】體呈瓢形，直口小平底，口沿前部有寬流槽，後部呈"V"字形內收，設環
形小鈕，流槽之下亦有一個環鈕。通體光素。

【著　　錄】青與金第 2 輯 15 頁附圖 1-3。

【銘文字數】內壁流槽下方鑄銘文 22 字（其中重文 1）。

【銘文釋文】盥（鑄）匜（沫）匜（匜），用征吕（以）行，吕（以）盥＝（盥盥）盥用，歆（飲）
元駐乘馬，其覍（眉）壽（壽）無畺（疆）。

銘文拓本

銘文照片

1257. 矢叔糧父匜

【時　　代】西周晚期。

【出土時地】2015 年 10 月湖北棗陽市郭家廟墓地曹門灣墓區(M43.2)。

【收　藏　者】棗陽市博物館。

【尺度重量】通高 20.4、通長 34.8、口寬 17.2、腹深 8.8 釐米,重 2.55 公斤。

【形制紋飾】體呈瓢形,長流槽上揚,後部有一龍形鋬,龍尾上卷,口銜匜沿,圜底下設
　　　　　四條扁足,前兩條呈夔龍形,後兩條呈獸腿形。口沿飾"S"形竊曲紋,腹
　　　　　部飾瓦溝紋。

【著　　　錄】江漢考古 2016 年 5 期 48 頁拓片 4。

【銘文字數】內底鑄銘文 23 字。

【銘文釋文】隹(唯)九月初吉壬午,矢弔(叔)糧父脁(媵)孟姬元女(母)盅(匜)盤,
　　　　　其永喜(壽)用之。

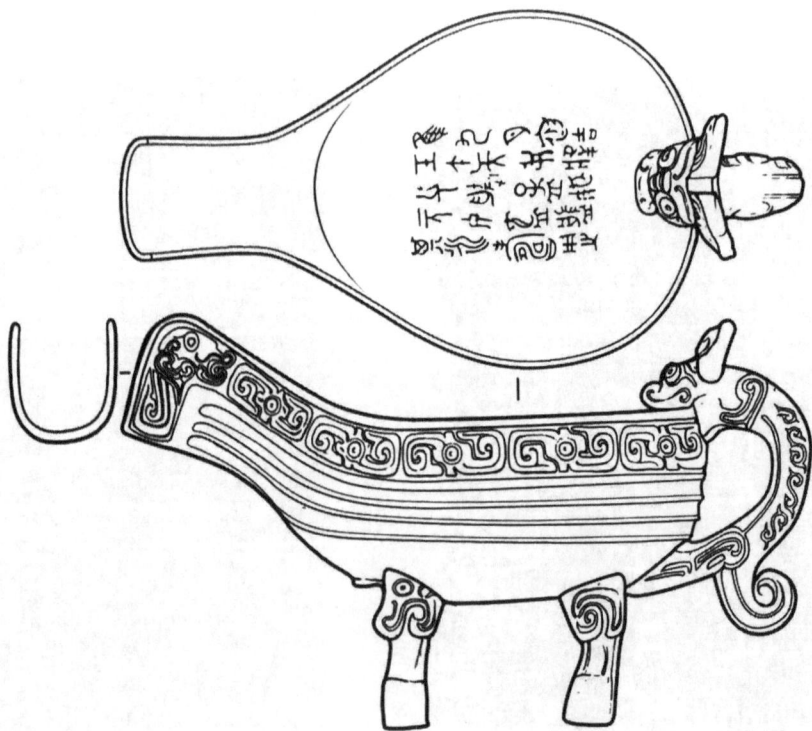

1258. 鄧公匜

【時　　代】春秋早期。

【出土時地】2018年9月出現在南京。

【收　藏　者】某收藏家。

【形制紋飾】橢方體，口微斂，腹微鼓，圜底下設有三條蹄形足，前有虎頭形流管，後有龍形鋬，腹部兩側設有一對銜環鋪首。口沿下飾蟠螭紋，其下爲環帶紋，足上部亦飾蟠螭紋。

【著　　録】未著録。

【銘文字數】內底鑄銘文23字。

【銘文釋文】隹（唯）鄭（鄧）八月初吉丁亥，鄭（鄧）公逜囗自乍（作）盨盤，其釁（眉）壽（壽），永保用之。

1259. 大保匡仲匜（太保匡仲匜）

【時　　代】西周晚期。

【收藏者】某收藏家。

【尺度重量】通高 23.5、通長 42、口寬 18.5、腹深 11 釐米。

【形制紋飾】橫切面呈瓢形，長流槽上揚，腹部微鼓，後部有龍形鋬，龍口銜沿，豎耳鼓睛，四條腿收束，短尾上卷，圜底下設有四條夔龍形扁足。口沿下飾竊曲紋，腹部飾瓦溝紋。

【著　　錄】未著錄。

【銘文字數】內底鑄銘文 30 字（其中重文 2）。

【銘文釋文】大（太）僳（保）匡中（仲）乍（作）藶（薦）也（匜），用言（享）用孝于其皇且（祖）考，用蘄（祈）邁（萬）年無彊（疆），子=（子子）孫=（孫孫）永寶用言（享）。

1260. 郳大司馬彊匜

【時　　代】春秋晚期。

【出土時地】2017年山東滕州市官橋鎮大韓村春秋墓（M43.30）。

【收　藏　者】山東省文物考古研究院。

【形制紋飾】體呈瓢形，斂口斂腹，平底，口沿一端鑄有管狀流，管流上部有獸面裝飾，另一端斜平，設有獸首圓環鈕。通體光素。

【著　　錄】未著錄。

【銘文字數】內底鑄銘文42字（其中重文2）。

【銘文釋文】隹（唯）正月初吉，唇（辰）哉（在）庚午，隑（郳）大司馬彊，𤔲（擇）其吉金，爲其餳鉙（匜），故（固）壹（壽）其身，䚪（眉）壹（壽）無彊（疆），歙（飲）𩚅無具（期），子＝（子子）孫＝（孫孫），永保用之。

31. 鑑

（1261）

1261. 蜀守斯離鑑

【時　　代】戰國晚期（秦昭襄王十九年／前 288 年）。

【出土時地】2017 年冬陝西省西安市西咸新區秦漢新城破劉村戰國墓（M3）。

【收 藏 者】陝西省考古研究院。

【著　　錄】未著錄。

【銘文字數】表面刻銘文 16 字。

【銘文釋文】十九年，蜀守斯離造，工師狢、丞求乘，工耐。

【備　　注】器形尚未公布。

32. 鐘

（1262–1280）

1262. 符號鐘

【時　　代】西周中期。

【出土時地】1978 年 12 月陝西扶風縣上宋鄉東渠村。

【收 藏 者】扶風縣博物館。

【尺度重量】通高 27、甬高 10、舞修 10、舞廣 8、銑間 13、鼓間 8.5 釐米。

【形制紋飾】闊腔高甬,兩段式長枚,鉦間、篆間以小乳釘作爲界格,旋細小,呈扭索狀。紋飾纖細,呈陽綫,篆間飾雲紋,鼓部飾大雲朵紋,右鼓部有鸞鳥作爲基音標誌。

【著　　録】陝集成 5 册 212 頁 0546。

【銘文字數】鉦間鑄符號銘文 2 字。

【銘文釋文】□□(銘文不識)。

1263. 鄂侯鐘甲

【時　　代】春秋早期。

【出土時地】2012 年河南南陽市宛城區新店鄉夏餉鋪村鄂國墓地（M6）。

【收 藏 者】南陽市文物考古研究所。

【尺度重量】通高 27.3、銑間 15.6、鼓間 10.2 釐米。

【形制紋飾】長腔環鈕闊式鈕鐘。體腔較寬，無枚，内壁有四條調音槽。鈕上飾凹弦紋，
　　　　　　鉦間兩側飾兩組減地竊曲紋，鼓部飾兩朵大雲紋。

【著　　録】墨影 42 頁 021，銘照 243 頁 659。

【銘文字數】鉦間鑄銘文 3 字。

【銘文釋文】噩（鄂）医（侯）乍（作）。

【備　　注】一套 6 枚，形制、紋飾相同，大小相次。

1264. 鄂侯鐘乙

【時　　代】春秋早期。

【出土時地】2012 年河南南陽市宛城區新店鄉夏餉鋪村鄂國墓地（M6）。

【收 藏 者】南陽市文物考古研究所。

【尺度重量】通高 24.3、銑間 13、鼓間 10.2 釐米。

【形制紋飾】長腔環鈕闊式鈕鐘。體腔較寬，無枚，鉦間兩側飾兩組減地竊曲紋，鼓部飾兩朵大雲紋。

【著　　録】墨影 44 頁 022，銘照 243 頁 660。

【銘文字數】鉦間鑄銘文 3 字。

【銘文釋文】噩（鄂）医（侯）乍（作）。

1265. 鄂侯鐘丙

【時　　代】西周晚期。

【出土時地】2012 年河南南陽市宛城區新店鄉下餉鋪鄂國墓地（M6）。

【收　藏　者】南陽市文物考古研究所。

【形制紋飾】長腔環鈕闊式鈕鐘。體腔較寬，無枚，鉦間兩側飾兩組減地竊曲紋，鼓部飾兩朵大雲紋。

【著　　錄】未著錄。

【銘文字數】鉦間鑄銘文 3 字。

【銘文釋文】噩（鄂）医（侯）乍（作）。

1266. 車馬戕簸舟鐘

【時　　代】西周時期。

【出土時地】日本京都大學人文研究所考古資料。

【收　藏　者】下落不明。

【尺度重量】通高 44.5 釐米。

【形制紋飾】鐘腔較闊，有甬有旋而無幹，上窄下寬，于部微弧，鐘體中部有一道豎棱，
　　　　　　兩側排列着三行十八個枚，無界格。通體飾雲雷紋。

【著　　錄】綜覽·鐘 13。

【銘文字數】舞部鑄銘文 5 字。

【銘文釋文】車馬戕葡（簸）舟。

舞右銘

舞左銘

1267. 敢生鐘二

【時　　代】春秋早期。

【收 藏 者】某收藏家。

【形制紋飾】合瓦形鈕鐘,長環形鈕,鉦間和篆間以粗綫紋作界格,每面有六組尖頂乳
釘枚。舞部飾夔龍紋,篆間較窄且無裝飾,鼓部光素。

【著　　録】未著録。

【銘文字數】鉦間刻銘文 12 字。

【銘文釋文】乍(作)爲大(太)子敢(敬)生鈴鐘,用匽(燕)用樂。

【備　　注】同出者八件以上,銘文連讀,有幾件未清銹,僅收録 5 件,此似爲第 2 件,
圖像用的是第 7 件。

1268. 敬生鐘三

【時　　代】春秋早期。

【收藏者】某收藏家。

【形制紋飾】合瓦形鈕鐘,長環形鈕,鉦間和篆間以粗綫紋作界格,每面有六組尖頂乳釘枚。舞部飾夔龍紋,篆間較窄且無裝飾,鼓部光素。

【著　　錄】未著錄。

【銘文字數】鉦間刻銘文 12 字。

【銘文釋文】用受釁(眉)壽(壽)永令(命),康加(嘉)世魯,用乓(厥)。

【備　　注】同出者八件以上,銘文連讀,此似爲第 3 件。

1269. 敔生鐘四

【時　　代】春秋早期。

【收 藏 者】某收藏家。

【形制紋飾】合瓦形鈕鐘,長環形鈕,鉦間和篆間以粗緣紋作界格,每面有六組尖頂乳釘枚。舞部飾夔龍紋,篆間較窄且無裝飾,鼓部光素。

【著　　錄】未著錄。

【銘文字數】鉦間刻銘文 12 字。

【銘文釋文】忒(其)先且(祖)□嗣(司)左右,用□忒(其)文考。

【備　　注】同出者八件以上,銘文連讀,此似爲第 4 件。

1270. 敔生鐘五

【時　　　代】春秋早期。

【收 藏 者】某收藏家。

【形制紋飾】合瓦形鈕鐘,長環形鈕,鉦間和篆間以粗綫紋作界格,每面有六組尖頂乳
釘枚。舞部飾夔龍紋,篆間較窄且無裝飾,鼓部光素。

【著　　　録】未著録。

【銘文字數】鉦間刻銘文 11 字。

【銘文釋文】對考(?)甘(其)邦甘(其)國甘(其)民,用妥(綏)褱(懷)。

【備　　　注】同出者八件以上,銘文連讀,此似爲第 5 件。

1271. 敬生鐘六

【時　　代】春秋早期。

【收 藏 者】某收藏家。

【形制紋飾】合瓦形鈕鐘,長環形鈕,鉦間和篆間以粗綫紋作界格,每面有六組尖頂乳
　　　　　　釘枚。舞部飾夔龍紋,篆間較窄且無裝飾,鼓部光素。

【著　　錄】未著錄。

【銘文字數】鉦間刻銘文約 11 字。

【銘文釋文】百每之□□□□穌閉用壐。

【備　　注】同出者八件以上,銘文連讀,此似爲第 6 件。

1272. 鄭閈叔鐘

【時　　代】西周晚期。

【出土時地】1957 年購自振寰閣。

【收 藏 者】中國國家博物館。

【尺度重量】通高 38.8 釐米。

【形制紋飾】寬體式甬鐘，甬粗壯較短，中空，與體腔相通，闊旋無幹，鉦篆間以陰綫爲
　　　　　　界格，每面有十八個低枚，旋上飾四組陽綫目雲紋，舞上、篆間飾雲雷紋，
　　　　　　鼓部飾兩朵大雲紋。

【著　　錄】青與金第 3 輯 81 頁圖 28,82 頁圖 30。

【銘文字數】鉦間鑄銘文 14 字。

【銘文釋文】奠（鄭）閈弔（叔）乍（作）替（林）穌鐘，用宫（享）ㄓ（其）皇考夌弔（叔）。

1273. 詔事或鐘

【時　　代】戰國晚期·秦～西漢初。

【出土時地】破案繳獲。

【收 藏 者】陝西淳化縣公安局。

【尺度重量】通高 7.2、銑間 4.5 釐米。

【形制紋飾】體呈合瓦形，兩銑內斂，兩欒中部外
鼓，內壁每邊各有兩條長方形調音條。
倒"U"字形鈕，鉦篆間皆用凸綫相隔，
篆間各有三排共九個枚，鉦間、篆間、
鼓部、舞部以及甬的上中下三段皆飾
斜方格雷紋。

【著　　錄】未著錄。

【銘文字數】口沿刻銘文 16 字。

【銘文釋文】十三年，詔事或，丞賢，礻府驪，工偎
造，苐（第）五。

（放大約 4.5 倍）

1274. 翏厚鐘（鄝厚鐘、蓼厚鐘）

【時　　代】春秋中期。

【收　藏　者】某收藏家。

【尺度重量】通高 80.5 釐米。

【形制紋飾】體呈合瓦形，長腔闊鼓，舞上有八棱柱形長甬，甬中空，上粗下細，幹旋齊備，于部呈弧形內收，鉦、篆間以突起的棱綫爲界，長枚。甬、舞、篆均飾蟠螭紋，鼓部飾蟠龍紋。

【著　　錄】未著錄。

【銘文字數】鉦間鑄銘文 22 字。

【銘文釋文】隹（唯）八月初吉庚午，翏厚羃（擇）桾（何）吉金，自乍（作）龢鐘，其永保用之。

【備　　注】此套甬鐘共 14 件，此其一。器主“翏厚”即“翏子厚”。

鐘

455

1275. 翏子厚鐘一(鄝子厚鐘、蓼子厚鐘)

【時　　代】春秋中期。

【收 藏 者】某收藏家。

【尺度重量】通高 33 釐米。

【形制紋飾】長腔長鈕闊式鈕鐘。體腔較窄，于部呈弧形，鉦間與篆間有凸棱相間，低枚，飾螺旋紋，篆間飾蟠螭紋，鈕上亦飾蟠螭紋，鼓部飾四龍紋。

【著　　錄】未著錄。

【銘文字數】右鼓部、鉦間及左鼓部鑄銘文 23 字。

【銘文釋文】佳(唯)八月初吉庚午，翏(鄝—蓼)子厚罪(擇)珂(何)吉金，自乍(作)龢鐘，其永保用之。

器形

a

b

c

鐘

1276. 翏子厚鐘二（鄧子厚鐘、蓼子厚鐘）

【時　　代】春秋中期。

【收 藏 者】某收藏家。

【尺度重量】通高 29 釐米。

【形制紋飾】長腔長鈕闊式鈕鐘。體腔較窄，于部呈弧形，鉦間與篆間有凸棱相間，低枚，飾螺旋紋，篆間飾蟠螭紋，鈕上亦飾蟠螭紋，鼓部飾四龍紋。

【著　　錄】未著錄。

【銘文字數】右鼓部、鉦間及左鼓部鑄銘文 23 字。

【銘文釋文】隹（唯）八月初吉庚午，翏（鄧—蓼）子厚羃（擇）珂（何）吉金，自乍（作）龢鐘，其永保用之。

器形

a

b

c

1277. 逨鐘六

【時　　代】西周晚期。

【出土時地】1985 年 8 月陝西眉縣馬家鎮楊家村西周銅器窖藏。

【收　藏　者】原藏日本某收藏家,現藏香港某收藏家。

【尺度重量】通高 41、銑間 22.7 釐米。

【形制紋飾】體呈合瓦形,甬和腔體相通,甬上設旋、幹。鉦篆之間以凸棱爲界格,兩面各飾六組長枚,旋飾獸目紋,舞部飾雲紋,篆間飾雙頭夔龍紋,鼓部飾一對顧龍紋。

【著　　録】未著録。

【銘文字數】鉦間和左鼓鑄銘文 44 字(其中重文 4)。

【銘文釋文】亞(經)朕(朕)先且(祖)服(服),多易(錫)逨休,令(命)飁嗣(司)三(四)方吴(虞)替(林)。逨敢(敢)對天子不(丕)顯魯休虩(揚),用乍(作)朕(朕)皇考龏(恭)弔(叔)穌鑻(鐘),鎗₌(鎗鎗)恩₌(恩恩),雄₌(肅肅)鐯₌(雝雝),用

【備　　注】整套爲八件,《銘圖》15634-15638 已著録五件,《銘續》1028 著録了第一件,這是第六件,尚缺第五件。

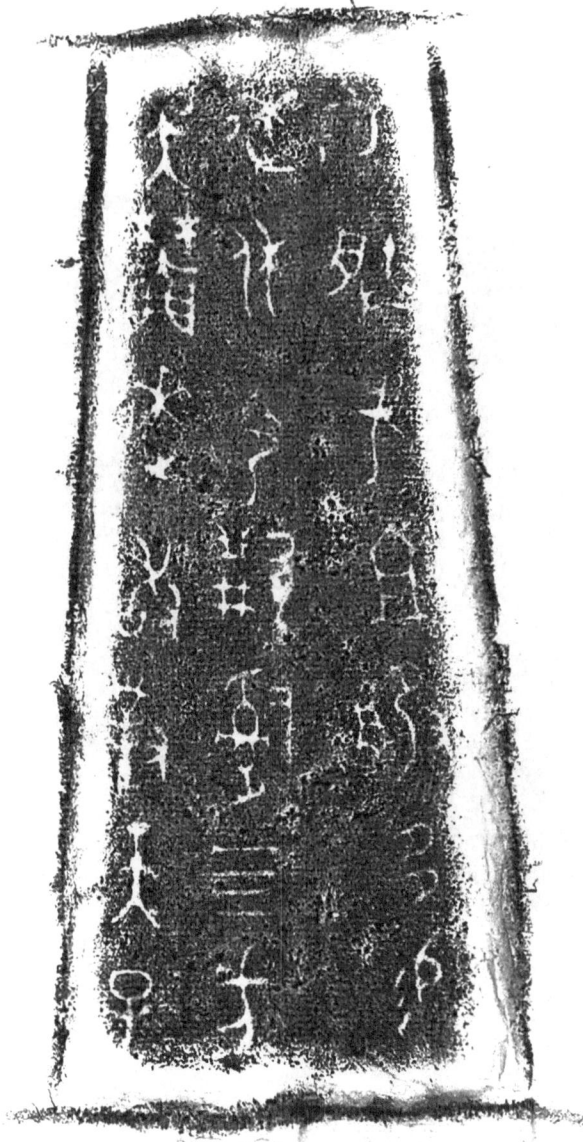

鉦間銘文

左鼓銘文

1278. 璋鐘（原稱子璋鐘）

【時　　代】春秋晚期。

【收 藏 者】Txu Chang Chung。

【形制紋飾】闊腔短鈕淺于式鈕鐘。體較寬，扁方形鈕，鈕飾絢紋，低枚，枚飾螺旋紋，舞上飾蟠龍紋，篆間飾三角蟠龍紋，鼓部飾四條兩頭龍紋。

【著　　錄】彙編 153，總集 7057，筠清 5.29（摹本）。

【銘文字數】鉦間和鼓部有銘文 45 字（其中重文 3）。

【銘文釋文】隹（唯）正十月，初吉丁亥，羣孫斨子璋＝（璋，璋）羃（擇）其吉金，自乍（作）龢鐘，用匽（宴）㠯（以）喜（饎），用樂父㲋（兄）、者（諸）士，其眉（眉）壽（壽）無基（期），子＝（子子）孫＝（孫孫），永保鼓之。

【備　　注】此拓本是巴納 1954 年所拓。《集成》未收錄，筠清 5.29 是摹本，與此是同一件鐘，《集成》歸入 00114，今剔出。這件璋鐘是《集成》所收 7 件璋鐘之外的第八件，比《集成》00114 大一號，應是這套編鐘的第二件。

1279. 衞侯之孫書鐘

【時　　代】春秋晚期。

【出土時地】2018 年 1 月山西襄汾縣陶寺北春秋墓地（M3011）。

【收　藏　者】山西省考古研究所。

【尺度重量】通高 59.4 釐米，重 20 公斤。

【形制紋飾】甬鐘，體呈合瓦形，橫截面呈橢圓形，長腔，鼓部較寬，幹作立獸形，鉦、篆、枚間及周圍有凸綫作爲界欄，枚作平頂兩段式。旋飾目雷紋，篆間飾變形蟠虺紋，鼓部飾一對變形夔龍紋。

【著　　録】未著録。

【銘文字數】正背面鉦間及兩邊篆、兩鼓刻銘文 180 字（其中重文 3）。

【銘文釋文】隹（唯）王正月初吉丁亥，衞厌（侯）之孫，鼺（紳）子之子書＝（書，書）曰：穆＝（穆穆）弘＝（弘弘），公定爲余居，于郲（麥）之埜（野），受樂屮康，卑霝（靈）女武，卑神□猖，土肙變□，保我父兄。書曰：罪（擇）余吉金，用盥（鑄）穌鐘六餚（堵），台（以）言（享）台（以）孝，于我皇且（祖）。先公之福，武公之頪，弋奏虎力，來饎不答。書曰：余小心畏似（忌），訊競屮歓，余不（丕）信無亟，余良人是教，余古政是則，余典用中直。罪（擇）余吉金，乍（作）盥（鑄）余寶鐘，成盥（鑄）六肆，則與其□帀良是平之受穌屮訌我鐘，受平屮諹，安保我土，帚樂我父兄，我台（以）外，我台（以）寶，吾台（以）言（享），吾台（以）孝，福祿無旂（旗—期），永保用之。

【備　　注】據報道，這批衞國的編鐘共 13 件，其中 8 件分爲兩肆，每肆的第 1 件各 180 字，中間 2 件各 19 字，最後 1 件沒有銘文。另外 3 件亦各 19 字。本件書鐘銘文僅有正面鉦間及正面左鼓、背面右鼓照片，背面鉦間左鼓及正面右鼓、兩邊篆銘文照片未公布。

正面鉦間

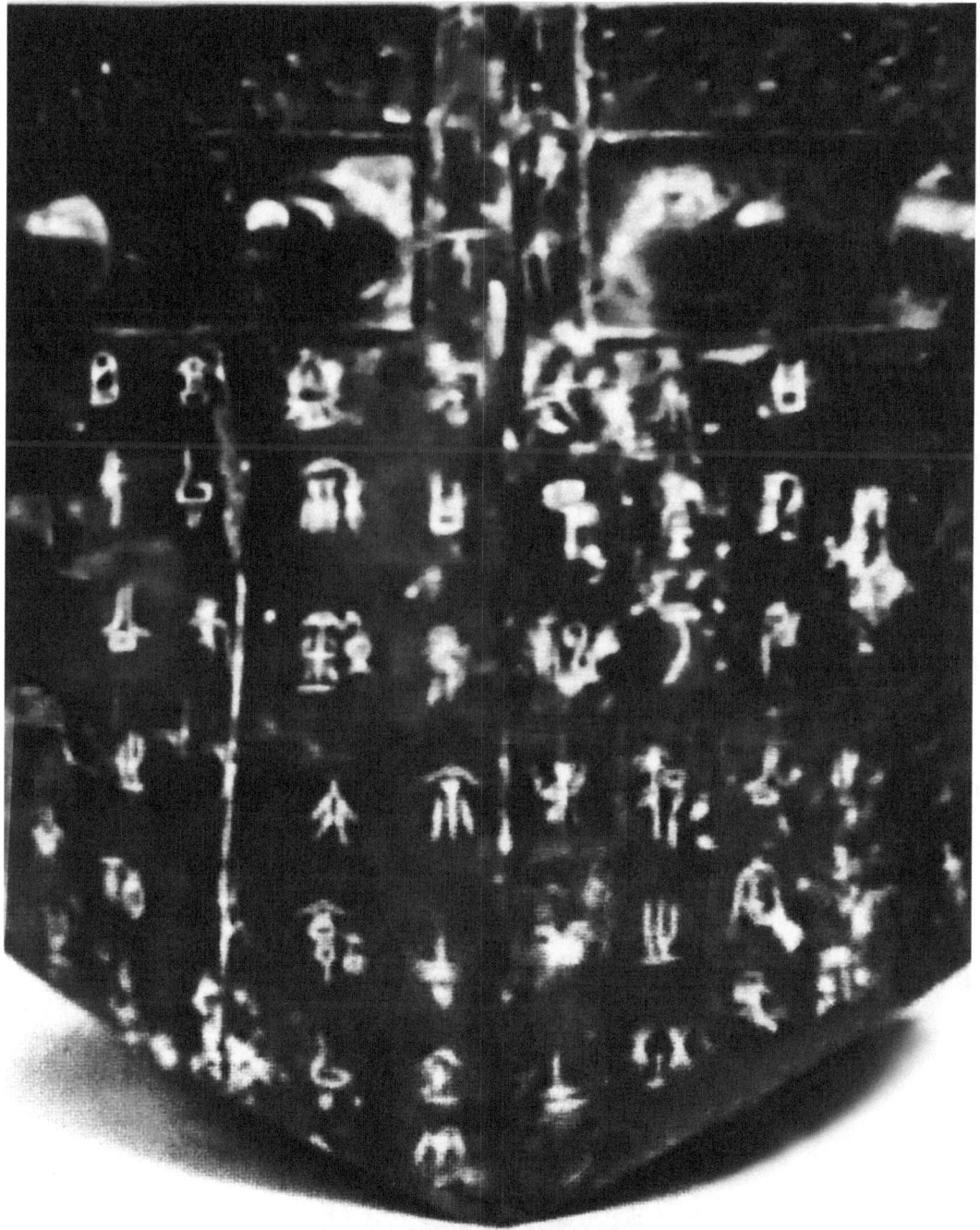

正面左鼓及背面右鼓

1280. 衛侯之孫書鐘

【時　　代】春秋中期前段。

【出土時地】2018 年 1 月山西襄汾縣陶寺北春秋墓地（M3011）。

【收 藏 者】山西省考古研究所。

【形制紋飾】甬鐘，體呈合瓦形，横截面呈橢圓形，長腔，鼓部較寬，榦作立獸形，鉦、篆、枚間及周圍有凸綫作爲界欄，枚作平頂兩段式。旋飾目雷紋，篆間飾變形蟠虺紋，鼓部飾一對變形夔龍紋。

【著　　録】未著録。

【銘文字數】正背面鉦間、左右鼓及背面左右鼓刻銘文 19 字（其中重文 1）。

【銘文釋文】衛医（侯）之孫，灩（紳）子之子書₌（書，書）睪（擇）吉金，乍（作）盥（鑄）龢鐘六䤻（堵）。

【備　　注】據報道，這批衛國的編鐘共 13 件，其中 8 件分爲兩肆，每肆的第 1 件各 180 字，中間 2 件各 19 字，最後 1 件没有銘文。另外 3 件亦各 19 字。本件書鐘背面鉦間照片尚未公布。

正面右鼓

正面鉦間

正面左鼓

背面右左鼓

33. 鎛

（1281–1285）

1281. 疆金鎛

【時　　代】春秋晚期。

【收 藏 者】某收藏家。

【形制紋飾】横截面呈橢圓形，下口平齊，鈕作扁體鏤空蟠龍，鉦、篆間以索狀凸棱爲
　　　　　界格。舞、篆間、鼓部均飾蟠螭紋，高浮雕渦紋形枚。

【著　　録】未著録。

【銘文字數】鉦間、兩邊篆有銘文 20 字（其中重文 2）。

【銘文釋文】……疆金，㠯（以）樂嘉賓，及我父咣（兄），諻＝（皇皇）趄＝（熙熙），矕（眉）
　　　　　喜（壽）無具（期），永保鼓之。

【備　　注】這是一套編鎛中的一件，銘文與前一件連讀。

1282. 嬭加鎛甲（芈加鎛甲，原稱嬭加鐘）

【時　　代】春秋中期。

【出土時地】2019 年 5 月湖北隨州市曾都區棗樹林曾國墓地嬭加墓（M169.9）。

【收　藏　者】隨州博物館。

【尺度重量】舞修 23、銑間 32 釐米。

【形制紋飾】殘破，失鈕。合瓦形，體腔較寬，平口，舞上有長方形鈕，鉦、篆之間以鼓
棱相隔，每面篆間有三排螺旋枚，每排 3 個。鈕上飾兩道陰弦紋，篆間飾
"S" 形雙頭夔龍紋，鼓部飾相背的大夔龍紋。

【著　　錄】江漢考古 2019 年 3 期 10 頁圖 1、2（摹本），16 頁圖版 9-16（照片）。

【銘文字數】正面鉦間、右鼓、中鼓、左鼓、背面鉦間、右鼓、中鼓、左鼓鑄銘文 81 字（其
中合文 1）。

【銘文釋文】隹（唯）王正月初吉乙亥，曰：白（伯）昏（适）受命，帥禹之渚（緒），有此
南洍（汜）。余文王之孫＝（子孫），穆之元子，之邦于曾，余非叔（敢）作（乍）
聰（恥），楚既爲代（式），盧（吾）徠（來）匹之，窸（密—怭）臧（壯）我戁（獻），
大命母（毋）叿（改），余淨（勉）子加嬭（芈），曰：烏（嗚）虖（呼），龏（恭）
公枭（早）陟，余㝬（復—保）其彊（疆）畐（鄙），行相曾邦，台（以）㐧（屏）
竒（辥）頊（夏）。

【備　　注】銘文中"子孫"爲合文，有合文符號。銘文未完，鐘乙接續。

正面銘文拓本（原寬 32 釐米）

正面銘文摹本

背面銘文拓本（原寬 32 釐米）

背面銘文摹本

鉦間銘文照片

正面右鼓銘文

正面中鼓銘文

正面左鼓銘文

背面鉦間銘文

背面右鼓銘文

背面中鼓銘文

背面右鼓銘文

1283. 嬭加鎛乙（芈加鎛乙，原稱嬭加鐘）

【時　　代】春秋中期。

【出土時地】2019 年 5 月湖北隨州市曾都區棗樹林曾國墓地嬭加墓（M169.12）。

【收　藏　者】隨州博物館。

【尺度重量】舞修 23、銑間 32 釐米。

【形制紋飾】殘破，未修復。合瓦形，體腔較寬，平口，舞上有長方形鈕，鉦、篆之間以
鼓棱相隔，每面篆間有三排螺旋枚，每排 3 個。鈕上飾兩道陰弦紋，篆間
飾 "S" 形雙頭夔龍紋，鼓部飾相背的大夔龍紋。

【著　　錄】江漢考古 2019 年 3 期 11 頁圖 3、4（摹本），17 頁圖版 17-24（照片）。

【銘文字數】正面鉦間、右鼓、中鼓、左鼓、背面鉦間、右鼓、中鼓、左鼓鑄銘文 60 字（其
中重文 3）。

【銘文釋文】余典册芇（厥）德殷，民之氓（氏）巨，攸=（攸攸）騤=（騤騤）。余爲夫，
余滅（滅—暊）顗（没—勉）下（舒）犀（遲），龔（恭）敓（畏）僮（儔）公，及
我大夫，孷=（孷孷）猭（豫）政，乍（作）斋（辟）邦豪（家）。余羃（擇）斋（辟）
吉金，幺（玄）鏐黄鎛（鑪），用自乍（作）宗彝酥鐘，台（以）樂好賓、嘉客、

【備　　注】銘文未完，鐘丙接續。

正面銘文摹本

背面銘文摹本

正面鉦間銘文

鑄

489

正面右鼓銘文

正面中鼓銘文

正面左鼓銘文

背面鉦間銘文

背面右鼓銘文

背面中鼓銘文

背面左鼓銘文

1284. 嬭加鎛丙（芈加鎛丙，原稱嬭加鐘）

【時　　代】春秋中期。

【出土時地】2019 年 5 月湖北隨州市曾都區棗樹林曾國墓地嬭加墓（M169.7）。

【收　藏　者】隨州博物館。

【尺度重量】通高約 49、舞修 22、銑間 30 釐米。

【形制紋飾】合瓦形，體腔較寬，平口，舞上有長方形鈕，鉦、篆之間以鼓棱相隔，每面篆間有三排螺旋枚，每排 3 個。鈕上飾兩道陰弦紋，篆間飾"S"形雙頭夔龍紋，鼓部飾相背的大夔龍紋。

【著　　録】江漢考古 2019 年 3 期 12 頁圖 5、6（摹本），18 頁圖版 25-32（照片）。

【銘文字數】正面鉦間、右鼓、中鼓、左鼓、背面鉦間、右鼓、中鼓、左鼓鑄銘文 39 字（其中重文 2）。

【銘文釋文】父𡥛（兄）及我大夫，用孝用亯（享），受福無彊（疆），屖（侃）其平龢，休思（怒—淑）孔韹（煌）。大夫庶士，娿＝（娿娿—齋齋）趨［＝］（趨趨—翼翼），醽（醻）獻譻（歌）趣（舞），匽（宴）喜（饎）歓（飲）飤。易（錫）。

【備　　注】銘文未完，鐘丁接續。銘文中"娿＝（娿娿—齋齋）趨［＝］（趨趨—翼翼）"爲重文，"娿"有重文符號，"趨"字脫重文符號。

正面銘文摹本

背面銘文摹本

正面鉦間銘文

正面右鼓銘文

正面中鼓銘文

正面左鼓銘文

背面鉦間銘文

背面右鼓銘文

背面中鼓銘文

背面左鼓銘文

1285. 嬭加鎛丁（芈加鎛丁，原稱嬭加鐘）

【時　　代】春秋中期。

【出土時地】2019 年 5 月湖北隨州市曾都區棗樹林曾國墓地嬭加墓（M169.10）。

【收 藏 者】隨州博物館。

【尺度重量】通高約 44.8、舞修 20、銑間 27.5 釐米。

【形制紋飾】合瓦形，體腔較寬，平口，舞上有長方形鈕，鉦、篆之間以鼓棱相隔，每面篆間有三排螺旋枚，每排 3 個。鈕上飾兩道陰弦紋，篆間飾"S"形雙頭夔龍紋，鼓部飾相背的大夔龍紋。

【著　　錄】江漢考古 2019 年 3 期 13 頁圖 7、8（摹本），19 頁圖版 33-39（照片）。

【銘文字數】正面鉦間、右鼓、中鼓、左鼓、背面鉦間、右鼓、左鼓鑄銘文 22 字。

【銘文釋文】我霝（令）冬（終）黃耇，用受瑚（胡）福，其萬年母（毋）攺（改），至于孫子，石（庶）保用之。

正面銘文摹本

背面銘文摹本

正面鉦間銘文

正面右鼓銘文

正面中鼓銘文

正面右鼓銘文

背面鉦間銘文

背面左鼓銘文

背面左鼓銘文

34. 鐃

（1286–1293）

1286. 羋鐃甲（禽鐃）

【時　　代】商代晚期。

【收 藏 者】某收藏家。

【形制紋飾】鐃體呈扁筒形，口沿呈弧形，底平而微凸，中部有圓筒形柄，上有對穿小孔。口沿下飾獸面紋，體飾陽綫“回”字形方框。

【著　　錄】未著錄。

【銘文字數】柄下部鑄銘文 1 字。

【銘文釋文】羋（禽）。

【備　　注】同坑出土一套 3 件，形制、紋飾、銘文相同，大小相次。

1287. 芈鐃乙（禽鐃）

【時　　代】商代晚期。

【收 藏 者】某收藏家。

【形制紋飾】鐃體呈扁筒形，口沿呈弧形，底平而微凸，中部有圓筒形柄，上有對穿小孔。口沿下飾獸面紋，體飾陽綫"回"字形方框。

【著　　錄】未著錄。

【銘文字數】柄下部鑄銘文 1 字。

【銘文釋文】芈（禽）。

1288. 芈鐃丙（禽鐃）

【時　　代】商代晚期。

【收 藏 者】某收藏家。

【形制紋飾】鐃體呈扁筒形，口沿呈弧形，底平而微凸，中部有圓筒形柄，上有對穿小孔。口沿下飾獸面紋，體飾陽綫“回”字形方框。

【著　　錄】未著錄。

【銘文字數】柄下部鑄銘文 1 字。

【銘文釋文】芈（禽）。

1289. 🌿鐃乙

【時　　代】商代晚期。

【出土時地】傳出河南安陽。

【收　藏　者】1954年前藏於意大利米蘭 Dr. Bruno Canto，現藏海外某收藏家。

【尺度重量】通高13.8、寬9.2釐米。

【形制紋飾】體呈扁筒形，弧口平底，兩銑微收，長筒形柄，上細下粗，與體腔相同。體
　　　　　　飾浮雕下卷角獸面紋，不施地紋。

【著　　錄】未著錄。

【銘文字數】柄下部鑄銘文1字。

【銘文釋文】🌿。

【備　　注】該鐃一組3件，形制、紋飾、銘文相同，大小相次。第1件著錄於《銘圖》
　　　　　　15883。第2、3件未見著錄，現3件同歸一位私家收藏。

1290. 🌿鐃丙

【時　　代】商代晚期。

【出土時地】傳出河南安陽。

【收　藏　者】1954 年前藏於意大利米蘭 Dr. Bruno Canto，現藏香港御雅居。

【尺度重量】通高 11.6、寬 7.7 釐米。

【形制紋飾】體呈扁筒形，弧口平底，兩銑微收，長筒形柄，上細下粗，與體腔相同。體飾浮雕下卷角獸面紋，不施地紋。

【著　　錄】未著錄。

【銘文字數】柄下部鑄銘文 1 字。

【銘文釋文】🌿。

1291. 天黽鐃甲

【時　　代】商代晚期。

【收　藏　者】某收藏家。

【形制紋飾】鐃體呈扁筒形,弧形口,鼓部有加厚方塊,底平而微凸,下部有圓筒形柄,
向下漸粗。兩面均飾淺浮雕下卷角獸面紋。

【著　　錄】未著錄。

【銘文字數】內壁鑄銘文 2 字。

【銘文釋文】天黽。

【備　　注】一組 3 件,形制、紋飾、銘文相同,大小相次。

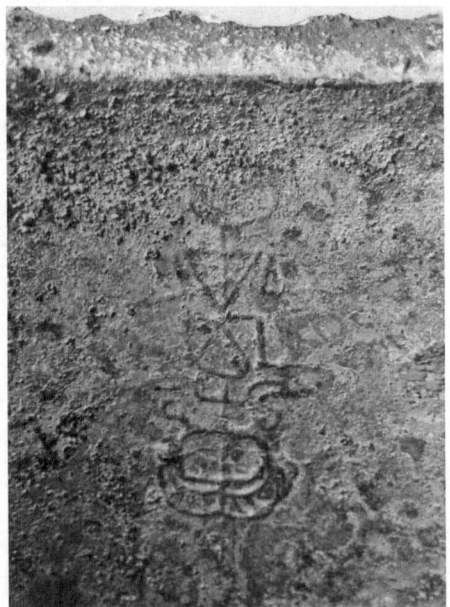

1292. 天黽鐃乙

【時　　代】商代晚期。

【收 藏 者】某收藏家。

【形制紋飾】鐃體呈扁筒形，弧形口，鼓部有加厚方塊，底平而微凸，下部有圓筒形柄，
　　　　　　向下漸粗。兩面均飾淺浮雕下卷角獸面紋。

【著　　錄】未著錄。

【銘文字數】內壁鑄銘文 2 字。

【銘文釋文】天黽。

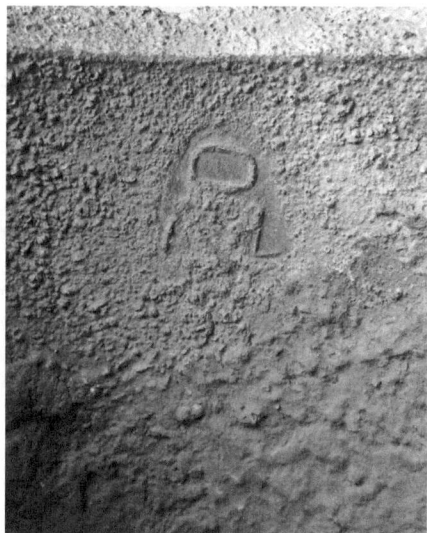

1293. 天黽鐃丙

【時　　代】商代晚期。

【收 藏 者】某收藏家。

【形制紋飾】鐃體呈扁筒形，弧形口，鼓部有加厚方塊，底平而微凸，下部有圓筒形柄，向下漸粗。兩面均飾淺浮雕下卷角獸面紋。

【著　　録】未著録。

【銘文字數】內壁鑄銘文 2 字。

【銘文釋文】天黽。

35．鈴、鐸

（1294）

1294. 齊侯鐸（齊侯鐘）

【時　　代】春秋晚期。

【收 藏 者】某收藏家。

【形制紋飾】横截面呈橢圓形,腹部微鼓,口部略收,長方形柄,中空。

【著　　録】未著録。

【銘文字數】正面鑄銘文 16 字,背面 16 字(其中重文 2),共 32 字,銘文連讀。

【銘文釋文】正面銘：齊庆(侯)乍(作)朕(朕—媵)子中(仲)姜寶鍾(鐘),其鬢(眉)
　　　　　　壽(壽)薑(萬)芏(年),齊邦。
　　　　　　背面銘：霝(謐)靜安盔(寧),永偁(保)其身,子＝(子子)孫＝(孫孫)永
　　　　　　偁(保)用之。

【備　　注】此器自名爲鐘,從形制看,應稱爲鐸。

正面　　　　　　　　　　　　　　背面

正面

背面

36. 句鑃、錞于

（1295–1296）

1295. 郤公贏句鑃（養公家句鑃）

【時　　代】春秋晚期。

【收 藏 者】某收藏家。

【尺度重量】通高 25、口寬 8.5 釐米。

【形制紋飾】體腔似鐃而長，橫截面呈橢圓形，兩側斜收，凹弧形口，平底，底部有六棱長柄，末端連鑄一個圓環。體表下部飾雷紋和三角雷紋帶。

【著　　錄】未著錄。

【銘文字數】正面右上側鑄銘文 14 字（其中重文 2）。

【銘文釋文】郤（養）公贏（家）自盨（鑄）錞（錞）鐘，子＝（子子）孫＝（孫孫）弋（其）永錙（寶）。

【備　　注】此類器形有的自名爲“勾鑃”，有的自名爲“鉦鍼”，有的自名爲“鎚鐲”，該器自名爲“錞鐘”。

1296. 鳥蟲書錞于

【時　　代】戰國中期或戰國晚期·越。

【出土時地】2009 年江蘇盱眙大雲山西漢江都王墓（N1K1 ⑥ .395）。

【收 藏 者】南京博物院。

【尺度重量】通高 67.51、盤徑 28.32、肩徑 40.42、口徑 28.8 × 30.6、壁厚 1 釐米。

【形制紋飾】整體呈橢圓筒形，鼓肩收腹，束腰平口，器身兩側各有一道脊綫，頂蓋爲帶鈕圓盤，中央有雙首拱身龍鈕。盤內飾四條浮雕龍紋，龍身呈"S"形，昂首吐舌，揚鬃卷尾，龍爪前舉後踞，身飾重環紋，腹飾三組下卷角獸面紋；肩部兩道寬弦紋之間飾蟠龍紋，隧部飾四蛇環璧紋，口部飾蟠螭紋。

【著　　錄】文物 2016 年 11 期 55 頁圖 8。

【銘文字數】脊綫兩側有模印銘文 64 字。

【銘文釋文】之亥鼓疆萬用莫北亡丌余孫北萬川相亥余鼓用相萬北祖丌之疆孫莫川祖不相亡之丌鼓用祖不川疆孫余莫萬北不孫余亥疆萬北用北丌鼓亡之祖不莫川。

【備　　注】銘文係用 16 個活字模抑範而成，與宋代的泥活字排版如出一轍。內容無法通讀，實際上是把活字鳥篆當作圖案裝飾使用。銘文中出現的 13 個字與越王者旨於睗鐘中的"日台（以）鼓（鼓）之，妖（夙）莫（暮）不貣（忒），順余子孫，萬枼（世）亡（無）疆，用之勿相（喪）"相同。"川"即"順"，"丌北"即"丌北古（越王無疆）"。所以，此錞于的時代當在越王丌北古或稍後時期。

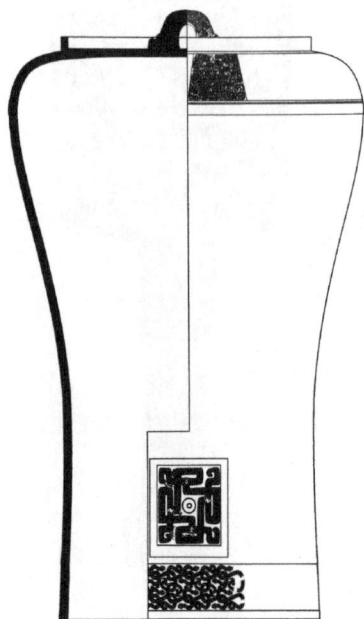

（拓本原高 53 釐米）

銘文摹本

37．戈、戟

（1297–1367）

1297. 扶戈

【時　　代】商代晚期。

【收 藏 者】某收藏家。

【形制紋飾】體呈等腰三角形,前鋒較圓,脊部鼓起,無胡無穿,闌上下出齒,援的後部
連接闌處有三角形加厚,長方形内,上有一圓孔,其後一面飾夔龍紋。

【著　　錄】未著錄。

【銘文字數】内部鑄銘文 1 字。

【銘文釋文】扶。

1298. 犹戈

【時　　代】商代晚期。

【收 藏 者】某收藏家。

【尺度重量】通長 23.9 釐米。

【形制紋飾】直援,無胡無穿,兩邊開刃,中脊鼓起,援向後漸寬,闌上下出齒,長方形内,上有一大圓孔。援上飾圓渦紋和蟬紋,内一面飾"臣"字紋和刀形紋。

【著　　録】未著録。

【銘文字數】内部鑄銘文 1 字。

【銘文釋文】犹。

1299. 先戈

【時　　代】商代晚期。

【收 藏 者】某收藏家。

【形制紋飾】直援尖鋒,無胡無穿,闌上下出齒,長方形內,上有一圓孔,後部呈圓弧形,下角出齒。

【著　　錄】未著錄。

【銘文字數】內部鑄銘文 1 字。

【銘文釋文】先。

1300. 凡戈

【時　　代】商代晚期。

【收　藏　者】某收藏家。

【形制紋飾】直援圓鋒,援向後漸寬,鋬前分出兩翼,中脊鼓起,橢圓形鋬内,之後有一
段長方形内。

【著　　錄】未著錄。

【銘文字數】内後部鑄銘文1字。

【銘文釋文】凡。

1301. 戭戈

【時　　代】商代晚期。

【出土時地】傳出山東。

【收　藏　者】現藏抱梅山房。

【尺度重量】通長 23 釐米。

【形制紋飾】直援,前鋒圓鈍,中脊鼓起,無胡,闌上下出齒,長方形内,上有一圓穿。

【著　　錄】未著錄。

【銘文字數】内部鑄銘文 1 字。

【銘文釋文】戭。

1302. 矤戈

【時　　代】商代晚期。

【收 藏 者】某收藏家。

【形制紋飾】直援尖鋒，無胡無穿，闌上下出齒，上齒短下齒長，長方形內，上有一圓
　　　　　孔。內後部一面飾獸面紋，另一面鑄銘文。

【著　　錄】未著錄。

【銘文字數】內部鑄銘文 1 字。

【銘文釋文】矤（矧）。

1303. 山戈

【時　　代】商代晚期。

【收 藏 者】某收藏家。

【形制紋飾】直援,鋒圓鈍,無胡無穿,鑾內後部有一段直內。鑾孔呈橢圓形。

【著　　録】未著録。

【銘文字數】內部鑄銘文1字。

【銘文釋文】山。

1304. 舌戈

【時　　代】商代晚期。

【收 藏 者】洛陽某收藏家。

【尺度重量】通長 23.1、內長 6.5、寬 3.3 釐米,重 0.344 公斤。

【形制紋飾】體呈牛舌形,尖鋒有脊,無胡無穿,橢圓形銎內,後部有一段直內。

【著　　錄】未著錄。

【銘文字數】內兩面各鑄銘文 1 字,內容相同。

【銘文釋文】舌。

　　　正面　　　　　　　　　　　　背面

1305. 奭戈

【時　　代】商代晚期。

【收 藏 者】某收藏家。

【形制紋飾】寬直援,前鋒圓鈍,無胡,橢圓形銎內。

【著　　錄】未著錄。

【銘文字數】內部鑄銘文 1 字。

【銘文釋文】奭。

1306. 左戈

【時　　代】商代晚期。

【收 藏 者】陝西歷史博物館。

【尺度重量】通長 23.2、寬 5.7 釐米,重 0.28 公斤。

【形制紋飾】直援,前鋒圓鈍,脊部作三條弦紋,無胡無穿,內後部縮小,邊緣呈圓
　　　　　弧形。

【著　　錄】陝集成 15 冊 284 頁 1800。

【銘文字數】內部鑄銘文 1 字。

【銘文釋文】ナ(左)。

1307. 戈戈

【時　　代】商代晚期。

【出土時地】見於美國明尼阿波利斯美術館網站。

【收　藏　者】原藏阿爾弗雷德·F·皮爾斯伯里,後捐贈給明尼阿波利斯美術館。

【尺度重量】通長 21.59 、闌高 9.53 、援寬 2.54 釐米。

【形制紋飾】直援,短胡一穿,闌下出齒,援末闌側兩面有耳形護擋,內後部圓收,下角
　　　　　　有缺。

【著　　錄】銘照 254 頁 711。

【銘文字數】內部鑄銘文 1 字。

【銘文釋文】戈。

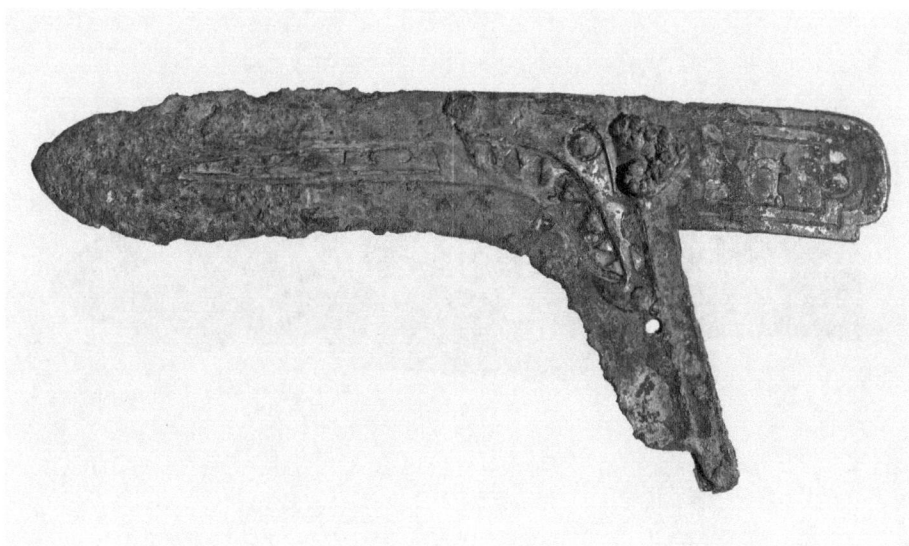

1308. 屮戈

【時　　代】商代晚期。

【出土時地】2010 年 7 月至 2011 年 2 月濟南市古城區
劉家莊商代墓葬（M122.23）。

【收　藏　者】濟南市考古研究所。

【尺度重量】通長 23.8 釐米。

【形制紋飾】直援有脊，鋒較圓鈍，無胡，橢圓形銎内，後
部有一段直内。

【著　　錄】國博館刊 2016 年 7 期 97 頁圖 40.5，海岱
考古 11 輯 317 頁圖 80B3.4、彩版 8.1。

【銘文字數】内兩面各鑄銘文 1 字，内容相同。

【銘文釋文】屮。

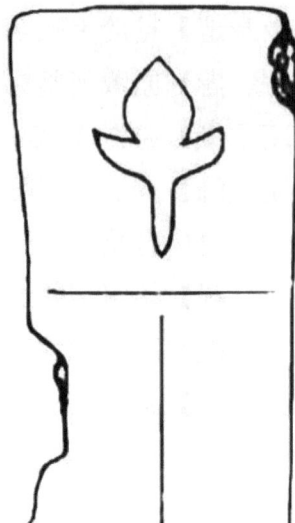

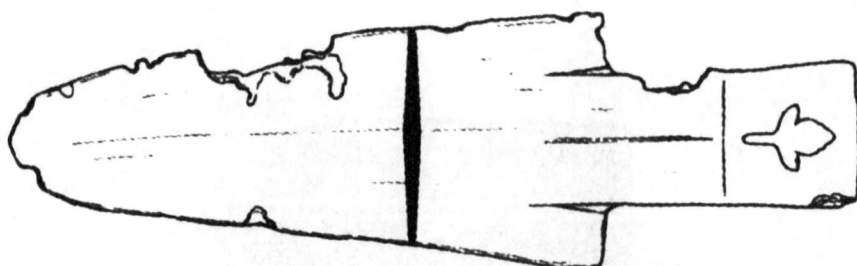

1309. 屮戈

【時　　代】商代晚期。

【出土時地】2010年7月至2011年2月濟南市古城區劉家莊商代墓葬（M121.34）。

【收 藏 者】濟南市考古研究所。

【尺度重量】通長24釐米。

【形制紋飾】直援有脊,鋒較圓鈍,無胡,橢圓形銎內,後部有一段直內。

【著　　錄】國博館刊2016年7期97頁圖40.5,海岱考古11輯308頁圖79B10.5。

【銘文字數】內兩面各鑄銘文1字,內容相同。

【銘文釋文】屮。

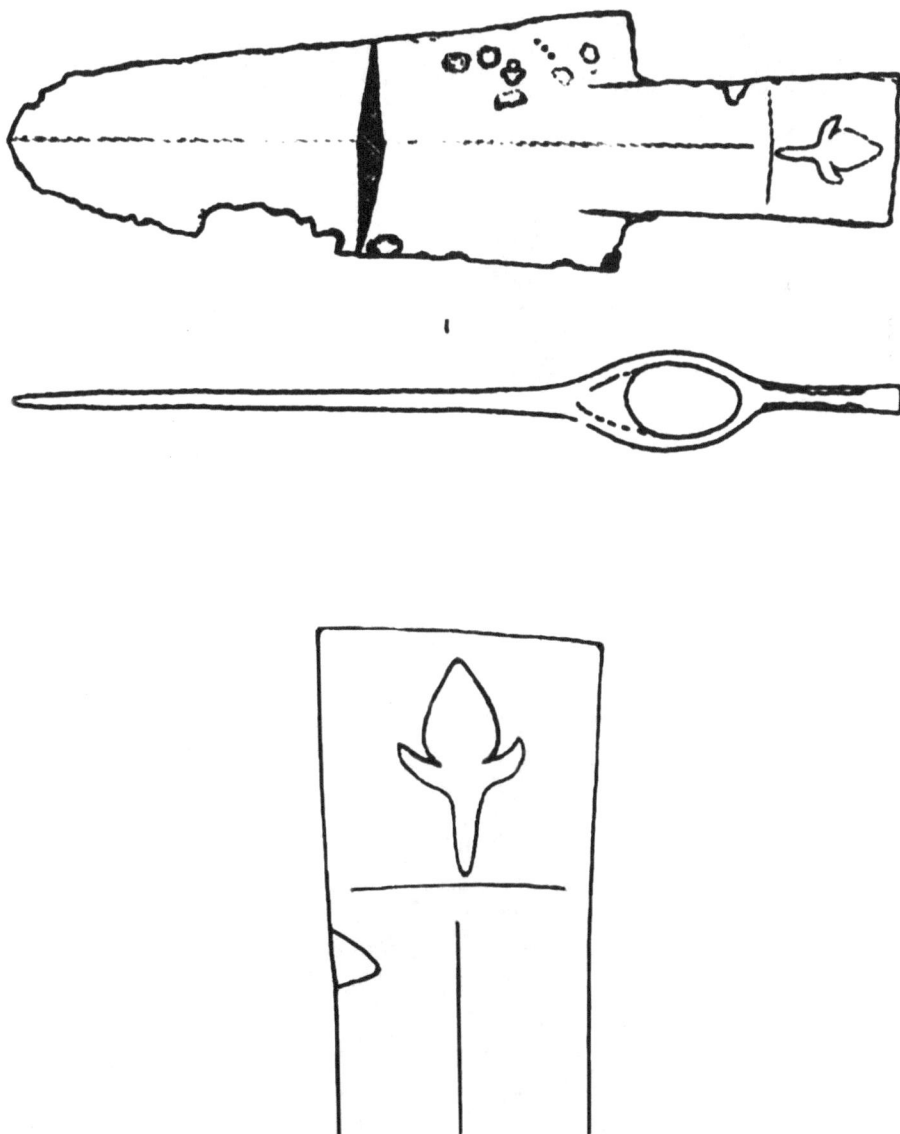

1310. 鳥戈

【時　　代】商代晚期。

【收　藏　者】瑞典斯德哥爾摩遠東古物館。

【形制紋飾】直援短胡，前鋒呈弧形，闌側有一長方形穿，闌下出齒，銎內，後部有一段
　　　　　　平內，橢圓形銎孔，脊直通銎上。

【著　　錄】未著錄。

【銘文字數】內部鑄銘文 1 字。

【銘文釋文】鳥。

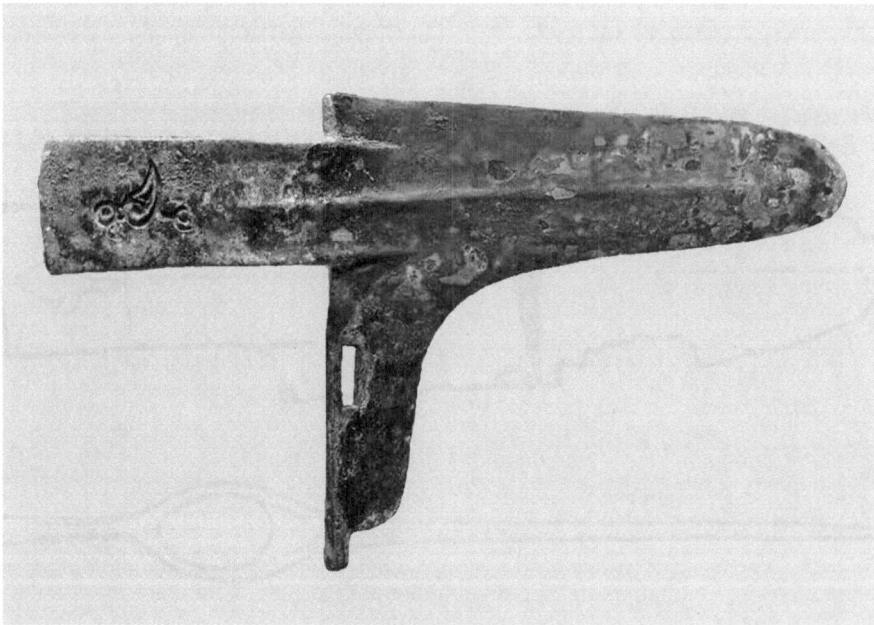

1311. 牛戟

【時　　代】西周早期。

【收 藏 者】某收藏家。

【形制紋飾】刀戈合體,援較短,前鋒下彎,兩面脊部有三條陽綫,基部有鑲嵌綠松石
　　　　　的牛首紋,刀形刺,尖部下彎,長胡,闌側四穿,内的後部有三齒。

【著　　録】未著録。

【銘文字數】援基正背面各有鑲嵌綠松石的銘文 1 字。

【銘文釋文】牛。

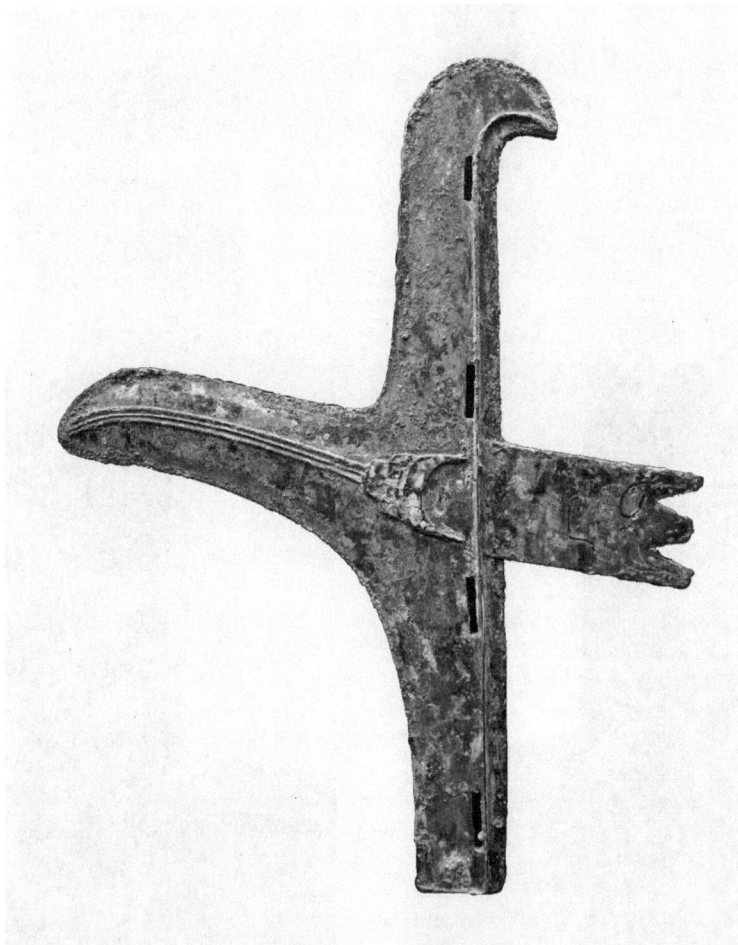

正面銘文 背面銘文

1312. 史戈

【時　　代】西周早期。

【出土時地】1976 年山東滕州市前掌大商周遺址。

【收 藏 者】滕州市博物館。

【尺度重量】通長 26、闌高 14 釐米。

【形制紋飾】直援上揚,尖鋒,有中脊,短胡二穿,闌下出齒,銎内後部有一段直内。

【著　　録】薛序 103 頁。

【銘文字數】内後部鑄銘文 1 字。

【銘文釋文】史。

1313. 師戈(自戈)

【時　　代】西周早期。

【出土時地】早年陝西寶雞縣(今寶雞市陳倉區)城關鎮廢品收購站揀選。

【收　藏　者】寶雞市陳倉區博物館。

【尺度重量】殘長18釐米。

【形制紋飾】鋒殘,三角援,脊由一粗二細的陽綫組成,其後有一孔,無胡,闌側二穿,
　　　　　　長方形內,後部稍殘。

【著　　録】陝集成7冊125頁0759。

【銘文字數】內部鑄陽文1字。

【銘文釋文】自(師)。

【備　　注】館藏號:965。

1314. 曾戈(原稱嚚戈)

【時　　代】西周早期。

【收　藏　者】原藏陝西省博物館,現藏陝西歷史博物館。

【尺度重量】通長 26.3 釐米,重 0.31 公斤。

【形制紋飾】通體呈鐮刀形,尖鋒,闌上下出齒,下齒殘,內後部出三齒。

【著　　錄】陝集成 16 冊 68 頁 1851。

【銘文字數】內部鑄銘文 1 字。

【銘文釋文】曾(曾)。

【備　　注】館藏號：2759。

銘文拓本

銘文照片

1315. →戈

【時　　代】西周早期。

【出土時地】早年陝西寶雞市博物館在寶雞市銅件廠揀選。

【收　藏　者】寶雞青銅器博物院。

【尺度重量】通長 20.7 釐米，重 0.176 公斤。

【形制紋飾】直援，鋒較鈍，中部有脊，短胡無穿，闌上下出齒，齒尖向前，長方形內。

【著　　錄】陝集成 8 冊 233 頁 0970。

【銘文字數】內部鑄銘文 1 字。

【銘文釋文】→。

【備　　注】館藏號：IA8.59。

1316. 矢戈

【時　　代】西周早期。

【出土時地】早年陝西寶雞市博物館徵集。

【收 藏 者】寶雞青銅器博物院。

【尺度重量】通長 24 釐米，重 0.33 公斤。

【形制紋飾】直援，鋒較圓鈍，中部有脊，短胡一穿，闌上下出齒，長方形內。

【著　　錄】陝集成 7 册 178 頁 0780。

【銘文字數】內部鑄銘文 1 字。

【銘文釋文】矢。

銘文拓本

銘文照片

1317. 矢戈

【時　　代】西周早期。

【出土時地】早年陝西寶雞市博物館徵集。

【收 藏 者】寶雞青銅器博物院。

【尺度重量】通長 22.9、內長 7.3 釐米，重 0.334 公斤。

【形制紋飾】直援，前部已彎曲，中部有脊，短胡一穿，闌上下出齒，長方形內。

【著　　錄】陝集成 7 册 176 頁 0779。

【銘文字數】內部鑄銘文 1 字。

【銘文釋文】矢。

【備　　注】館藏號：IA8.063。

銘文拓本　　　　　　　　　銘文照片

1318. 山戈

【時　　代】西周早期。

【收 藏 者】某收藏家。

【形制紋飾】直援,脊鼓起,短胡一穿,闌上下出齒,長方形内,後部微寬。

【著　　録】未著録。

【銘文字數】内部鑄銘文1字。

【銘文釋文】山(？)。

1319. 鄁戈

【時　　代】春秋早期。

【收 藏 者】某收藏家。

【形制紋飾】直援尖鋒,中脊偏上,
窄短胡,闌側一長穿一
小穿,闌下出齒,長方
形內,上有一橫穿和一
個大圓孔。

【著　　錄】未著錄。

【銘文字數】胡部鑄銘文1字。

【銘文釋文】鄁。

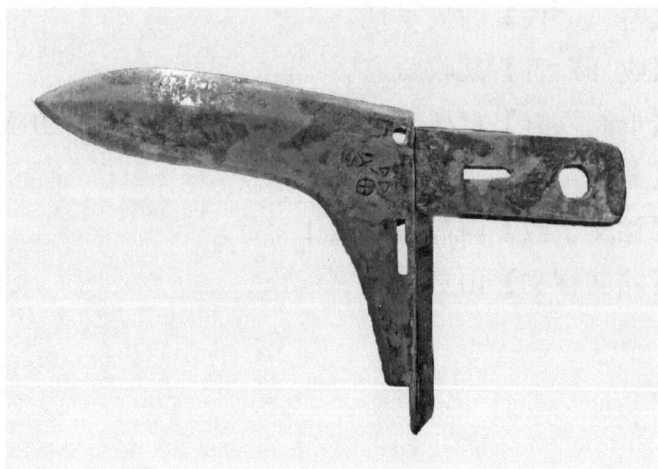

1320. 雍戈

【時　　代】春秋時期。

【出土時地】早年陝西寶雞市博物館在廢品公司揀選。

【收　藏　者】寶雞青銅器博物院。

【尺度重量】通長 22.8 釐米，殘重 0.284 公斤。

【形制紋飾】直援尖鋒，脊部鼓起，胡殘斷，現存三穿，長方形內上有一橫穿，後部殘。

【著　　録】陝集成 8 冊 236 頁 0973。

【銘文字數】內部鑄銘文 1 字。

【銘文釋文】雝（雍）。

【備　　注】館藏號：IA8.94。銘文拓本不完整。

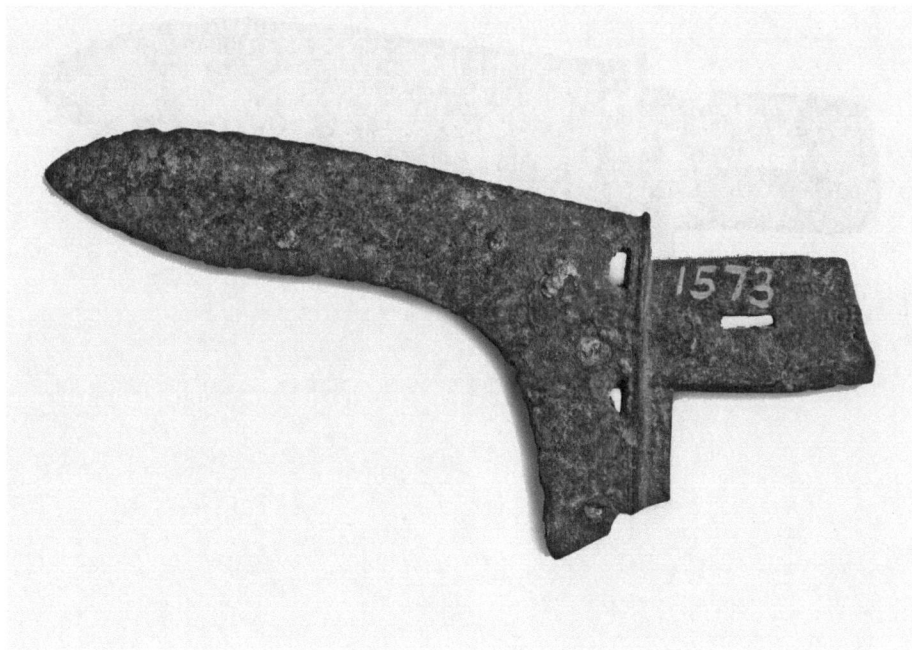

1321. 郹戈

【時　　代】春秋時期。

【出土時地】甘肅靖遠縣。

【收　藏　者】靖遠縣博物館。

【形制紋飾】直援，前鋒殘，脊部較厚，中胡，闌側二長穿一小穿，闌下出齒，長方形內，
上有一橫穿。

【著　　錄】青銅器147頁。

【銘文字數】胡部鑄銘文1字。

【銘文釋文】郹。

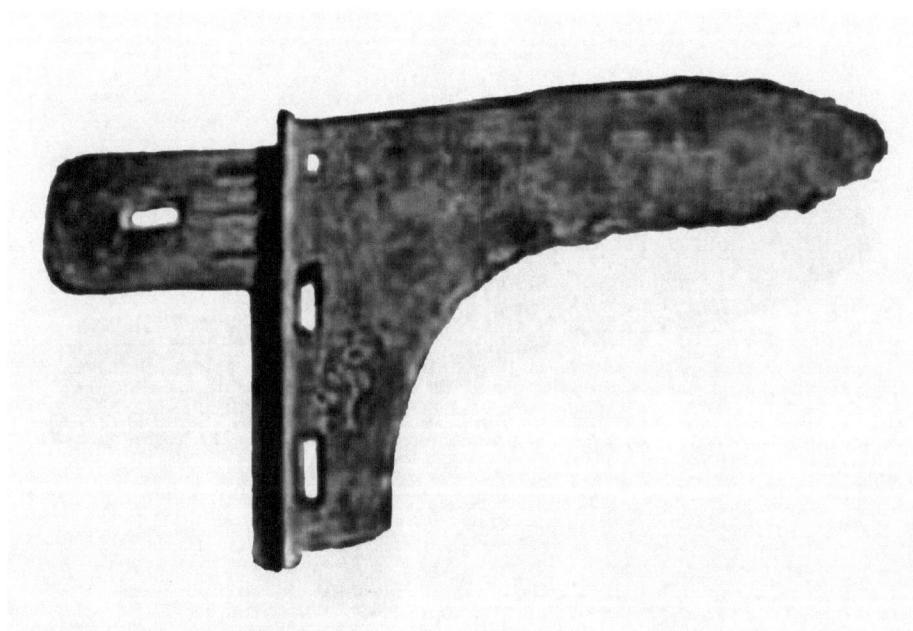

1322. 鍾戈

【時　　代】戰國早期·宋。

【收藏者】齊國故城博物館。

【尺度重量】通長 23.5 釐米。

【形制紋飾】援寬短,短胡,闌側有兩個"T"字形穿,援中部有一個梭形孔,內寬與援中部相當,內後部有一個大圓孔,前部有"丁"字形穿,後端斜殺。

【著　　錄】齊國館 118 頁。

【銘文字數】內部鑄銘文 1 字。

【銘文釋文】鍾。

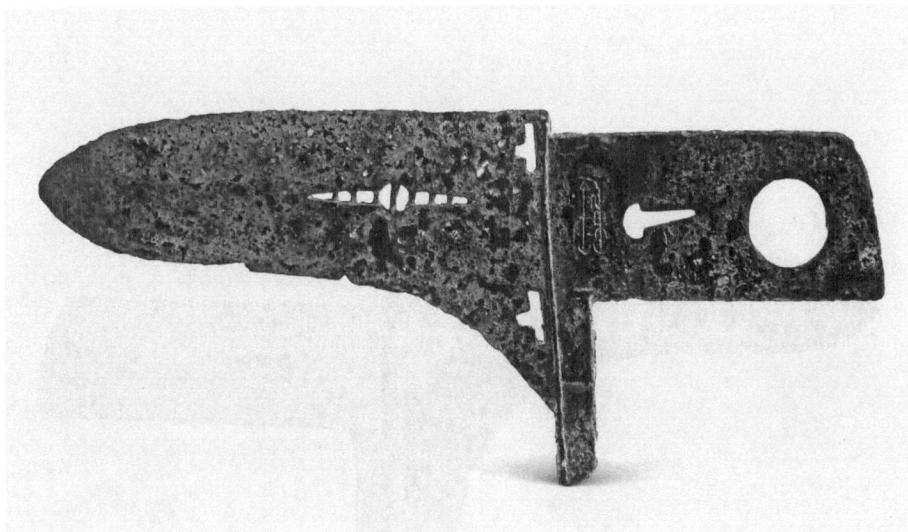

1323. 中戈

【時　　代】戰國中期。

【收 藏 者】河北保定市徐占勇達觀齋。

【尺度重量】通長 23 釐米。

【形制紋飾】直援尖鋒，脊部鼓起，長胡，闌側二長穿一小穿，
　　　　　　闌下出齒，長方形內，上有一橫穿。

【著　　錄】兵圖 18 頁。

【銘文字數】內部鑄銘文 1 字。

【銘文釋文】串（中）。

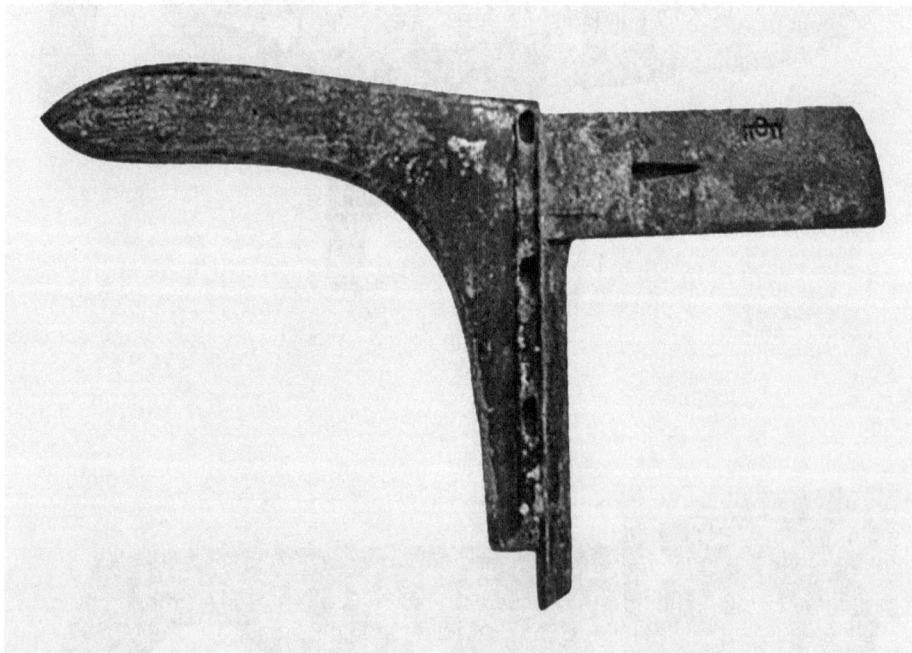

1324. 子龍戈

【時　　代】商代晚期。

【出土時地】1958 年入藏。

【收　藏　者】河南新鄉市博物館。

【尺度重量】通長 23.5、寬 6、厚 2.8 釐米，重 433 克。

【形制紋飾】銎內戈，直援尖鋒，中部起脊，無胡無穿，橢圓形銎，後部有一段直內。

【著　　録】文物賞 2018 年 4 期 80 頁。

【銘文字數】內部鑄銘文 2 字。

【銘文釋文】子龍。

1325. 戈×戈

【時　　代】商代晚期。

【收　藏　者】某收藏家。

【形制紋飾】直援較寬，下刃呈弧形，無胡，脊部略厚，橢圓形銎，後部有一段平内。

【著　　録】未著録。

【銘文字數】内部鑄銘文 2 字。

【銘文釋文】戈，×。

1326. 戊鼎戈（鉞鼎戈）

【時　　代】商代晚期。

【收　藏　者】某收藏家。

【形制紋飾】直援，尖鋒，無胡，闌上下出齒，長方形內，上有一圓孔，下角出齒。

【著　　錄】未著錄。

【銘文字數】內兩面各鑄銘文 1 字，共 2 字。

【銘文釋文】戊（鉞），鼎。

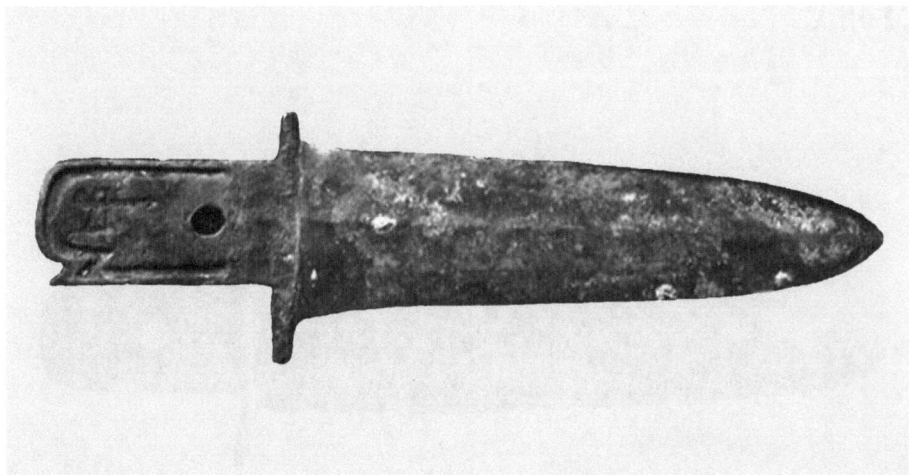

1327. 用戈

【時　　代】西周早期前段。

【出土時地】2004-2007 年山西絳縣橫水鎮橫北村西周墓地（M2158.93）。

【收　藏　者】山西省考古研究所。

【尺度重量】通長 22.4、援寬 3.8、內寬 2.4 釐米,重 0.26 公斤。

【形制紋飾】直援,前部圓鈍,橫截面呈梭形,無胡無穿,闌上下出齒,援後部近側闌處
　　　　　有兩條魚鱗形凸起,直內略呈長方形,前寬後窄,前部略厚,中部有一圓
　　　　　穿,尾端圓弧。

【著　　錄】考古 2019 年 1 期 55 頁圖 96、97。

【銘文字數】闌左側鑄銘文 2 字。

【銘文釋文】用戈。

1328. 矢伯戈

【時　　代】西周早期。

【出土時地】早年陝西寶雞市博物館徵集。

【收　藏　者】寶雞青銅器博物院。

【尺度重量】通長 22.2 釐米, 重 0.22 公斤。

【形制紋飾】直援尖鋒, 中部有脊, 胡極短, 闌上下出齒, 齒尖向前, 長方形内。

【著　　錄】陝集成 7 册 176 頁 0779。

【銘文字數】内部鑄銘文 2 字。

【銘文釋文】矢白(伯)。

【備　　注】館藏號: IA8.126。

銘文拓本

銘文照片

1329. 冂五戈

【時　　代】西周早期。

【收　藏　者】洛陽某收藏家。

【尺度重量】通長 23.2、內長 5.2、闌高 12 釐米,重 0.27 公斤。

【形制紋飾】直援上揚,圓鋒有脊,短胡,闌側一穿,闌上下出齒,長方形內下角有缺。

【著　　錄】未著錄。

【銘文字數】內兩面各鑄銘文 1 字,共 2 字。

【銘文釋文】冂,五。

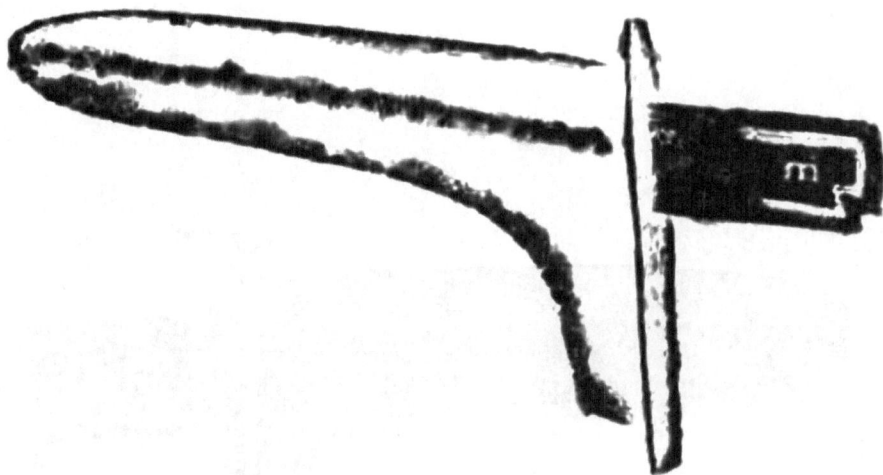

正　面　　　　　　　　　　背　面

1330. 宮戈

【時　　代】春秋早期。

【收　藏　者】某收藏家。

【尺度重量】通長 23.5、闌高 11.5
釐米。

【形制紋飾】直援，鋒圓鈍，脊部微
鼓，中胡，闌側二長穿
一小穿，闌下出齒，長
方形内，後角圓鈍，中
部有一橫穿。後部雙
陰綫繞邊，其間有透雕弧形紋，中間有一圓圈。

【著　　録】未著録。

【銘文字數】内部鑄銘文 1 字，胡部 1 字，共 2 字。

【銘文釋文】宮，戈。

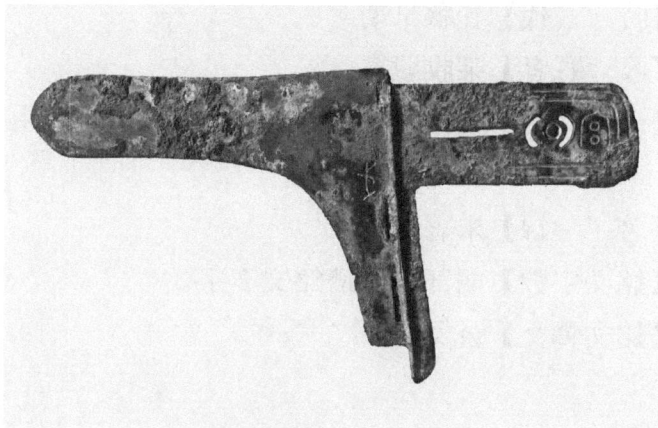

1331. 公戈

【時　　代】春秋早期。

【收 藏 者】某收藏家。

【形制紋飾】直援,前鋒呈三角形,中脊起綫,中長胡,闌側二長穿一小穿,闌下出齒, 長方形內,上有一橫穿。

【著　　錄】未著錄。

【銘文字數】胡部一面鑄銘文 2 字。

【銘文釋文】公戈。

1332. 公戈

【時　　代】春秋早期。
【收 藏 者】香港朱氏（朱昌言）九如園。
【尺度重量】通長 23.8、內長 7.3 釐米。
【形制紋飾】直援尖鋒，脊綫明顯，中胡，闌側四穿，闌下出齒，長方形內，中部有一
　　　　　横穿。
【著　　録】九如園 78 頁 33。
【銘文字數】內部鑄銘文 2 字。
【銘文釋文】公戈。

1333. 用戈

【時　　代】春秋早期。

【收　藏　者】某收藏家。

【形制紋飾】直援尖鋒，前部肥大，脊綫凸起，中胡較寬，闌側二長穿一小穿，闌下出齒，長方形內，上有一橫穿。

【著　　錄】未著錄。

【銘文字數】內後部鑄銘文 2 字。

【銘文釋文】用戈。

1334. 元用戈

【時　　代】春秋早期。

【出土時地】1967 年 12 月陝西寶雞市渭濱區姜城堡墓葬。

【收 藏 者】寶雞青銅器博物院。

【尺度重量】通長 21.9 釐米,重 0.266 公斤。

【形制紋飾】直援,三角鋒,脊部鼓起,胡部殘,闌側二長穿一小穿,小穿橫置,長方形
　　　　　　內,上有一橫穿。

【著　　錄】考古 1979 年 6 期 564 頁,陝集成 8 冊 148 頁 0930。

【銘文字數】胡部鑄銘文 2 字。

【銘文釋文】元用。

【備　　注】館藏號:IA8.36。

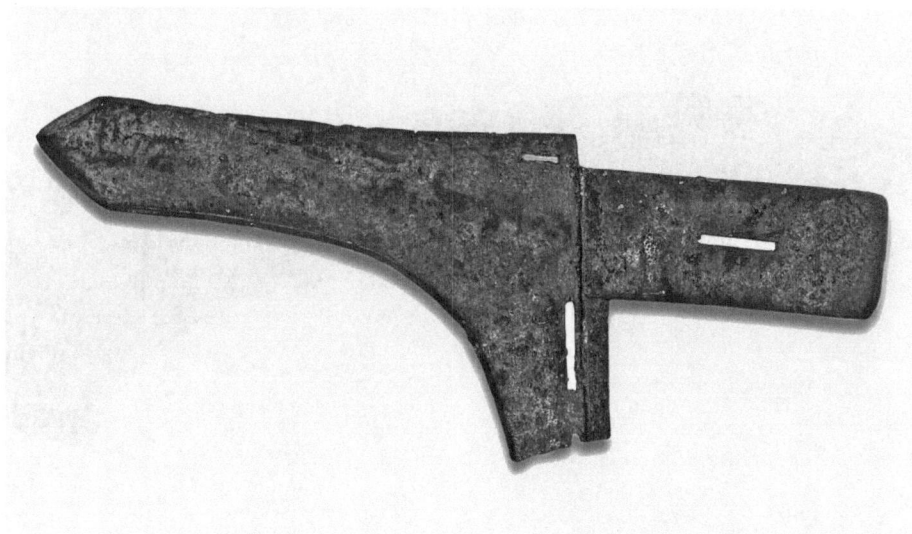

1335. 武仲戈

【時　　代】春秋晚期。

【出土時地】傳出山東。

【收　藏　者】現藏抱梅山房。

【形制紋飾】直援尖鋒，前部肥大，胡和內部均殘斷。

【著　　錄】未著錄。

【銘文字數】胡部鑄銘文，現存 2 字。

【銘文釋文】武中（仲）。

1336. 馭郖戈（馭皮戈）

【時　　代】春秋晚期。

【收　藏　者】某收藏家。

【尺度重量】通長 19.5、闌高 8.7 釐米。

【形制紋飾】直援較寬，尖鋒，中胡較窄，闌側二長穿一小穿，闌下出齒，長方形內，中部有一橫穿。

【著　　録】未著録。

【銘文字數】內部鑄銘文 2 字。

【銘文釋文】馭（馭）郖（皮）。

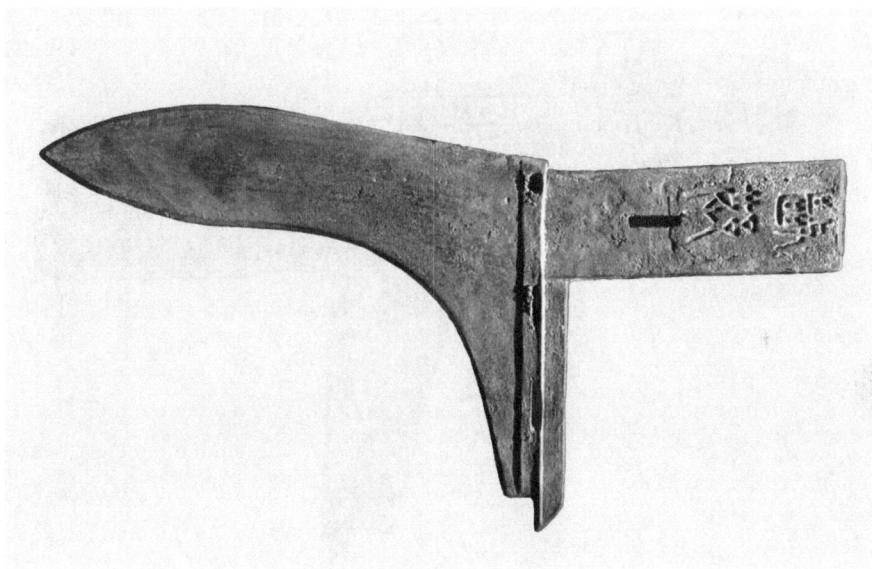

1337. 少府戈

【時　　代】戰國早期·秦。

【收　藏　者】某收藏家。

【形制紋飾】直援，前鋒圓鈍，中脊偏上，長胡，闌側三穿，闌下出齒，長方形內，上有一
橫穿。

【著　　錄】未著錄。

【銘文字數】內部刻銘文 2 字。

【銘文釋文】少府。

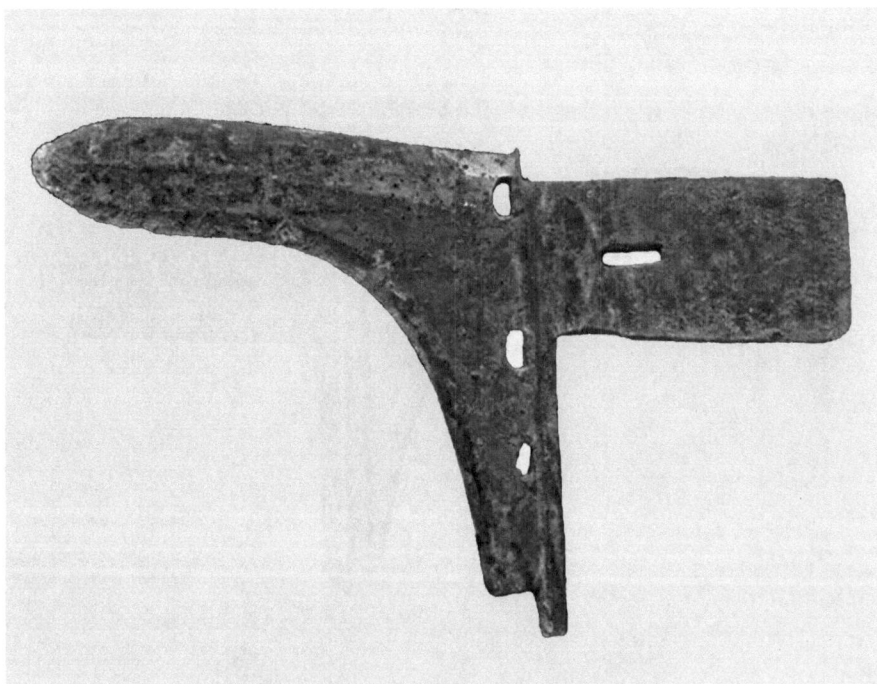

（放大）

1338. 君戈甲

【時　　代】戰國中期。

【收 藏 者】河北保定市徐占勇達觀齋。

【尺度重量】通長 22 釐米。

【形制紋飾】直援尖鋒，脊部鼓起，中胡，闌側二長穿一小穿，長方形內，上有一橫穿。

【著　　錄】兵圖 15 頁左。

【銘文字數】內兩面各鑄銘文 2 字，內容相同。

【銘文釋文】君戈。

銘文拓本　　　　　　　　　銘文照片

1339. 君戈乙

【時　　代】戰國中期。

【收　藏　者】河北保定市徐占勇達觀齋。

【尺度重量】通長 22 釐米。

【形制紋飾】直援尖鋒,脊部鼓起,中胡,闌側二長穿一小穿,長方形內,上有一橫穿。

【著　　錄】兵圖 15 頁右。

【銘文字數】內兩面各鑄銘文 2 字,內容相同。

【銘文釋文】君戈。

銘文拓本　　　　　　　　銘文照片

1340. 左庫戈

【時　　代】戰國晚期。

【收 藏 者】某收藏家。

【形制紋飾】直援尖鋒,脊部微鼓,援的前部較寬,後部較窄,長胡,闌側二長穿一小
穿,闌下出齒,內上有一橫穿,三邊開刃。出土時帶有柲帽。

【著　　錄】未著錄。

【銘文字數】胡部鑄銘文 2 字。

【銘文釋文】左庫。

1341. 左桕戈

【時　　代】戰國晚期。

【收　藏　者】某收藏家。

【形制紋飾】直援上揚,尖鋒,中脊明顯,長胡,闌側二長穿一小穿,闌下出齒,內上有
　　　　　　一橫穿,三邊開刃。

【著　　錄】未著錄。

【銘文字數】內部鑄銘文2字。

【銘文釋文】左桕。

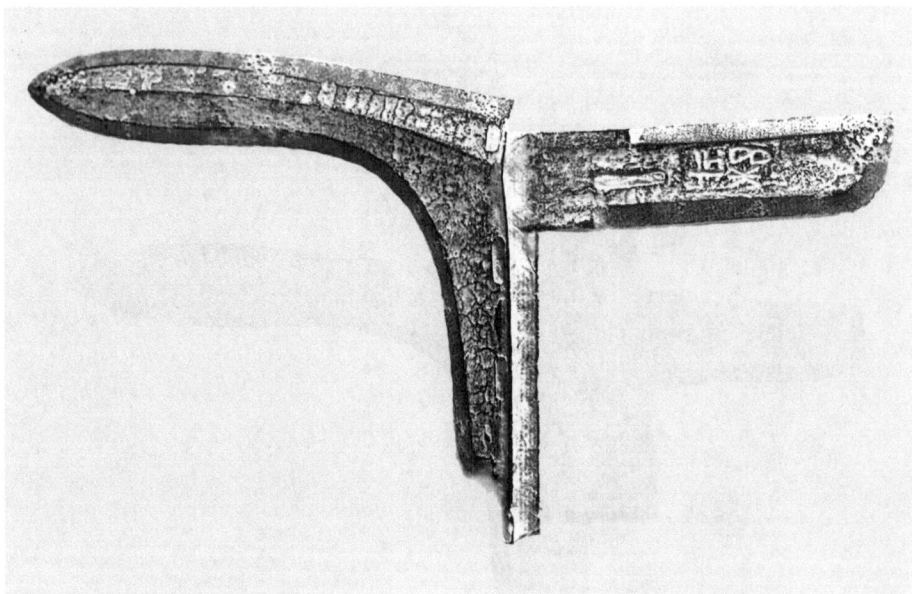

銘文拓本　　　　　　　　銘文照片

1342. 禾量戈

【時　　代】戰國晚期。

【收 藏 者】某收藏家。

【尺度重量】通長 23.8 釐米。

【形制紋飾】戈體寬厚,前鋒尖銳,中心透雕,短胡,闌側有兩個"卜"字形穿,闌下出齒,長方形內,上有"丁"字形橫穿,後部有一圓孔。

【著　　錄】未著錄。

【銘文字數】內部刻銘文 1 字,鑄銘文 1 字,共 2 字。

【銘文釋文】禾,量。

1343. 子卩龏戈

【時　　代】商代晚期。

【出土時地】2019 年 6 月出現在杭州西泠印社拍賣會。

【收　藏　者】原藏香港趙氏山海樓。

【尺度重量】通長 21.5 釐米。

【形制紋飾】直援，尖鋒，脊部鼓起，橢圓形銎，後部有一段直內。

【著　　錄】未著錄。

【銘文字數】內兩面共鑄銘文 3 字。

【銘文釋文】子卩，龏。

銘 1

銘 2

1344. 中乘車戈

【時　　代】春秋早期·秦。

【收 藏 者】某收藏家。

【形制紋飾】圭形援,尖鋒,中脊偏上,中胡,闌側二長穿一小穿,闌下出齒,長方形內,
上有一橫穿。

【著　　錄】未著錄。

【銘文字數】胡部鑄銘文 3 字。

【銘文釋文】𡊎(中)乘車。

1345. 卯一金戈

【時　　代】春秋早期。

【收 藏 者】某收藏家。

【形制紋飾】直援尖鋒,脊部較厚,中胡較寬,闌側三長穿一小穿,闌下出齒,長方形
內,上有"T"字形橫穿。

【著　　錄】未著錄。

【銘文字數】胡部鑄銘文 3 字。

【銘文釋文】卯一金。

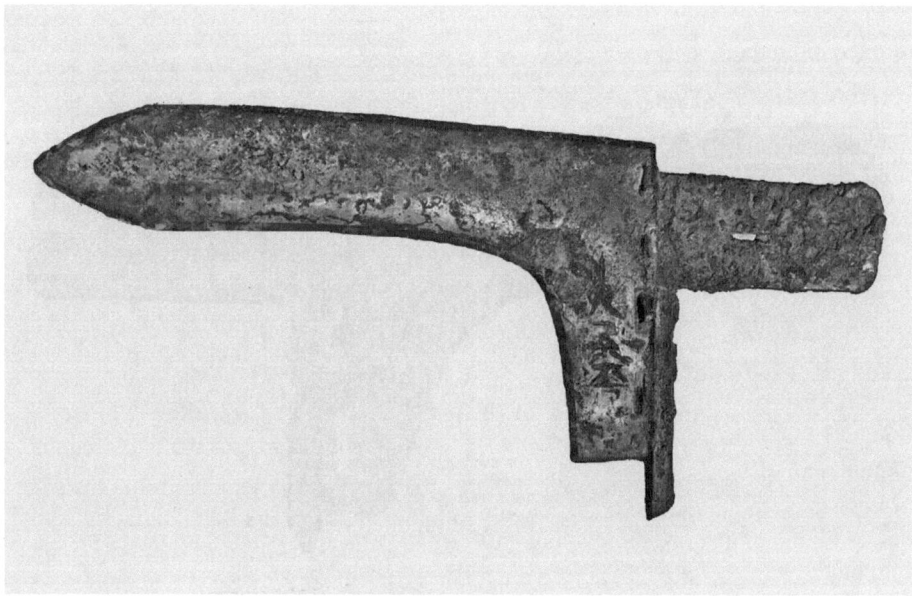

1346. 交之戈

【時　　代】春秋早期。

【收 藏 者】某收藏家。

【形制紋飾】直援尖鋒，中脊偏上，寬胡，闌側二長穿一小穿，闌下出齒，長方形内，上
　　　　　有一橫穿。

【著　　録】未著録。

【銘文字數】胡部鑄銘文 3 字。

【銘文釋文】交之用。

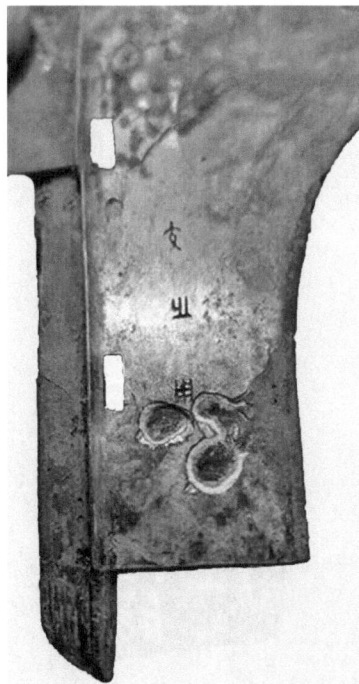

1347. 高陽左戈

【時　　代】春秋早期。

【收 藏 者】某收藏家。

【形制紋飾】直援上揚,三角鋒,脊綫明顯,中胡,闌側有二豎穿一橫穿,闌下出齒,內
　　　　　上有一橫穿。

【著　　錄】未著錄。

【銘文字數】內部鑄銘文 3 字。

【銘文釋文】高陽左。

1348. 公造戈

【時　　　代】春秋早期。

【收 藏 者】某收藏家。

【形制紋飾】直援尖鋒,脊鼓起,窄短胡,闌側一長穿一小穿,闌下出齒,長方形内,上有一橫穿。

【著　　　録】未著録。

【銘文字數】胡部鑄銘文3字。

【銘文釋文】公鋯(造)戈。

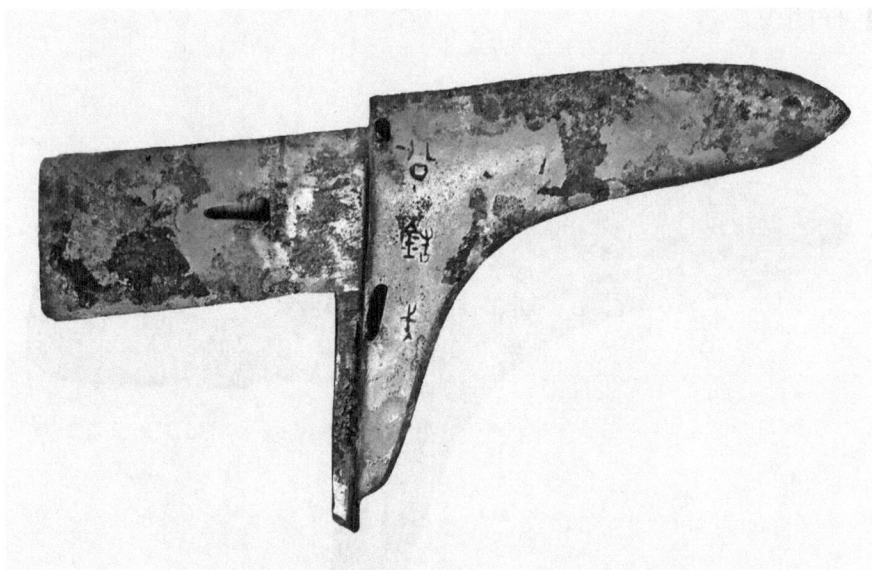

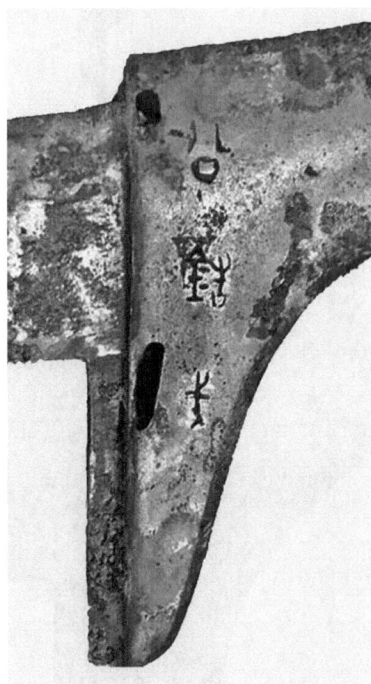

1349. 孖門戈

【時　　代】春秋早期。

【出土時地】2017 年 12 月出現在北京。

【收 藏 者】某收藏家。

【尺度重量】通長 18、闌高 10.5 釐米。

【形制紋飾】直援尖鋒，脊部平緩，胡部向下較窄，闌側二長穿一短穿，闌下出齒，內上
　　　　　有一橫穿，後部圓角。

【著　　錄】未著錄。

【銘文字數】胡部鑄銘文 3 字。

【銘文釋文】孖門戈。

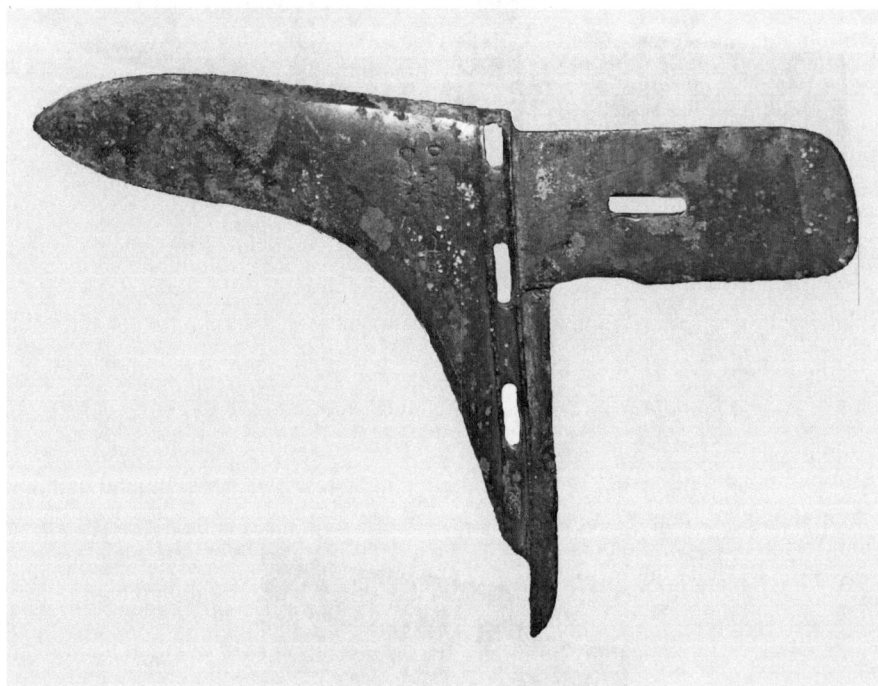

1350. 雍紭戈(雝紭戓)

【時　　代】春秋早期。

【收 藏 者】某收藏家。

【形制紋飾】直援尖鋒,脊部鼓起,中胡,闌側二長穿一小穿,闌下出齒,長方形内,上有一橫穿,後角呈弧形。

【著　　錄】未著錄。

【銘文字數】内部鑄銘文 3 字。

【銘文釋文】雝(雍)紭戓(戈)。

1351. 戎散戈

【時　　代】春秋早期。

【出土時地】傳出山東。

【收　藏　者】現藏抱梅山房。

【形制紋飾】直援尖鋒，短胡，闌側二穿，闌下出齒，長方形內上有一橫穿，後部殘斷。

【著　　錄】未著錄。

【銘文字數】胡部鑄銘文 3 字。

【銘文釋文】戎散戈。

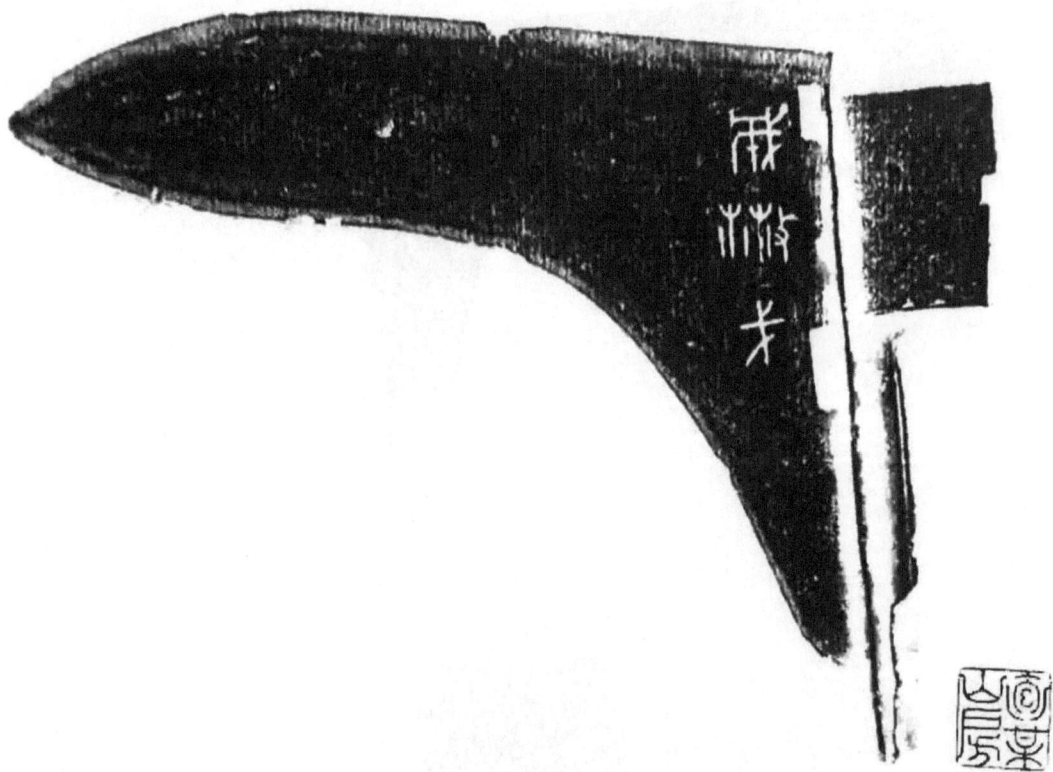

1352. 城陽左戈

【時　　代】春秋早期。

【出土時地】《周金文存》云："甲寅得於都門,爲寶瑞臣熙舊物。"

【收　藏　者】原藏順德蔡氏。

【尺度重量】殘長 3.7 釐米。

【形制紋飾】援部及胡部殘缺,短胡,闌側一長穿一小穿,圓角長方形内,上有一横穿。

【著　　錄】周金 6.46.2。

【銘文字數】内部鑄銘文 3 字。

【銘文釋文】城腸(陽)左。

1353. 周臭戈

【時　　代】春秋中期。

【收　藏　者】某收藏家。

【形制紋飾】直援尖鋒,中脊偏上,闌側二長穿一小穿,闌下出齒,長方形内。

【著　　録】未著録。

【銘文字數】内部刻銘文 3 字。

【銘文釋文】周臭戈。

1354. 萍枚戈

【時　　代】春秋晚期。

【收 藏 者】某收藏家。

【形制紋飾】直援上揚,前鋒尖銳,
中脊明顯,長胡,闌側
二長穿一小穿,闌下出
齒,長方形內,上有一
橫穿,後上角有一小
穿,後下角有方缺。

【著　　錄】未著錄。

【銘文字數】胡部鑄銘文 3 字。

【銘文釋文】萍枚戈。

1355. 左□邦戈

【時　　代】春秋晚期。

【收 藏 者】某收藏家。

【形制紋飾】直援尖鋒，援中部厚，向外漸薄，兩邊
開刃，中長胡，闌側二長穿一小穿，闌
下出齒，內中部有一橫穿，三邊開刃。
出土時帶有秘帽和戈鐓。

【著　　錄】未著錄。

【銘文字數】胡部鑄銘文 3 字。

【銘文釋文】左□邦。

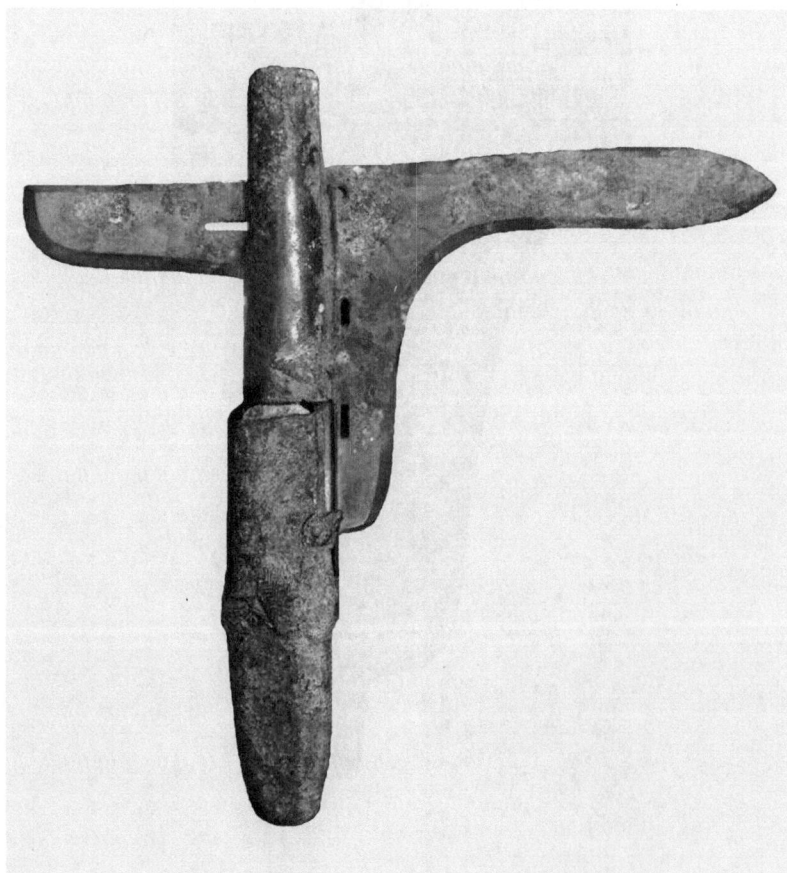

1356. 陳曼戈

【時　　代】戰國早期·齊。

【收 藏 者】某收藏家。

【形制紋飾】直援尖鋒,援與胡的
長度相當,闌側二穿,
闌的上下出齒,直内
較長。

【著　　録】未著録。

【銘文字數】胡部鑄銘文 3 字。

【銘文釋文】塦(陳)𡢓(曼)□。

1357. 陳子徒戈

【時　　代】戰國早期·齊。

【收 藏 者】某收藏家。

【形制紋飾】直援尖鋒,短胡,闌側有二長穿一小穿,闌下出齒,内上有一橫穿。

【著　　録】未著録。

【銘文字數】内部鑄銘文 3 字。

【銘文釋文】墜(陳)子徒。

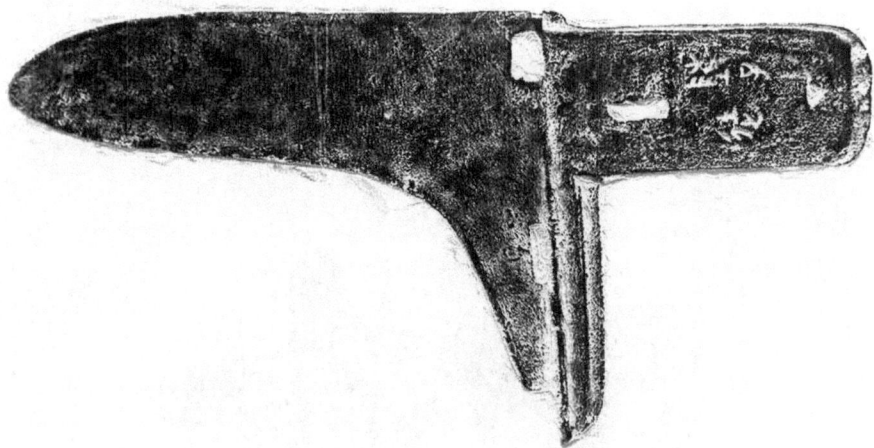

1358. 欒左庫戈（䜌左庫戈，原稱玄舍左戈）

【時　　代】戰國晚期。

【出土時地】古墓出土（出土地點不明），1963 年 12 月從四川成都市蜀華文物商店購得。

【收　藏　者】西南大學歷史博物館。

【尺度重量】通長 20.4、援長 12.8、闌高 9.1、內長 7.4 釐米。

【形制紋飾】直援上揚，圓弧形鋒，中胡，闌側三穿，長方形內，上有一橫穿，未通透。胡部飾淺浮雕匍匐狀虎紋。

【著　　錄】江漢考古 2004 年 4 期 85 頁圖 1。

【銘文字數】內部鑄銘文 3 字。

【銘文釋文】䜌（欒）左［庫］。

1359. 巴蜀戈

【時　　代】戰國時期。

【收　藏　者】某收藏家。

【形制紋飾】整個戈的邊緣均銹蝕殘缺,前鋒及内後部亦殘缺。直援上揚,無脊,長胡,
　　　　　闌側有二長穿一小穿,長方形内,上有一橫穿。援中部有三條凸綫與本
　　　　　部的雙獸頭相連,獸頭相背,飾小凸點。

【著　　錄】未著錄。

【銘文字數】胡部鑄銘文 3 字。

【銘文釋文】□□□(不識)。

1360. 巴蜀戈

【時　　代】戰國時期。

【收 藏 者】某收藏家。

【形制紋飾】援上揚,尖鋒,前部肥
　　　　　　大,中脊明顯,中胡,闌
　　　　　　側有一小穿二長穿,内
　　　　　　上一橫穿,上飾三綫紋。

【著　　錄】未著錄。

【銘文字數】胡部鑄銘文 3 字。

【銘文釋文】□□□(不識)。

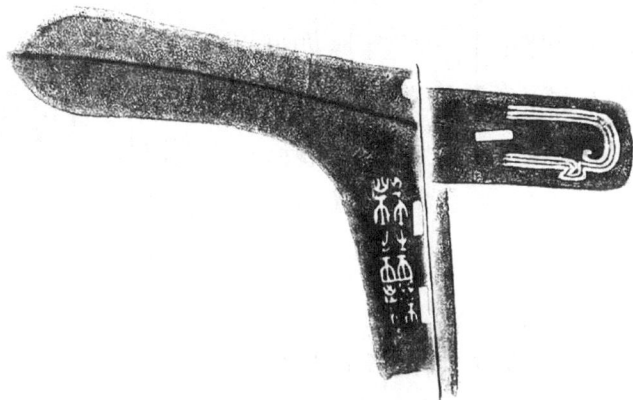

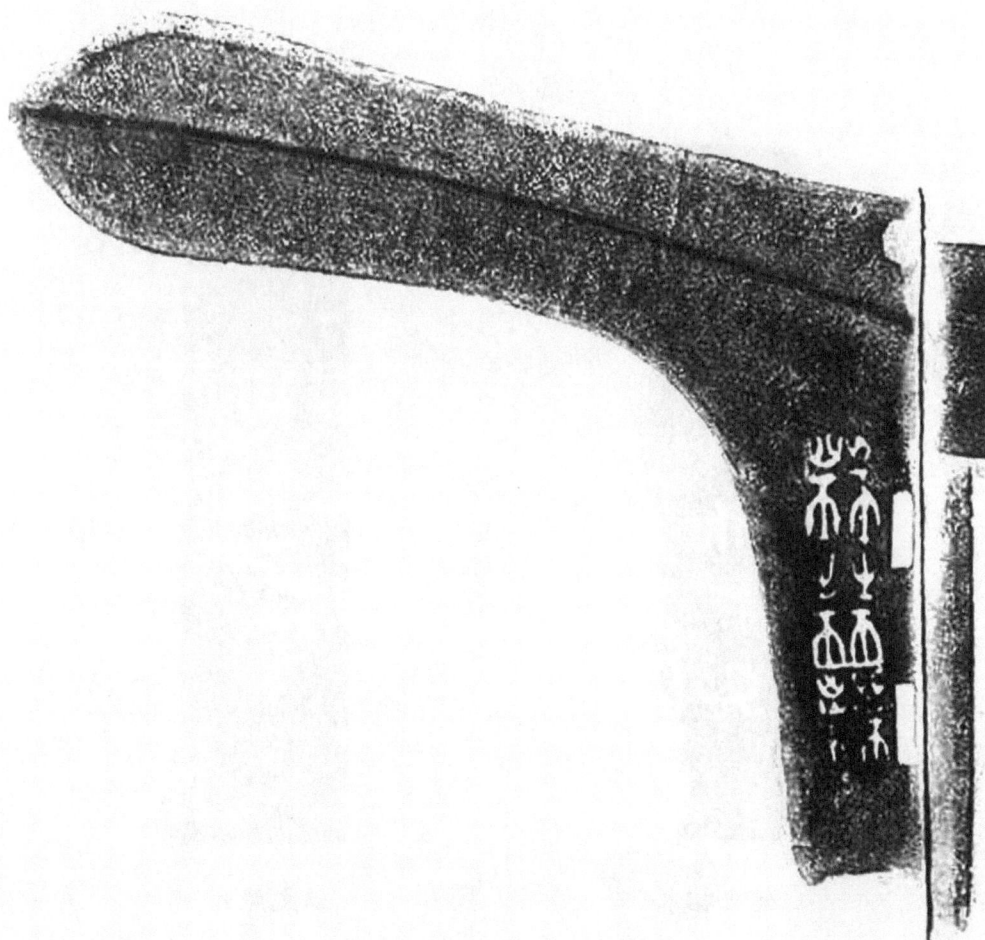

1361. 巴蜀戈

【時　　代】戰國時期。

【出土時地】1987年陝西鳳縣平木鄉。

【收 藏 者】鳳縣文化館。

【形制紋飾】援上揚,尖鋒,中脊明顯,
中胡,闌側有一小穿二長
穿,內上一橫穿,上飾三
綫紋。

【著　　錄】陝集成6冊241頁0684。

【銘文字數】內部鑄銘文4字。

【銘文釋文】□□□□(不識)。

銘文拓本

銘文照片

1362. 巴蜀戈

【時　　代】戰國時期。

【收 藏 者】某收藏家。

【形制紋飾】直援上揚,中脊鼓起,脊兩側有血槽,鋒頭圓鈍,中長胡,闌側二長穿一小
　　　　　穿,闌下出齒,長方形內,上有一橫穿。內後部飾雙綫鳥首紋。出土時帶
　　　　　有鳥紋戈鐏。

【著　　錄】未著錄。

【銘文字數】胡部兩面各鑄銘文 4 字,內容相同。

【銘文釋文】□□□□(不識)。

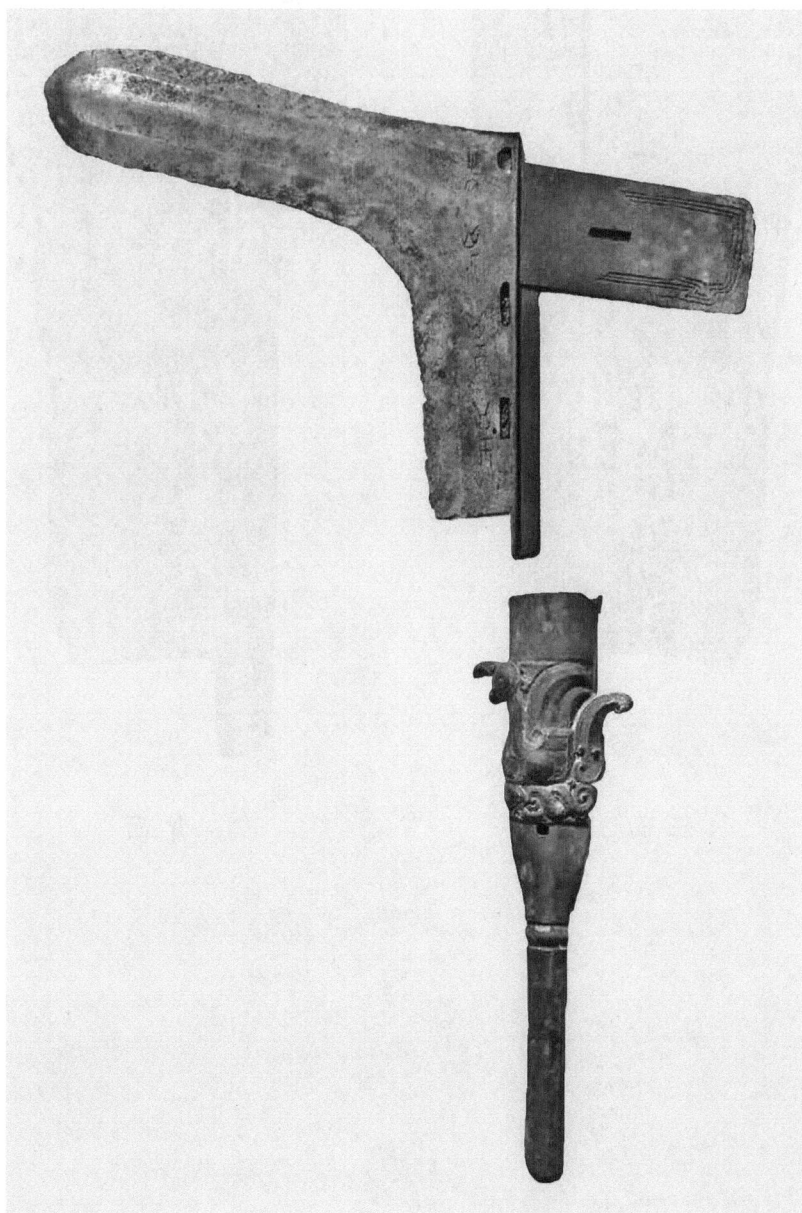

 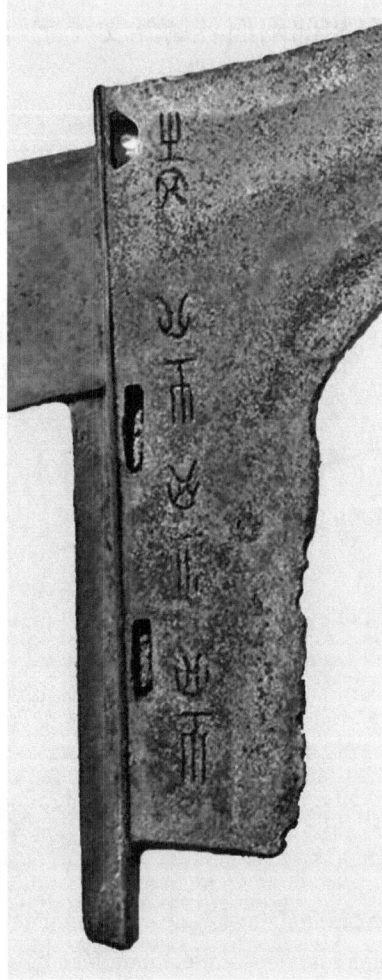

正面   背面

1363. 巴蜀戈

【時　　　代】戰國時期。

【收　藏　者】某收藏家。

【形制紋飾】直援尖鋒，脊部鼓起，中長胡，闌側二長穿一小穿，闌下出齒，長方形內，上有一橫穿。

【著　　　錄】未著錄。

【銘文字數】胡部兩面各鑄銘文 4 字，內容不同。

【銘文釋文】□□□□（不識）。

1364. 巴蜀戈

【時　　代】春秋時期。

【收　藏　者】河北保定市徐占勇達觀齋。

【尺度重量】通長 24 釐米。

【形制紋飾】直援上揚,鋒圓鈍,援的前部肥大,脊部有三條細綫,中胡,闌側二長穿一
　　　　　　小穿,闌下出齒,長方形內,上有一橫穿。援根部飾雲雷紋。

【著　　錄】兵圖 20、21 頁。

【銘文字數】胡部正面鑄銘文 2 字,背面 3 字,共 5 字。

【銘文釋文】□□□□□(不識)。

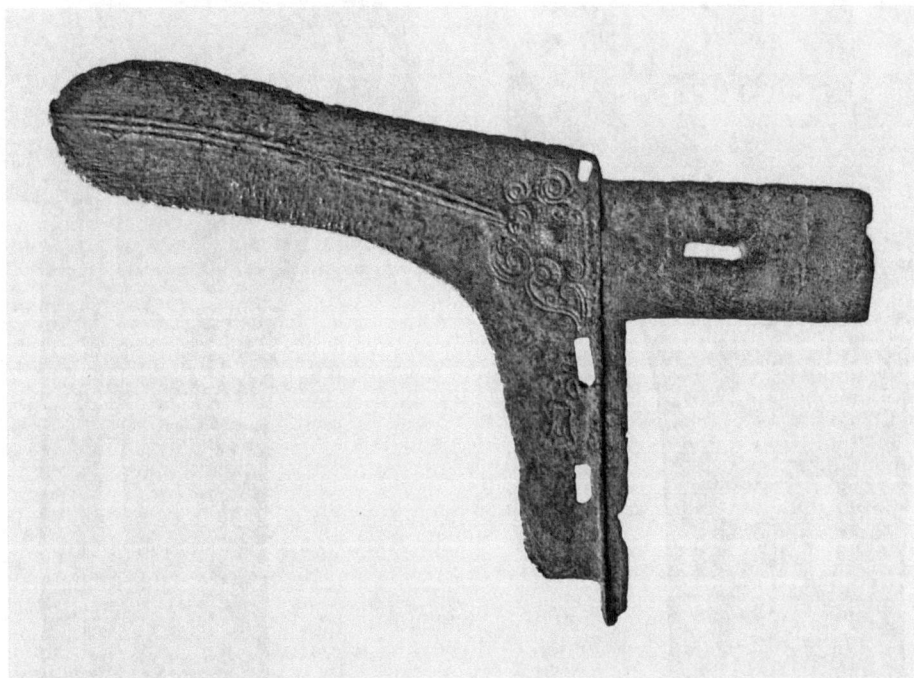

（原长 24 釐米）

1365. 欲侯戈

【時　　代】西周早期。

【收　藏　者】某收藏家。

【尺度重量】通長 21.7、闌高 9、內
　　　　　　長 6.8、內寬 3.1、援中
　　　　　　寬 3.1 釐米。

【形制紋飾】直援，前鋒圓凸，脊部
　　　　　　鼓起，短胡，闌側一穿，
　　　　　　闌上下出齒，長方形內
　　　　　　上有一橫穿。

【著　　錄】出土文獻第 3 輯 135、136 頁。

【銘文字數】闌側鑄銘文 4 字。

【銘文釋文】欲侯用戈。

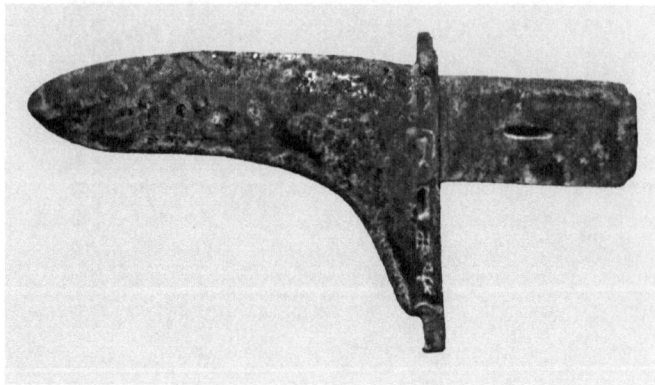

1366. 又册玨片戈

【時　　代】西周早期。

【收　藏　者】某收藏家。

【形制紋飾】直援上揚,前鋒較圓禿,短胡,闌側一穿,闌上下出齒,長方形內,中部有
一圓孔,後上角圓,下角有缺。援兩面飾張口虎頭紋,虎口含三角雲雷紋,
內飾"U"形弦紋。

【著　　錄】未著錄。

【銘文字數】內部鑄銘文4字。

【銘文釋文】又册玨片。